대학은
누구의
것인가

별도의 표시가 없는 한 교육공동체 벗이 생산한 저작물은 크리에이티브 커먼즈
[저작자표시-비영리-변경금지 4.0 국제 라이선스]에 따라 이용하실 수 있습니다.
http://creativecommons.org/licenses/by-nc-nd/4.0

# 대학은 누구의 것인가
### 빼앗긴 자들을 위한 탈환의 정치학

ⓒ 채효정, 2017

2017년 6월 27일 처음 펴냄
2018년 10월 3일 초판 2쇄 찍음

글쓴이 | 채효정
기획·편집 | 전유미, 김도연, 김기언
출판자문위원 | 이상대, 박진환
디자인 | 박대성, 이수정
종이 | 화인페이퍼
인쇄 | 보진재
제작 | 세종 PNP

펴낸이 | 김기언
펴낸곳 | 교육공동체 벗
이사장 | 임덕연
사무국 | 최승훈, 이진주, 설원민, 김기언, 공현
출판등록 | 제2011-000022호(2011년 1월 14일)
주소 | (03971) 서울시 마포구 성미산로1길 30 2층
전화 | 02-332-0712, 070-8250-0712
전송 | 0505-115-0712
홈페이지 | communebut.com
카페 | cafe.daum.net/communebut

ISBN 978-89-6880-034-4 03370

이 도서의 국립중앙도서관 출판예정도서목록(CIP)은 서지정보유통지원시스템
홈페이지(seoji.nl.go.kr)와 국가자료공동목록시스템(www.nl.go.kr/kolisnet)에서
이용하실 수 있습니다. (CIP제어번호: CIP2017013644)

빼앗긴 자들을 위한 탈환의 정치학

# 대학은 누구의 것인가

| 채효정 씀 |

교육공동체벗

| 차례 |

**프롤로그**
크리스마스에 해고를 만날 확률　006

**1강　대학이라는 나라**
누가 대학을 대학으로 만드는가　025

**2강　노동 없는 대학**
노동은 왜 보이지 않는가　051

**3강　학생 없는 대학**
'고객님'도 주인이 될 수 있을까　081

**4강　교수 없는 대학**
직원이거나 업자이거나　121

**5강** 교육 없는 대학
5.31체제에서 4.16체제까지　　　　　　　　　165

**6강** 정치 없는 대학
누구의 편에 설 것인가　　　　　　　　　　　201

**7강** 주인 없는 대학
대학을 탐하는 자 누구인가　　　　　　　　　237

**8강** 대학의 탈환
되찾아야 할 것들에 대하여　　　　　　　　　275

**에필로그**
그래서 나는 사라지지 않을 생각이다　　294

프롤로그
# 크리스마스에 해고를 만날 확률

## 게 가공선

게 가공선은 '공장선'이지 '항해선'이 아니다. 그래서 항해법은 적용되지 않았다. …… 더구나 게 가공선은 완전히 '공장'이었다. 하지만 공장법의 적용도 받지 않는다. 그러니 이토록 편하게, 제멋대로 할 수 있는 것도 없었다.[*]

대학 신입생 시절 읽었던 소설 《게 가공선》을 다시 만난 것은, 중앙대가 자본의 논리에 잠식되어 가는 과정을 담은 《기업가의 방문》에서였다. 그 책 첫머리에 인용된 《게 가공선》을 보며 나는 멀미를 느꼈다. 내가 서 있는 곳 역시 게 가공선이었기 때문이다.

[*] 코바야시 타끼지, 《게 가공선》, 서은혜 옮김, 창비, 2012, 31~32쪽.

게를 잡아 선상에서 가공하는 게잡이 어선, 게 가공선은 선박이 아닌 공장이기 때문에 항해법이 적용되지 않고, 공장이 아닌 선박이기 때문에 공장법도 적용되지 않는다. 그것은 이 게 가공선 위의 인간을 지켜 줄 법이 없다는 것을 의미한다. 공장법도 항해법도 적용되지 않는 선상의 '법외 존재'들은 대학에도 있다. 대학에서 가르치고 있지만 교원이 아니고, 노동하고 있지만 노동자도 아닌 자들. 바로 대학 강사들이다. 선상의 노동자들이 공장법과 항해법 사이의 망망대해에 놓여 있다면, 대학의 강사들은 노동법과 교육법 사이의 망망대해에서 살아간다. 교원으로서의 지위도 노동자로서의 권리도 보장받지 못한 존재들에게 대학은 또 다른 게 가공선이다.

보통 '시간 강사'라고 불리는 이 법외 존재에는 '대학'이라는 한국 고등 교육 체제의 뒤틀림과 '비정규직'이라는 한국 노동 현실의 모순이 응집되어 있다. 노동의 권리도 교육의 권리도 인간의 존엄도 유보되어 있는 존재. 이들만큼 자본과 권력에 유린당하는 대학의 현실을, 학문 세계와 현실 세계 사이의 모순을, 그것을 외면하고 있는 우리의 위선을 생생하게 보여 주는 존재도 없을 것이다.

나 자신이 바로 그 부조리한 존재, '대학 강사'다. 그런데 오랫동안 그것을 망각한 채로 살아왔다. 허투루 공부하지 않았고 허투루 수업하지 않았기에 내 공부와 수업에 당당했다. 동료 교수들과 함께 세미나를 하고 밥을 먹고 술을 마시면서 나는 내가 그들과 자유롭고 평등한 관계로 만난다고 생각했다. 그런데 이제 보니 그건 그저 혼자만의 당당함이었다. 사회적 지위로부터 자유로운 것이라 생각했는데 아니었다. 망각함으로써 부정한 것이었다. 내가 시간 강사라는 실존을. "대학에서 무슨 일을 하시나요? 교수이신가요?" 누군가 물어보면 언제부터인가 나는 "아니요. 나는 비정규직 노동자입니다"라고 대답하곤 했다. 시간 강사라고 말하는 것보다 그 편이 나의 노동을 당당하게 말하는 방식이라 생각했다. 그런데 '비정규직 노동자'라는 지향적 자의식은 실은 어떤 무의식을 숨긴 것이었다. 숨김으로써 부정한 것이었다. 내가 시간 강사라는 부끄러움을.

그렇다. 오늘날 시간 강사들은 비정규직 노동자만도 못하다. 그들이 처우 개선을 요구하며 목표로 삼는 것은 비정규직 노동자 수준의 사회적 보장에라도 도달하는 것이다. 그럼에도 불구하고 나는 나를 속여 왔다. 나는 독립적 연구자요 창의적 교육자라고. 자기기만이고 허위의식이었다. 어쩌면 대학 교양학부의 인문학자란 타이틀은 비정규 지식 노동자의 정신적 유니폼 같은 것이었는지도 모른다. 백화점이나 마트에서 비정규직이라는 신분을 숨겨 주는 노동자들의 세련된 유니폼 같은 것 말이다. '후마니타스칼리지'라는 '브랜드'도 대학 강사라는 노예적 신분을 숨기는 남의 비단옷이었다. 지난 2015년 크리스마스이브에 해고 통보를 받고서야 나는 비로소 남의 비단옷을 벗었다. 그리고 이 벌거벗은 노예는 분명히 들었다.

"여기(경희대)에 강사가 얼마나 많은 줄 아십니까? 그 사람들 사정을 어떻게 일일이 다 봐줍니까?"

"설마 강사한테 계속 강의를 줘야 한다고 말씀하시는 건가요?"

"후마니타스가 없어지면 모두 끝장이란 걸 아셔야죠."

"네까짓 놈들 한둘이 대수냐? 카와사끼 한 척 날려 봐라, 그걸로 끝장이야." 감독은 일본어로 분명히 말했다.*

게 가공선 위의 선원과 잡부들이 노상 들어야 했던 소리, '아무것도 아닌 자'임을 환기시키며 인간으로서의 자존과 인격을 짓밟던 그 소리와 하나도 다르지 않았다.

## '후마니타스'호의 항해

어린 시절 고향의 항구에서 본 배들이 생각난다. 마을 어선들과는 비교할 수 없을 만큼 엄청나게 크고 근사한 배들에는 하나같이 멋진 이름이 쓰여 있었다. 이를테면 '리버티'호라든가 '파라다이스'호라든가 '저스티스'호 같은. 그 위에서 뱃사람들이 겪는 일들을 도저히 상상할 수 없게 만드는 멋진 이름들. 어쩌면 그 이름들은 닿지 못할 곳을 상징하는 것이었는지도 모른다. 배를 탄 사람들에겐 바다 위의 힘든 시간을 버티게 해 줄 이상향이 필요했을 것

---

* 앞의 책, 23쪽.

이다. 차별과 착취와 억압이 선상의 삶이라 해도 그것을 견디고 우리가 내릴 곳은 자유와 정의가 있는 낙원일 것이라는 희망을 그 이름들이 주었는지도. 2011년 내가 탄 배도 그런 멋진 이름을 가졌다. '후마니타스'호.

후마니타스칼리지는 2011년 경희대에서 설립한 교양 대학의 이름이다. 학생들은 모든 교양 과목을 이 후마니타스칼리지에서 배우게 된다. '인간다움'을 뜻하는 고대 라틴어 'humanitas'에서 가져온 그 이름은 전공 교육의 특수성과 전문성 이전에 먼저 '인간의 삶'을 배우고 익혀야 한다는 보편성 교육의 이념을 담고 있다. 처음엔 입에 잘 붙지 않는 낯선 말이었다. 그래서 더욱 미지의 세계처럼 신비했다. 우리는 그 단어를 통해 각자 수많은 상상을 한 것 같다. 개념은 모호했지만 그래서 가 보지 않은 길을 지시하기에는 더 적당했을지도 모르겠다. 개념의 추상성을 현실의 구체성으로 채워 내는 것은 우리의 몫이었고, 그런 점에서 초기에 이 알 수 없는 단어가 만들어 낸 영감과 지적 자극은 대단했다. 언제나 출항 전날 밤이 가장 설레듯이.

나도 그랬다. 후마니타스칼리지에서 나는 대학 시절 맛보지 못한 '대학 수업다운 수업'을 꿈꾸었다. '우리 학교에도 이런 교수님 한 분 있었으면' 하고 상상하던 그런 선생이 되기를 꿈꾸었다. 그 꿈이 어느 정도 실현되는 것 같기도 했다. 학생들이 보내 주는 편지나 수업 후기에서 "정말 대학다운 수업이었다", "이런 것이 후마니타스다"라는 글귀를 볼 때면 보람과 자부심을 느꼈다.

후마니타스칼리지가 경희대 안팎에서 기대와 관심을 모은 데에는 또 다른 사회적 배경도 있었다. 하나는 당시 한국 사회에 불기 시작한 '인문학 열풍'이었다. 인문학은 고사 직전인데 인문학에 대한 대중적 인기는 뜨거웠다. 후마니타스호의 순항에는 그 열풍이 분명 작용했다. 다른 하나는 중앙대였다. 경희대가 후마니타스칼리지를 출범시킨 그 시기에 중앙대는 두산에 인수되어 노골적으로 기업을 위해 존재하며 스스로 기업이 되고자 하는 '기업형 대학 모델'을 출범시키고 있었다. 자연스럽게 경희대는, 기업주의형 대학을 대표하는 중앙대의 반대편에서 인문주의형 대학을 대표하는 하나의 상징이 되었다. 교양 시민 사회는 '후마니타스'를 좋아했다. 진보적 시민 사회도 이 후마니타스칼리지란 기호를 반기업주의의 상징으로 적절히 활용했다. 새로운 실험에 대한 좋은 반응과 평가가 나왔고, 후마니타스칼리지는 저속한 입담가들의 표현으로 '경희대 최고의 히트 상품'이, 사회학적 표현으로 경희대의 문화 자본이 되었다. 여기서 강의하는 사람들에게도 덩달아 상징 자본을 나눠 주었다. 후마니타스칼리지에서 강의한다고 하면 사람들이 "오, 그러세요?"라고 했다. "회계학이 교양 필수라니. 우리 학교 후마니타스 강의를 좀 봐라", 경희대 학생들은 중앙대와 비교하며 자부심을 가졌고, "우리는 그렇게 가르치지 않는다네", 선생들도 종종 뿌듯해했다. 우리는 다들 기분이 좋았다. 그때는 몰랐다. 함께 만들어 갈 이 '후마니타스'에 우리의 몫이 없다는 것을.

"2011년에 출범한 후마니타스칼리지의 역사는 대학의 기업화라는 대세를 거스르며 인간다움의 가치를 역설하는 새로운 시도의 역사이기도 했지만, 무엇보다도 대학 강사들을 포함한 비정규직 교수들의 역사이기도 했다. 왜냐하면 한 학기에 600개가 넘는 대부분의 강의를 전임 교수가 아닌 대학 강사나 객원 교수들과 같은 비정규직 교수들이 맡아 왔기 때문이다. 실제로 후마니타스칼리지의 강사들과 비전임 교원들은 2011년에서 2013년 사이에 후마니타스칼리지 전체 강좌의 3분의 2 가량인 350여 강좌를 맡았었다. 2011년 출범 이후 후마니타스칼리지가 얻게 된 사회적 명성과 경희대 학생들의 지지는 이렇듯 대학 강사를 포함한 수많은 비정규직 교수들의 땀과 열정, 그리고 노력으로 이루어진 공동의 자산이었다."*

한 대학 강사의 말처럼 그건 우리 모두의 것이었다. 하지만 배를 가득 채운 것이 게 가공선의 어부들이라 해도 그들에게 돌아갈 만 선의 기쁨이란 존재하지 않듯이 후마니타스호의 명성도 우리의 것이 될 수 없었다.

## 크리스마스의 폭풍

무전사가 다른 배들끼리 주고받는 무전을 엿듣고 그 어획량을 일일이 감독에게 알렸다. 그것으로 이쪽 배가 아무래도 뒤지고 있는

---

* "만리장성을 다 쌓았던 그날 밤 벽돌공들은 어디로 갔는가", 〈울산저널〉, 2016년 1월 27일.

것 같다는 사실을 알게 되었다. 감독이 안달하기 시작했다. 그러자 그것은 즉각 몇 배로 증폭되어 어부와 잡부 들을 압박해 왔다. ─ 언제든지, 그리고 무엇이든지 막판에 떠안게 되는 것은 '그들'이었다.*

뱃사람들은 바다 위에 폭풍이 오는 것을 '토끼가 뛴다'고 한다. 잔잔할 때는 파랗던 바다가 폭풍이 일고 파도가 거칠어지면 하얗게 뒤집어지면서 날뛰는 모습이 꼭 수백 마리의 흰 토끼가 떼를 지어 뛰어오는 모습처럼 보이기 때문이다. 토끼는 크리스마스이브에 왔다. 2015년 12월 24일, 예순일곱 명의 후마니타스칼리지 강사들에게 일괄 해고 메일이 도착한 것이다. "강좌 미개설에 대한 안내"라는 제목으로 후마니타스칼리지 행정실에서 발송한 계약 종료 안내 메일이었다.

경희대는 2016년 후마니타스칼리지 교과 개편을 이유로 126개의 강좌를 폐강했다. 앞서 2014년에는 후마니타스칼리지에서 100여 개의 강좌를 '정리'했다. 당시 이유는 '재정 위기'에 따른 '강좌 축소'였다. 많은 강사들이 거리로 내몰렸다. 2016년의 교과 개편에서도 역시 피해는 고스란히 강사들에게 돌아갔다. 대학 정보 공시 사이트에서 확인해 보니, 경희대에서 2014년부터 2016년 사이 줄어든 강사는 197명이었다. 그럼에도 학교에서는 계속 '통상적인 교과 개편'이었고 그들은 '자연스럽게' 사라졌다고 했다.

---

* 코바야시 타끼지, 앞의 책, 55~56쪽.

그래도 '교수님의 학문적 건승을 기원합니다'라는 점잖은 말로 해고 메일을 받은 것은 상당한 진보였다. 예전에는 해고 통보 자체도 없었다. 그저 학기말에 전화가 걸려 오지 않으면 다음 학기에 강의가 없는 것이었다. 문자로 노동자에게 해고 통보를 하는 악랄한 기업의 행태를 언론에서 보면서 그조차 부러워하던 것이 우리였다. 책상머리에선 학자인 줄 알고 살다가, 잘릴 때 비로소 자신들이 쓰다 아무 때나 버릴 수 있는 소모품 같은 존재라는 것을 안다.

강사들에게 해고 메일을 보낸 그날, 〈경향신문〉에는 후마니타스칼리지의 교과 개편을 홍보하는 기사가 실렸다. 기자 이름조차 없는, 학교의 홍보 내용을 그대로 받아쓴 광고에 가까운 기사였다. "후마니타스칼리지 두 번째 비상"이라는 제목의 기사는 강사 대량 해고의 원인이 된 '교과 개편'을 종합 선물 세트처럼 멋지게 포장해서 소개하고 있었다.

## 동료라는 거울

"왜 경희대는 선이고 중앙대는 악처럼 인식되고 있는 걸까요? 중앙대는 재단에서 대학 구조 개편을 하면서 전임 교수들을 건드렸습니다. 전임 교수들은 힘이 있으니까 난리를 치고 언론에도 크게 부각되었죠. 반면 경희대는 학내의 힘 있는 구성원들 — 전임 교수, 정규직 직원, 총학생회는 내버려 두고 경비 절감의 모든 요소들을 비정규직, 특히 시간 강사에게 집중했습니다. …… 사실 경희대 문제는 갑자기 일어난 것이 아니라 이미 오래전부터 진행되고 있었는데 힘없는 사람들을 대상으로 했기 때문에 외부에 잘 알려지지 않은 것뿐입니다."

한 객원 교수는 경희대 강사 해고 사태를 이렇게 분석했다. 동의한다. 우리는 가장 손쉽게 절감할 수 있는 '비용'이었고, 가장 효율적으로 평가 지표를 높일 수 있는 '수단'이었다. 그리고 무엇보다도 우리는 '조용히' 사라져 버릴 존재였다. 그러나 이번에는 달랐다. 이 일을 계기로 강사들이 모이기 시작한 것이다.

우리는 모여서 법과 규정과 절차를 살펴보았다. 먼저 해고의 원인이 된 학내 규정들과 교과 개편 과정을 검토했다. 후마니타스칼리지 행정실에서 발송한 안내 메일에서는 강좌 미개설 근거로 강사의 자격과 강좌의 적합성에 대한 기준을 제시하고 있었다.

강사의 자격과 관련한 미개설 기준은 8학기 초과 강의자, 강의 평가 80점 미만, 학위 규정 미달의 경우다. 강좌 적합성과 관련된 미개설 기준은 후마니타스칼리지의 교육 이념에 부합하지 않는 강좌, 커리큘럼 부적합, 중복 강좌 등의 경우다. 첫 번째는 양적 평가이고, 두 번째는 질적 평가에 해당한다. 그런데 양적 평가는 양적 평가대로, 질적 평가는 질적 평가대로 문제다. 예를 들어 강의 평가 점수 79점과 81점 사이에서 '해고 여부'가 결정된다는 것이 말이 안 되기 때문이다. 후마니타스 이념에 부합하냐, 커리큘럼이 적합하냐라는 평가 기준도 모호하고 주관적인 것이었다.

적용 규정에도 문제가 많았다. 강사 모임을 해 보니 납득할 수 없는 비슷한 사례가 계속 나왔다. "강의 평가도 좋고 학생들 반응도 너무 좋았어요. 당연히 8학기를 초과하지도 않았고 학위 규정도 문제가 없는데 왜 강의가 폐지된 것인지. 메일에 검토 근거가 쓰여 있었지만 저는 하나도 납득이 안 되더라고요." 모이지 않았으면 알 수 없었을 것들을 비로소 알게 되었다. 우리들이 함께 당한 일은 '나만 당하는 일'이 아니라는 사실을 알려 주었고, 그 자체만으로도 큰 힘이 되었다. 당사자가 납득이 안 되면 물을 수 있는 거다. '우리는 왜 해고되었는가?' 우리는 함께 묻게 되었다. 법적 근거를 따져 묻기 전에 이미 해고의 근거들이 그 자체로 부당하고 차별적이라는 것을 다들 알고 있었다.

"8학기 강의했으니 쉬라고, 무슨 종신 교수한테 안식년 주듯이 말하는데 정말 어이가 없어요. 무급 휴가도 아니고. '쉰다'는 건 '연속성'이 보장될 때 할 수 있는 말이죠."

"그 말은 그냥 '8학기나' 강의한 사람은 이제 나가란 거예요. 나는 그 규정을 그렇게 들어요. 4년 이상은 안 쓴다, 너는 4년짜리다."

"우린 내구연한이 4년짜리인 소모품인가 보네요."

쉬운 해고, 저성과자 해고의 대표적인 사례가 바로 우리들이었다. 명백한 차별이었다. 이런 문제들이 왜 이제야 수면에 떠오르게 된 것인가. 같이 부당하다고 느끼는 문제였음에도 지금껏 혼자만의 토로로 그친 것은 아마 그것을 사회적 문제로 비춰 줄 '동료'라는 거울이 없었기 때문일 것이다. 결사체든 공동체든 인간은 사회적으로 구성된 집단 속에서 자기 정체성을 재구성할 수 있다. 그러니까 여성, 한국 사람, 지식인, 연구자, 교육자 등의 존재에 대한 자기 규정 속에 '시간 강사'라는 의식이 미미했던 것은 나 자신의 기만과 더불어 시간 강사가 자기의 사회를 갖고 있지 못하다는 사실로부터도 기인하는 것이다. 교수 사회는 있어도 강사 사회는 없으니까. 그동안 나에게는 '시간 강사'라는 동료 집단으로 구성된 '사회'가 없었던 것이다.

사실 강의동 복도에서 마주쳐 낯이 익은 사람이라도 누가 교수이고 누가 시간 강사인지 알 수가 없다. 강사들은 대부분 강의가 있는 날에만 학교에 나오고 강의가 끝나면 곧바로 가 버리니 교류 자체가 쉽지 않다. 장소의 문제만도 아니다. 다들 바쁘고 정신없으니 남에게 관심을 가질 여유가 없다. 다음 강의, 다음 회의, 다음 일정으로 숨 가쁘게 움직여야 한다. 그렇게 흩어 놓았고, 흩어져 있는 존재. 오직 개인으로서만 존재하는 존재. 시간 강사는 그래서 그동안 '집단'이 되지 못했고, 대학 사회의 구성원이 되지 못했고, 학내의 정치적 세력이 되지 못한 것이다.

"어휴, 처음 후마니타스칼리지를 만들 땐 난리도 그런 난리가 없었죠. 호떡집에 불난 꼴이 따로 없었다니까요. '후마'에서 계속 전화가 오는 거예요. 이것도 해 줄 수 없느냐, 저것도 해 줄 수 없느냐. 그래서 밤새 가며 강의 교안을 만들고, 입술이 다 부르트고, 몸살이 나고…… 그렇게 해서 불난 집에 불 끄고 살려 놓았더니 이제 필요 없으니 나가라는 거예요."

초로의 교수가 평생 강의해 온 자리를 떠나며 울먹였다. 숙소에 모여 앉아 서로의 살아온 이야기를 듣는 게 가공선의 어부와 화부들처럼, 우리는 그동안 아무도 바쳐 주지 않았던 존경의 눈빛을 보내며 서로의 분투기를 들었다.

"필요할 때 갖다 쓰고 이제 필요 없다고 버리는 거예요. 인간답게 살자고, 간판은 그렇게 걸어 놓고서 여기서 가르치는 인간한테 이러면 안 되는 거 아니에요?" 강사들이 감히 입에 담을 수 없었던 말을 뱉기 시작했다. 혼자서는 못 하던 말이 모이니 봇물이 되어 터져 나왔다. 한 사람이 말을 던지면 "와와" 공감이 파도가 되어 퍼져 나갔다. 한 사람의 말이 두 사람의 말이 되고 열 사람의 말이 되더니 백 사람, 만 사람의 말이 되었다. "경희대 강사 대량 해고 사태", "후마니타스칼리지 크리스마스이브의 해고" 등의 제목으로 언론에 기사가 나면서 강사 해고가 세상에 알려졌다.

학교는 우리의 언어로 사태가 정의되는 것을 극도로 싫어했다. 지금까지 늘 해 오던 통상적인 일들이 지금까지와 다른 관점과 언어를 통해 통상적이지 않은 것이 되었기 때문이다. 이를테면 '해고'라는 말, '구조 조정'이라는 말이 그랬다. 우리가 후마니타스칼리지의 강사 해고를 '구조 조정에 따른 정리 해고'라고 하면 '통상적인 교과 개편'이요, '강좌 미개설에 따른 강사 해촉'일 뿐이라고 했다. '부당 해고'라는 말에는 거의 경기를 일으켰다.

해촉이란 위촉을 해지한다는 뜻이다. 위촉이란 어떤 일을 부탁하여 맡긴다는 '위임·위탁'의 의미이다. 지난 학기 나는 한 중학교의 학교폭력위원회 지역위원으로 위촉되었다. 모범 순찰대원이나 교통 봉사대, 학교 안전 지킴이도 모두 '위촉'되는 분들이다. 그러나 대학 강사는 대학의 부탁을 받고 일하는 것이 아니라 '근로계약서'를 쓰고 고용 관계 속에서 일한다. 고용주는 업무를 지시하고 피고용인은 급여를 받으며 계약에 명시된 조건대로 업무를 수행하는 것이다. 근무 기간 동안 고용보험 가입 대상자이기 때문에 실직을 하면 '실업 급여'도 받는다. 대학 강사처럼 계약직 노동자이지만 사업주와 고용 관계로 계약을 체결하는 것이 아니라 일종의 '개인 사업자'로서 사업자 대 사업자의 갑을 계약을 체결하는 경우도 있다. 예를 들면 학습지 교사나 보험 설계사, 대출 상담원처럼 '위촉 계약직'으로 분류되는 직종군이 그런 경우다. 그러나 재능교육 노조는 긴 투쟁을 통해 이미 학습지 교사도 노동자이며 때문에 노동조합 결성이 정당하다는 판결을 이끌어 낸 바 있다.

전교조가 처음 결성될 당시만 해도 교사가 노동자의 권리를 요구하는 것은 불온하고 불손한 일이었다. 그러나 교사가 교육자이면서 동시에 노동자라는 사실은 이제 상식이다. 대학교수도 마찬가지다. 강사도 당연히 그러하다. 교육 노동자이고 지식 노동자다. 그런데도 학교는 강사의 교권을 억압할 때는 '시간 강사'라 부르며 알바 노동자 취급을 하고, 노동권을 침해할 때는 "교수님, 교수님" 하며 '교육자'로 떠받든다. 교육자성과 노동자성이 서로 대립하는 것처럼 보이게 만드는 프레임은 교사든 교수든 강사든 교육 현장에서 일하는 사람들이 힘을 합쳐 깨뜨려야 한다.

구조 조정도 마찬가지다. 시대의 흐름에 따라, 회사 사정에 따라,

재정 형편에 따라 부서를 정리하거나 통폐합하고 인원을 감축하는 일을 통상적으로 '구조 조정'이라 부른다. 2016년 후마니타스칼리지 역시 '새로운 시대에 맞는 인재를 육성하기 위해' 교과를 신설하거나 폐지하고 교과의 구조를 다시 설계했다. 그리고 그 과정에서 강사 수를 감축했다. 사회의 상식은 이것을 '구조 조정에 따른 정리 해고'라고 부른다. 물론 지금까지는 강좌를 편성하고 강사를 위촉/해촉하는 일들을 한 번도 그렇게 부르지 않았다. 그것은 해고가 아니어서가 아니라 강사의 언어가 주어가 된 적이 없기 때문이다. 강사는 늘 목적어이고 대상이었다. '강사에게' 의뢰하고 '강사를' 해촉했다. 그래서 그들은 지금까지 늘 의뢰 대상, 정리 대상, 감축 대상일 뿐이었다. 그러나 이제 강사들이 '우리는 교원으로서 교육과 연구를 한다', '노동을 한다'라고 주체(주어)가 되어 말하기 시작했다. 진실이 드러나는 것은 목소리 없는 자들의 목소리가 들리기 시작할 때이다.

### 이것은 반성문이다

사실 해고를 당하고 좋았던 점도 있다. 강사 모임을 통해 동료들을 만나고 함께하게 된 것이다. 사회적 존재로서의 대학 강사로서 자기를 발견하고 그 자각을 통해 다시 사회적 의식을 키워 나가는 과정. 서로 배움과 상호 성장의 보람을 대학 동료들 사이에서 참 오랜만에 맛보았다. 몫이 없는 자, 목소리 없는 자들이 자기의 몫과 목소리를 찾는 과정, 그것이야말로 대학이 한때 가졌던 정치와 민주주의의 부활이었다. 대학 선생인 우리에겐 그게 '공부하는 것'이었다. 여기서 우리에게 일어난 일을 이해하기 위해 〈근로기준법〉과 〈고등교육법〉을 공부했다. 후마니타스칼리지 강좌 개설 현황을 연도별로 분석했고 다른 학교의 강사 근로계약서와 강사 인사 관리 규정을 찾아 비교했다. 서로의 경험을 나누는 것도 중요했다. 누군가가 〈근로기준법〉을 설명해 주면 누군가는 '실업 급여' 수급 경험을 말해 주었다. '권리 위에 잠자는 자 보호받지 못한다'고 학생들한테 가르쳐 왔건만 듣고 보니 내가 딱 그 경우였다. 그동안 내가 얼마나 무지하고 무심했는지 부끄러웠다. 동료의 강의가 없어졌을 때도 안타까워만 했지 부당함에 대해 문제의식을 갖지는 않았으니, 마르틴 니뮐러의 시 〈그들이 처음 왔을 때〉처럼 이번엔 그것이 내 순서로 온 것뿐이었다. 하기야 강의가 없어진 것이 어디 한두 번인가. 2년 계약직 연구원을 그만둘 때도 실업 급여는 생각도 못 했다. 입으론 '비정규직 노동자'라고 말하면서도 의식은 나태했던 것이다. 그런 지난날을, 함께 모여 이야기하는 과정에서 깨트려 나갈 수 있는 것이 좋았다. 그렇게 몰랐던 진실, 외면했던 진실이 하나씩 드러났다. 마치 바다 위의 안개가 걷히고 풍경이 드러날 때처럼 사태를 바라보는 내 안의 모호함이 벗겨지고 안도감과 확신이 들었다.

하지만 우리도 반성해야 했다. '해촉'이니 '강의 미의뢰'니 '미개설'이니 하는 부정확한 용어로 노동관계를 교묘히 숨기는 데 일조한 것은 학교만이 아닐 것이다. 우리 역시 '고용'보다는 '위촉'이나

'의뢰'가 더 낫다고 생각하고 있었는지도 모른다. '위촉'이나 '의뢰' 같은 말은 허깨비 같은 지위를 그럴싸하게 보여 주는 것일 뿐임에도, '고용'이나 '해고'가 지시하는 대상, '노동자'이기를 우리 자신이 거부했던 것인지도. 그래서 처음에는 우리도 질문을 해야만 했다. "정말 '해고'가 맞는 거예요?" "왜 부당 해고인 거죠?" 바보도 이런 바보들이 없었다. 가방끈 긴 바보들. 우리는 꼭 전태일의 '바보회' 같았다.

"아무것도 아닌 너희들을 배에 태워 먹여 주고 재워 주고 일까지 시켜 주고 돈도 준다"라고 윽박지르는 감독 아사까와의 서술을 뒤집어 게 가공선의 바보들은 마침내 이렇게 말했다. "어부와 화부 없이 배는 없다." 후마니타스호의 바보들도 마찬가지다. 바람이 불면 배가 흔들린다. 처음 겪는 소란과 동요는 두렵기도 하다. 아무것도 아닌 존재가 주목을 받고 상대로부터 점점 그 존재감이 커져 감을 깨닫게 될 때, 자부심도 느끼지만 감당할 수 없는 두려움도 느낀다. 우리도 그랬고 지금도 어느 정도 그렇다. 하지만 한 가지는 분명히 알았다. 우리가 바람이 되어 배를 흔들 수도 있다는 것을. 어부와 화부 없이 배는 없다는 것을.

"학교가 선생님을 해고하면 우리가 당신에게 강의를 요청하겠다"는 누군가의 주권적 제안으로 2016년 10월 26일부터 12월 14일까지 매주 수요일마다 강의실 밖 잔디밭에서 '열린 강좌'를 진행했다. '대학은 모두의 것 universitas res publica'이라는 제목으로 열린 강좌는 모두 8강이 진행되었다. 이 책은 그 내용을 바탕으로 만들어진 일종의 반성문이다. 앞서 말했듯 나 역시 내 문제가 아닐 때, 동료들이 해고당할 때 그냥 넘겼다. 후마니타스칼리지라는 이름이 문화 자본이 되었을 때 나 역시 그 혜택을 누렸다. 사실 나도 공모자였다. 내부 비판이나 성찰의 과정에서 치열하지 못했던 책임이 부메랑이 되어 돌아온 것이다. 그래서 반성문을 쓰는 것이다. 무너지는 대학 앞에서. 이 책은 괴물이 된 대학을 비추는 거울이 되어, 나 자신이 가장 부끄러운 존재가 되어, 지금 여기 이 공간 안에서 함께 발언하고 행동한 기록이다. 이렇게 하는 것이 후마니타스칼리지를 이름 앞에 달았던 사람으로서 할 수 있는 실천적, 비판적, 인문적 반성이라고 생각한다.

'강사 하나쯤, 너 하나쯤.' 나는 지금 이것과 싸우고 있다. '너 하나쯤'이 아니기 위해서. 그 누구도 '너까짓 강사 하나'가 되어서는 안 되겠기에. 그런 일이 무수히 일어나지만 이곳을 떠나면 망망대해의 현실에 빠져야 한다는 것을 알기에 그 누구도 쉽게 저항하지 못한 이 대학에서, 그 '사소한 부당함'에 온 삶을 걸고 '하나쯤'이 아닌 '하나뿐'인 인간으로 자기를 되찾고자 하는 사람이 있다는 것을 알려 주고 싶다. 어쩌면 거기서 시작하는 저항이야말로 학문 세계의 식민화에 맞서는 해방 투쟁의 시작일지도 모르지 않는가.

## 1강

# 대학이라는 나라

**누가 대학을 대학으로 만드는가**

안녕하세요. 오늘부터 대학에서 이루어져야 할 사유, 토론, 실천의 장을 여러분과 함께 강의실 밖에서 만들어 보려고 합니다. 배움이 강의실 안에서만 이루어지는 것은 아니니까요.

경희대 중앙 대자보판에 '이 나라의 주인은 누구인가'라고 묻는 대자보가 붙었더라고요. 최순실의 국정 농단 사실이 드러나면서 나라가 발칵 뒤집혔죠. 국민이 나라의 주인인 줄 알았는데 아니었고, 그럼 대통령이 나라의 주인인가 했는데 그것도 아니었어요. 매일 믿을 수 없는 뉴스를 보면서 온 국민이 화병에 걸릴 지경이에요.

도대체 이 나라는 누구의 것입니까? 사실 나라를 지배하는 권력이 한 사람에게, 또는 소수의 손에 떨어지는 것은 단지 청와대나 국회 같은 중앙 정계에서 일을 잘못했기 때문만은 아닐 것입니다. 우리가 살아가는 작은 마을, 작은 공동체에서 끊임없이 출현하는 소수의 권력, 또는 불의의 권력, 정당하지 못한 권력의 지배를 용인하고 허용해 왔기 때문에 결국 나라 전체도 이 모양 이 꼴이 된 것 아닌가 생각합니다.

그래서 저는 '이 나라는 누구의 것인가', '이 나라의 주인은 누구인가'라는 질문을 제가 선 이곳에서 이렇게 바꾸어 묻고 싶습니다.

이 대학은 누구의 것입니까? 이 대학의 주인은 누구입니까?

## 경희대가 하나의 나라라면

이 강의를 준비하면서 경희대 관련 통계 자료를 보다가 집에 있는 동화책이 하나 떠올랐어요. 데이빗 스미스의 《지구가 100명의 마을이라면》이라는 책인데, 세계를 하나의 작은 마을로 가정했을 때 백인은 몇 명인지, 여자는 몇 명인지, 집이 있는 사람이 몇 명이고 굶는 사람은 몇 명인지, 주제별로 구분해서 지구가 어떻게 이루어져 있는지를 보여 주는 동화책이에요. 저도 비슷하게, 경희대를 하나의 나라라고 생각하고 이 나라가 어떻게 이루어져 있는지를 한번 들여다보려고 합니다.

사실 '대학이 나라인가요?'라고 질문할 수도 있어요. 연상이 잘 안 되죠? 근데 나라가 맞아요. 대학이 영어로는 '유니버시티university'잖아요. 그 어원이 '우니베르시타스univérsĭtas'라는 말인데 그게 실은 '하나unus의 나라country'라는 뜻이에요. 나라는 국가만을 뜻하는 게 아니라 고향, 땅, 함께 살아온 사람들, 시간과 기억의 역사를 공유하는 사람들이 만들어 낸 공동체거든요. 베네딕트 앤더슨이 말한 '상상의 공동체'와는 다른 차원이에요. 조국祖國이나 모국母國이라고 할 때의 그 '나라'는 할머니와 할아버지의 땅이고, 어머니의 땅이고, 그 땅에 뿌리내린 사람들이 가지고 있는 땅과 사람과 고향에 대한 역사와 기억의 총체라고 할 수 있어요. 우니베르시타스는 그런 고향 나라를 떠나온 사람들이 함께 살기 위해 도시에 새로 만든 나라라고 할 수 있습니다.

중세 자유도시에는 이런 우니베르시타스가 굉장히 많았어요. 고향의 나라를 도시에 만든 것이죠. 심지어 과부의 우니베르시타스도 있었고 대장장이의 우니베르시타스도 있었어요. 그것을 오늘날 우리는 '조합'이라든지 '길드'라고 번역해서 부르고 있죠. 자급하고 자립할 수 있는 단위를 가지고 그 안에서 공동체의 자치를 이루어 가는 모든 곳을 나라라고 할 수 있어요. 그렇게 보면 대학을 나라로 가정하는 것이 전혀 이상하지 않아요. 오히려 이 대학은 꽤 큰 나라에 해당하는 것이죠. 현재의 대학은 그렇게 한 나라로부터 시작되어 왔습니다. 그럼 이제 어떤 나라인가를 한번 물어봐야 되겠죠.

'경희대 나라'에는 한 명의 총장과 다섯 명의 부총장, 그리고 스물한 명의 학장이 있어요. 경희대라는 나라 안에 단과 대학이라는 작은 마을이 스물한 개 있다는 거예요. 그 안에 전임 교원이 937명, 비전임 교원이 1,417명 있습니다. 엄청난 차이죠. 전임 대 비전임 교원의 비율이 50 대 50이라고 해도 문제인데 비전임 교원이 훨씬 많습니다. 비전임이라는 말은 쉽게 바꾸면 언제든지 잘릴 수 있는 사람이라는 거예요. 여기 제가 산증인입니다. (웃음) 그 비전임 교원 1,417명 중에 시간 강사가 751명입니다. 원래는 더 많았어요. 2014년 시간 강사는 948명으로 비전임 교원(1,593명)의 60퍼센트 정도를 차지했는데 그사이에 200여 명이나 쫓겨나서

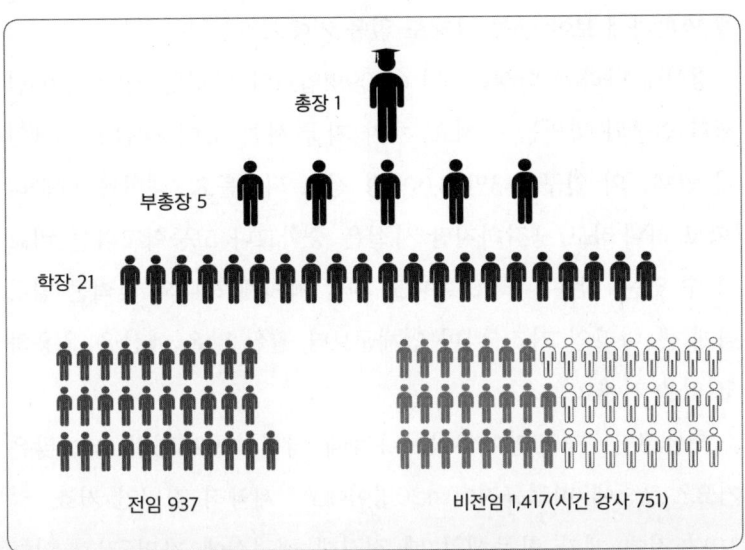

2016년에는 절반 정도를 차지하고 있어요.*

조금 다른 얘기인데, 자료를 보다가 재밌는 사실이 눈에 띄었어요. 전임 교원 937명 중에서 745명은 남자, 192명은 여자입니다. 남성이 압도적으로 많죠. 이번엔 비전임 교원의 성비를 볼까요. 1,417명 중에서 774명은 남자, 643명이 여자입니다. 남녀 비율이 비슷해졌지만 여전히 남성이 많습니다. 그런데 이게 시간 강사로 오면 역전돼요. 339명이 남자고 412명이 여자입니다. 제가 어젯밤에 이 숫자의 예술을 확인하고 깜짝 놀랐어요. 젠더 정치를 이렇

* 대학알리미(www.academyinfo.go.kr) 2016년 공시 자료 참조.

게 명확하게 보여 주는 사례도 없을 거예요.

경희대 나라에 학생은 3만 6,209명입니다. 웬만한 지방 자치 단체의 인구와 맞먹는 수예요. 제가 지금 사는 곳이 강원도 인제인데 인제군의 인구가 3만 3,000명 정도 되거든요. 대학을 단순히 '학교 하나'라고 생각하지만 사실은 중학교나 고등학교와는 비교할 수 없는, 작은 나라도 아니고 지방 자치체 하나와 맞먹는 엄청나게 큰 나라인 거죠. 아마 인제군보다 훨씬 많은 예산을 운용하고 있을 거예요.

학생 3만 6,209명이 사는 나라에 직원이 923명입니다. 많은가요? 그중에 비정규직이 420명이에요. 계약직 직원인 거죠. 약 30년 전에 제가 학부생일 때 정경대 행정실에 가면 거기 있는 행정 직원들은 대부분 정규직이었어요. 지금은 정경대 학생이 2,700명이 넘는데 행정실에 정규직 직원이 두세 명이랍니다. 나머지는 2년 단위로 계속 순환이 되고요. 조교들은 더 빨리 순환될 수 있죠. 업무의 연속성이나 연계가 없는 상태로 행정 업무가 돌아가면 남아 있는 사람에게 업무가 몰리니까 노동 강도가 세지겠죠. 노동자들의 노동 상태가 불안정하다는 건 학생들에게 필요한 행정 지원이 제대로 이루어지지 않는다는 걸 의미해요. 그건 아마 학생들이 더 뼈저리게 느낄 거예요. 직원들의 노동 환경이랄지 근로 조건, 노동 인권이 워낙 열악하니까 제대로 일할 수 없는 거죠. 현재 이 대학이라는 나라에서는 노동자들이 일하는 조건과 여기서 공부하는 학생들의 배움의 질이 이렇게 서로 맞물려 있어요.

보통 대학의 구조는 이런 식이죠. 맨 위에 '총장님이 계시고', 그 아래 '부총장님이 계시고', 그 아래 '학장님이 계시고', 맨 밑에 저 같은 사람, 사라져도 모를 만큼 안 보이는 사람들이 있어요. 우리한테 되게 익숙한 구조예요. 지금처럼 수직적인 구조가 되면 누가 대학의 주인이 됩니까. 맨 위에 있는 분이 되겠죠. 대학이라는 나라에서 가장 많은 수를 차지하고 있는 학생도 소외되는 구조예요. 지난 2016년 여름, 이화여대 학생들이 대학 측의 일방적인 구조 조정에 반대하면서 본관 점거 투쟁을 했잖아요. 그때 한 학생이 "학생들이 (학교의) 주인"이라고 했더니 한 교수가 웃으면서 그랬어요. "학생이 주인이라고? 4년 있다가 졸업하는데?" 그분 말은 학생은 주인이 아니라는 거죠. 4년 있다가 졸업하면 끝인 손님이라는 겁니다.

그런데 다른 구조로도 우리는 얼마든지 대학을 구성해 나갈 수 있어요. 수평적인 구조가 되면 대학은 누구의 것이 됩니까. 모두의 것이 되죠. 수직적인 구조는 반드시 한 사람의 지배나 소수의 지배로 귀결될 수밖에 없지만 수평적인 구조가 되면 민주적인 정치체가 될 수 있어요. 대학은 누구의 것인가, 대학은 어떠해야 하는가를 반드시 물어야 하는 이유예요. 우리가 살아가는 공동체와 나라를 어떤 식으로 구성할 거냐, 어떤 모습으로 만들어 낼 거냐, 권력의 배분을 어떻게 이루어 낼 거냐를 결정하고 토론하는 것이 바로 정치죠. 여기가 정치의 장이 아닌 것 같지만 반드시 정치가 일어날 수밖에 없는 공간이에요. 그래서 대학은 나라이고, 하나의 작은 폴리스polis라고 할 수 있는 겁니다. 중세 자유도시에서 대학이라는 것이 시작됐을 때는 크고 작은 우니베르시타스들이 이런 식으로 연계, 연합해서 하나의 도시를 이루고 그 도시의 문제들을 같이 결정했어요. 그때도 했던 것을 지금 못 할 이유가 없죠.

### 대학이 '있다'는 것

그럼 대학은 누가 만드는 건가요? '이것은 대학이다'라는 문장이 있다고 합시다. 그 명제를 참으로 만들어 주는 것은 대학의 대학다움일 거예요. 최근에 삼성에서 '멀티캠퍼스'라는 온라인 캠퍼스를 만들었는데 아무도 그것을 보고 '저건 삼성이 만든 대학이다'라고 하지 않아요. 그냥 교육 프로그램을 제공하는 온라인 마켓이라고 생각하죠. 지금 우리가 서 있는 이 대학은 대학입니까? 네, 그럼 '대학이다'를 성립시키는 것은 무얼까요? 독일에 하이데거라는 철학자가 했던 존재자와 존재에 대한 물음을 잠시 소개하는 게 도움이 되겠네요. 제 전공이 정치철학인데, 철학은 언제나 금방 우리가 물은 것같이 지나치기 쉬운 물음을 근본에 도달할 때까지 묻습니다. 그럼 '있다'는 것이 무엇이냐는 존재의 질문에까지 나아가게 되지요. 어쨌든 하이데거가 마침 '학교Gymnasium'를 가지고 그 '있다'의 문제를 설명한 부분이 있어요.

있음은 어떻게 존재하는가Wie steht es um das Sein? …… 몇 가지 예를 드는 것이 우리를 도울 수 있을 것이다. 저기, 길 건너편에 고등학교 건물이 서 있다. 그것은 어떤 있는 것이다. 우리는 이 건물 밖에서 모든 귀퉁이를 샅샅이 탐색할 수 있다. 그리고 그 안에서는 지하실에서 지붕밑까지 오르내리며, 거기에 있는 모든 것들, 복도, 층계, 교실 그리고 또 교실 안에 있는 기물들을 일일이 점검할 수 있다. 우리는 곳곳에서 있는 것들을 찾을 수 있으며, 이것들을 잘 정돈시켜 주는 질서까지도. 그렇지만 이 고등학교의 있음은 어디에 있는 것인가? 그것이 있기는 있다. 그 건물은 있다. 무엇인가가 이 있는 것에 속해 있다면, 그것은 그것의 있음임에 틀림없다. 그럼에도 불구하고 우리는 이것을 있는 것 안에서 찾지 못하는 것이다.\*

여러분도 혹시 그런 생각 해 보셨어요? '대학이 있다'는 게 뭘까. 저 멋진 대학 본부 석조 건물이 있으면 대학이 있는 건가요? 아니면 대학 본부가 있고 허가증이 있으면 있는 건가요? 그도 아니면 학교 법인이 있고 법인 정관이 있고 대표 이사가 있으면 있는 건가요? 그렇지 않죠. 대학은 유형의 물질로서만 존재하는 것이 아니에요. 사람들이 여기 있는 건물을 보고 '대학'이라고 부를 수도 있고 '시장'이라고 부를 수도 있는데, 대학을 대학으로 존재하게 하려면 대학'으로서'라고 할 수 있는 활동이 있어야 하는 거죠. 그 활

---

\* 마르틴 하이데거, 《형이상학 입문》, 박휘근 옮김, 문예출판사, 1994, 67~68쪽.

동을 누가 하고 있죠? 배우는 사람들과 가르치는 사람들이 하고 있어요. 뿐만 아니라 이 대학이 존립하기 위해서는 무수히 많은 노동이 필요해요. 그 노동을 감당하고 있는 사람들이 있어야만 대학이 이렇게 대학으로서 존재할 수 있는 것이죠. 그렇다면 이제 대학은 누구의 것이라고 할 수 있어요? 이사회의 것인가요? 법인의 것인가요? 전임 교수의 것인가요? 아니죠. 대학을 대학으로서 존재하게 만드는 모두의 것이죠. 대학을 대학으로 만드는 노동을 하고 있는 사람이 그 대학에 대해서 몫을 가진 사람들, 정당한 권리를 가진 사람들, 주권을 행사할 수 있는 사람들입니다. 그러면 대학을 누가 만듭니까? 우리들이 만들죠. 그래서 대학은 우리 모두의 것입니다.

'우니베르시타스'는 아까 말씀드린 대로 '나라'라고 할 수 있고 '조합'이라고도 할 수 있고 '우주, 세계'라고 할 수도 있습니다. '우주'가 원래 '집 우宇', '집 주宙'니까 우리가 함께 일구어 내고 함께 살아가는 삶터라고 할 수 있어요. 우니베르시타스, 근대어로 유니버스universe를 '우주'라고 옮긴 건 참 탁월한 번역이었던 것 같아요. 우주는 집과 집들의 연합으로서 하나가 된 총체적 세계입니다. 이 우니베르시타스는 대학을 대학으로 만들어 낸 사람들의 공공선이고 공공재였습니다. 그래서 '레스 푸블리카res pública'예요. 라틴어인 레스 푸블리카에서 '레스'를 영어로 번역하면 무엇, 어떤 것, 물건 등을 의미하는 '씽the thing', '굿good' 또는 재산, 부, 가치를 의미하는 '웰스wealth'고, '푸블리카'는 '커먼common', 즉 '모두의',

'공통의'라는 뜻이에요. '커먼즈commons'는 '프리바투스privatus, 특별한 것, 유일한 것'에 반대되는 평범한 사람들, 보통의 사람들을 의미하기도 하죠. 서양에서 근대 국가national state의 모태가 막 형성되기 시작했을 때, 근대 국가가 확고하게 수립되기 이전의 정치철학자들이 나라를 커먼 웰스common wealth라고 불렀어요. 그게 바로 공공재, 우리 모두의 것이라는 뜻입니다. 더 거슬러 올라가서 로마 공화정 시대에는 이것을 레스 푸블리카, 우리 모두의 것이라고 불렀어요. 이 단어가 '리퍼블릭republic, 공화국'이랑 비슷하죠. 아니 똑같아요. 그러니까 '공화국'이란 '우리 모두의 것'이란 뜻이죠. 바꾸어 말하면 우리 모두의 것을 공화국이라고 부를 수 있는 거고, 이 한자말을 좀 더 친근하게 바꾸면 '우리나라'라고 부를 수 있는 거죠. 우리의 들과 강과 산과 하늘이 모두 우리나라이듯이 우리가 '우리 집', '우리 학교', '우리 회사'라고 부르는 곳도 마찬가지로 '우리나라'가 될 수 있죠.

이 '우리common'라는 말에는 개인의 사적 소유권을 뛰어넘는 공유의 권리, 공유권의 의미가 포함되어 있습니다. 공유共有는 '모두에게 함께 속해 있다'는 것이니 개인들의 소유의 총합이 아니고 또한 개인들 각각의 소유권으로 분할될 수도 없는 것이에요. 그건 그 자체로 하나의 나라니까요. 그러니 공화국이라는 건, 주권이 그 나라의 자산common wealth을 만드는 모든 이에게 있다는 뜻이에요.

우리나라 〈헌법〉 1조에도 "대한민국은 민주 공화국이다"라고 쓰여 있어요. 그런데 대한민국이란 나라가 민주 공화국이려면 대한민국 안에 존재하는 모든 작은 나라들이 민주 공화국이어야 해요. 다른 작은 나라들, 그러니까 대학, 마을, 회사가 모두 봉건적인 왕조 체제인데 대한민국이라는 나라만 민주 공화국이 될 수는 없어요. 이 나라를 민주 공화국으로 만들려면 거리에 나가서 싸우기도 해야 하지만 우리가 살고 있는 이 작은 나라를 레스 푸블리카, 우리 모두의 것으로 주장하고, 그럼에도 불구하고 주어지지 않는 우리의 정당한 몫과 권리를 되찾는 일부터 해야 해요. 그래야 여기서부터 공화국이 시작되고 그게 퍼져 나가서 결국 대한민국이라는 나라가 민주 공화국이 될 수 있는 것이죠.

아까 보셨듯이 경희대에는 시간 강사가 700명이 넘어요. 그 사람들이 강의를 하고 후마니타스칼리지의 명성을 만들어요. 바깥에서 사람들이 경희대라는 대학을 봤을 때 '저건 시장이 아니고 대학이야', '기업이 아니고 대학이야'라고 생각하게 만드는 활동을 해 나가는 가장 중요한 사람들이 바로 그 사람들이잖아요. 그럼 몫도 그만큼 주어져야 하는 거죠. 그런데 제가 오늘 이 자리에 서게 된 건, 제가 살아온, 강의해 온, 그리고 대학을 대학으로 만들어 온 이 자리에서 아무런 몫이 없는 자로서 쫓겨났기 때문입니다. 이것은 저 한 사람의 문제만이 아니에요. 지금 저 대학 안에서 강의하고 있는 제 동료들에게도 일어났고 지금도 일어나고 있고 앞으로도 계속 일어날 일이죠. 제 동료에서 끝나는 문제도 아닙니다. 여기 앉아 있는 학생들의 머지않은 미래예요. 이 자리가 곧 닥쳐올 우리들의 박탈당할 자리이기 때문에, 저는 제가 만난 학생들과 함께 여기서부터 작은 공화국을 탈환하자고 호소하고 있습니다.

### 민주주의의 기본 요소

저는 최순실의 나라가 도처에서 출현하고 있다고 생각해요. 후마니타스칼리지도 우리가 주인이 되지 않으면 언제든지 소수의 지배, 한 사람의 지배로 떨어질 수 있는 나라인 거죠. 아까 대학은 모두의 것이고 공화국이라고 했잖아요. 모두의 나라가 리퍼블릭이라면 최순실의 나라, 소수의 지배하에 있는 나라는 올리가키 oligarchy, 과두정이거나 또는 모나키 monarchy, 군주제가 되는 것이죠.

지금 경희대는 어떻습니까. 모두의 나라가 맞습니까? 모두의 공화국이 맞습니까? 우리가 이 대학에 대해서 '나는 주인이다', '시민이다' — 정치 공동체의 주인은 시민이죠 — 라고 주장하려면 내게 주권과 시민권이 있는가를 먼저 검토해 봐야 해요. 이 주권과 시민권은 소비자로서의 권리와 다릅니다. '내가 등록금을 냈으니까 이만큼 학점을 받아 가겠어'라고 하는 상품 판매의 관계는 시장적 관계죠. 시장적 관계가 지배하는 곳은 아무리 대학이라는 간판을 걸고 있어도 더 이상 대학이 아닌 거예요. 그냥 상품 판매소이죠. 이 대학을 정치 공동체로, 또는 배움의 공동체로 인정하고 우리가 주권과 시민권을 가지고 있는지 검증해 보려면 이소노미아isonomia, 이세고리아isegoria, 이소크라티아isokratia가 있는지 물어 봐야 합니다. 이 세 가지가 고대의 민주정에서 민주주의를 이루는 기본 조건이었어요.

이소노미아는 몫을 똑같이 나눌 수 있는 권리, 동등한 몫에 대한 권리를 말해요. 보통 '법nomos 앞에서의 평등'이라고 번역하는데 그보다는 몫을 똑같이 나눌 수 있는 권리가 더 정확한 개념이에요. 고대 희랍어로 '이손ison'은 '똑같이equal', '노미아nomia'는 '나누다, 몫을 분배하다distribute'라는 뜻을 가진 동사 '네메인nemein'에서 나온 것으로, 의미소를 연결하여 풀어 쓰면 이소노미아는 '몫을 똑같이 나눈다'는 의미거든요. 그 몫은 권리이기도 하고 책임이기도 합니다. 원래 '노모스nomos'는 관습, 법, 규칙이라는 추상 명사로 발전하기 이전에 방목지, 공유지라는 의미가 있었어요. 그 방목지에서는 자연스럽게 이용 규칙이 생겨났고 관습으로 이어져 왔기에 그것이 모두가 지키는 '관습', '법'이란 의미로 확장되었습니다. 공유지의 첫 번째 관리 수칙은 그 토지nomos에 대해 수혜자 모두가 권리와 책임을 똑같이 나누어 가진다는 것이었어요. 이것은 데모스demos의 관행이기도 했습니다. 그래서 데모스가 폴리스에 들어가 시민권을 가질 수 있게 되었을 때, 그들은 부락demos에서 했던 것처럼 나라polis에 대해서도 똑같이 그렇게 했습니다. 공유지를 돌보듯이 각 부족과 부락민들이 서로 돌아가면서 나라 일을 할당해서 맡았어요. 아테네에서 선출로 뽑는 공직은 전쟁에서 군대를 통솔할 장군직이 유일했습니다. 그래서 이소노미아의 원리는 '오늘은 내가 지배하지만 내일은 내가 지배를 받는다'는 '비지배의 지배'로 해석될 수 있습니다. 하지만 아테네 시민들에게 공직의 일을 돌아가며 맡는 것은 권리라기보다는 먼저 의무로 받아들여졌기 때문에 지배로 번역하는 것도 원래 의미를 다소 오해하도록 만들 여지가 있어요. 공유지에서는 돌아가면서 일을 하고, 함께 쓰는 물건(공공재)은 돌아가면서 관리의 책임을 맡는 것이 오늘은 내가 하고 내일은 네가 한다는 말의 의미니까요. 그리고 이것은 데모스의 생활 양식이어서 데모스가 권력을 갖게 되었을 때 자신들의 관행을 폴리스에 수립했던 거고, 그 민중의 문화가 민주주의라는 정치 문화와 제도를 발전시킨 거예요. 아까 우리가 대학을 하나의 나라로 상정했을 때 그 안에 전임 교수도 있고 학생도 있고 직원도 있었잖아요. 대학에서 어떤 정책 결정이 이루어지면 그 결정에 영향을 받고 책임을 져야 하는 사람이 그 구성원이죠. 그럼 그 구성원이 그만큼의 몫을 갖고 결정에 참여해야 해요. 책임지는 사람들이 결정하는 것이 민주주의입니다. 책임 안 지는 사람들이 결정하는 것, 그게 소수의 지배인 거죠. 예를 들어 전쟁을 할지 말지를 전쟁에 나가야 될 사람이 결정해야지 전쟁에 나가지도 않을 사람이 결정하면 받아들일 수 없잖아요.

이세고리아는 똑같이 $^{ison}$ 발언 $^{agoreuô}$할 수 있는 권리예요. 특히 공론장$^{agora}$에서 말할 권리를 뜻하지요. 참정권 중에서 발언의 권리가 굉장히 중요해요. 제가 해고된 뒤에 학교로부터 그런 요구를 받았어요. "더 이상 학생들 만나지 마세요", "언론에 제보하지 마세요", "SNS에 학교 얘기 쓰지 마세요". 경희대 강사 해고 문제를 공론화한 데 대한 사과를 논의의 선결 조건으로 요구받기도 했습니다.* 이건 표현의 자유, 발언의 자유를 심각하게 침해하는 거죠. 대학 구성원한테 어떤 상부 기구나 권위 있는 사람도 그런 걸 요구할 수 없어요. 오히려 대학 문제에 대한 제기는 전국의 모든 교수들이 의무로써 해야 하는 일이죠. 이처럼 이세고리아는, 여기서 청소를 하는 분이든 총장이든 시간 강사든 교수든 누군가 말을 하면 사람들이 같이 귀 기울여 줘야 한다는 거예요. 저 같은 사람이 학교 운영에 대해 문제를 제기하고 의견을 냈을 때 강사의 말이라고 해서 "그렇게 시간이 남아돌아요? 우리가 알아서 다 할 건데 왜 당신이 걱정하지?"라고 발언에 있어서의 무게를 달리하거나 발언의 힘을 박탈해서는 안 된다는 것이죠. 저 얘기는 제가 실제로 들었던 말입니다.

이소크라티아는 동등한$^{ison}$ 힘$^{kratos}$을 가진다는 거예요. 이때 힘은 개별자의 힘이 아니라 집합적 힘, 즉 세력을 의미해요. 그럼 그 힘이 똑같다는 게 무슨 말일까요. 아테네에서 민주정이 수립될 때 대립하는 두 세력이 있었거든요. 아리스토이$^{aristoi}$라는 귀족들과 데모스라는 민중들. 거기서 민중의 힘과 귀족들의 힘이 세력상 동

---

* "유정완 학장은 "후마와 교협 간 협의가 성사되기 위해서는 시간 강사 개인 SNS나 외부 저널에 올라간 후마 대상 비방성 글에 대해 교협 또는 당사자가 입장을 표명해야 한다"며 그 이후 교협에서 제시한 두 가지 제안(시간 강사를 논의 주체로 포함한 교과 과정 개편 재검토, 시간 강사 처우 개선을 위한 TF 운영)을 고려할 수 있다고 말했다." - "열악한 시간 강사 처우 개선엔 한 목소리", 〈대학주보〉, 2016년 3월 14일

등하도록 해야 한다는 것을 의미하죠. 대학이라면 강사든 교수든 간에 똑같은 권한으로 참여한다는 의미예요. 누구나 한 표씩을 가지게 되면 결국은 다수인 민중의 힘이 세지겠죠. 그런데 왜 이소크라티아냐. 귀족들은 다른 권력 수단을 갖고 있으니까요. 토지와 재산과 무기, 그리고 외국에 있는 귀족 친구들. 하지만 민중은 단결한 세력만이 유일한 힘이죠. 그래서 이 방식은 개별적 힘으로 전체적 세력 균형을 맞추는 방식이기도 해요. 쉽게 말하면 '교수도 한 표, 강사도 한 표' 이겁니다. 그래서 민주정 수립 이후에 아테네 민중들은 입법권, 사법권, 행정권에서 힘이 똑같이 배분되도록 이소크라티아의 원칙을 강제할 수 있는 여러 가지 제도를 만들어요. 누가 그것을 주장했을까요. 민중이 우세한 정치 체제니까 당연히 데모크라티아, 데모스 쪽에서 주장한 거죠. 귀족들은 싫어했을 거예요. 요즘 말로 하면 '기득권'을 계속 갖고 싶었을 테니까요.

강사만은 이 세 가지 민주주의의 기본 요소 중에 가진 게 하나도 없어요. 어떤 권리도 갖지 못한 지위에 있는 사람들이 대학 강사죠. 참여의 몫도 없고, 발언을 할 수도 없고, 힘에 있어서도 동등하지 않아요. 아까 봤듯이 비전임 교수가 전임 교수보다 훨씬 많고 비전임 교수 중에서 60퍼센트를 차지하는 게 시간 강사예요. 강의를 개설하거나 배정할 때 실제로 강의를 담당하고 있는 사람들의 의견을 물어야 하잖아요. 그런데 전혀 묻지 않아요. 그리고 참여할 몫을 주장하면 징계를 합니다. 이것을 과연 민주주의 나라라고 할 수 있나요.

## 시민이란 존재는 '알아서' 되는 것이 아니라 '살아야' 될 수 있다

그런데 말입니다, 경희대는 되게 좋은 학교예요. 입학하는 모든 신입생들에게 공통 필수 교양으로 시민교육이라는 수업을 듣도록 하거든요. 한 학기 동안 민주 시민으로 살기 위한 교육을 받아요. 그런데 우리가 어떻게 시민이 됩니까? 배워서 됩니까? 책을 보고 됩니까? 아닙니다. 몸으로 때워야만 됩니다. '알아서' 되는 것이 아니고 '살아야'만 되는 것이 시민이에요. 아리스토텔레스가 《니코마코스 윤리학》에서 어떻게 좋은 사람이 될 수 있는가를 탐구하거든요. 그 책의 핵심은 이거예요. 알아서는 안 되고 계속 그렇게 살아 내야지만 좋은 사람이 된다. 시민이 되는 것도 마찬가지입니다. 시민으로서 '살지' 않으면 절대로 될 수 없는 거예요. 마치 수영을 책으로 배울 수 없는 것과 같죠. 화장을 책 보고 하면 귀신처럼 되잖아요. 연애도 그렇죠? (웃음) 정치적 실천의 문제도 마찬가지예요. 그런 종류의 교육은 인식적인 깨달음이 아니라 실천적인 깨달음이고, 그런 배움은 내가 그걸 할 수 있는 몸이 되어 간다는 것이거든요.

시민도 여러 가지인데 반드시 '민주' 시민이어야 해요. 민중의 편에 서는 시민이 되어야 한다는 뜻입니다. 로마의 공화주의자들, 그러니까 로마가 황제의 것이 아니고 '우리 모두의 것'이라고 생각했던 사람들도 — 다들 '우리'라고 부른 사람들을 로마 시민이라고 생각했지만 — 사실 그 '우리' 안에 포함시키지 않은 사람들이 되게 많아요. 근대 공화국주의자들도 마찬가지고 대부분의 공화주의자들은 탁월한 소수의 지배를 옹호하거든요. 올리가키, 즉 과두정을 주장하는 사람들이죠.

예전에 스페인 내전을 다룬 영화를 본 적이 있는데 그런 장면이 나오더군요. 가난한 농민들이 파시스트의 군대에 살해당해 죽어 가면서 "비바 리퍼블리카viva república, 공화국 만세!"라고 외쳐요. 제가 대학 다닐 때는 그 장면이 이해가 안 되더라고요. '그 공화국은 과연 카탈로니아 농부들의 나라였는가. 그 공화국 정부에 농부의 대표가 한 사람이라도 있었던가. 그런데 무슨 빌어먹을 공화국 만세인가.' 그런데 그 농민들이 외친 '공화국'은 그 '공화국'이 아니라 아까 말씀드린 '나라'의 의미인 거예요. 정부 기구, 정당을 대표하는 정치 체제가 아닌 — 또는 집권 세력이 아닌 — 자기 땅, 자기 나라, 자기와 함께 살아온 사람들, 그 사람들이 만들어 온 정치 질서, 꿈꾼 나라에 대한 이상…… 이것을 가지고 죽어 가면서 공화국 만세라고 외친 것 아닌가 싶어요. 그러니까 '우리나라 만세'인 건데, 그들의 우리나라를 국가라고 번역할 수 있는 건 또 아니란 거죠. 그 우리나라에 대한 사랑이란 것도 애국심이라기보다는 애향심, 대지에 대한 사랑에 가까울 것이고요. '우리가 함께 만들어 온 이 세계를 나는 지키고 싶어 했고, 싸웠고, 그래서 자랑스럽게 죽어 갈 수 있다' 이렇게 생각했던 것이 아닌가 싶어요.

그렇게 살아야만 되고 해 봐야만 되는 게 시민인데, 우리는 지금 그렇게 시민교육을 하고 있는지 모르겠습니다. 오늘 학교에 오는데 할로윈 축제라고 진입로에 할로윈 등이 걸려 있더라고요. 물론 그런 것도 해야죠. 학교가 축제나 향연으로 시끌벅적할 수도 있고, 또는 정치 집회를 통해서 시끌벅적해질 수도 있는데 이 대학은 괴이하게도 너무나 조용해요. 지식인들이 만날 입 다물고 앉아서 책만 보고 저항하잖아요.《침묵의 공장》이라는 책도 있던데, 제목 그대로 대학은 이제 침묵의 공장이 되어 버렸죠. 이 조용한 침묵의 순간, 고요의 순간이 저한테는 무덤 속의 침묵처럼 느껴져요. 이 침묵이 이 나라에 어떤 비극을 가져왔는지 이제 우리가 알잖아요.

사실 경희대 학생들도 그렇고 교수들도 그렇고, 지금 여기서 일어나지 않는 모든 사건들에 대해서는 놀랍도록 원격화된 감수성으로 연대하고 있어요. 류블랴나, 알제리, 시리아, 프랑스의 테러 현장에는 가거든요. 사이버스페이스에서 현장 활동을 하기도 하고 그걸 리포트로 쓰기도 해요. 그런데 지금 내가 살아가고 있는 이 나라, 이 공화국, 이 대학, 지금 여기에서 쓰러지고 있는 사람들과 손잡는 연대에는 놀랍도록 소극적입니다. 왜 그토록 차가운가에 대해 우리가 물어봐야 하지 않을까요.

저는 이게 요즘 유행하는 증강 현실적 실천이 아닌가 싶어요. 늘 실천의 현장은 '저기 저 너머'에 있어요. 시리아나 중동의 분쟁 지역 같은 곳이 대표적이죠. 우리가 연대하기 위해 밀양에도 가고 강정마을에도 가고 광화문에도 나가고 강남역에도 가지 않습니까.

그런데 왜 이 대학 안에서만은, 얼마든지 함께 손잡고 싸울 수 있는 이 작은 나라의 동료 시민들과 연대하는 방법에 대해서는 이토록 미숙하고 소극적인지 모르겠어요. 이건 여기서 가르쳐 온 사람으로서의 제 고민이기도 해요. 그래서 그 침묵의 공장을 활성화시키는 것, '얼음'을 '땡' 하고 녹이는 작업을 여러분들과 함께 시작해 보려고 합니다.

### 대학의 젠트리피케이션

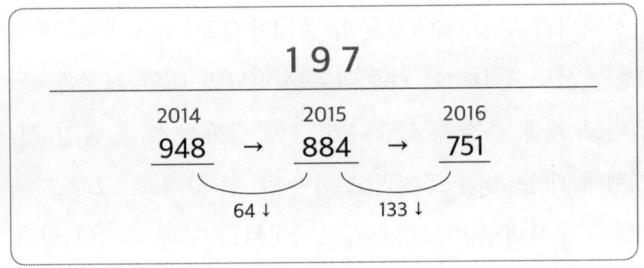

197. 이것은 무슨 숫자일까요? 2년 동안 줄어든 경희대 시간 강사 수입니다. 2014년 948명이던 시간 강사 수가 2015년에 884명으로 줄어듭니다. 예순네 명이 감소한 거죠. 2016년에는 751명으로 줄어요. 그럼 133명, 전년도에 비해 두 배 이상 줄어든 거잖아요. 2016년에 왜 이렇게 많은 수가 줄어들었을까요. 이럴 때 유추라는 방법을 쓰잖아요. 2016년에 무슨 일이 있었죠? 유보되어서 결국 시행되지는 않았지만 2016년은 강사법(〈고등교육법〉 일부 개정

안) 시행이 예정되어 있던 연도예요. 강사법의 핵심은 강사의 교원의 지위를 회복시키는 것이에요. 교수들은 대학의 교원이지만 강사는 아니거든요. 전에는 강사도 교원에 포함됐는데 박정희 정권 때 비판적인 지식인들과 젊은 소장학자들을 탄압하기 위해 법을 개정하고 강사들을 교원에서 제외시켜 버렸어요. 교원이란, 말하자면 대학 사회의 시민권이죠. 물론 강사법이 보장하는 교원의 지위도 교수와 완전히 같지는 않고 여전히 제약이 있는 시민권이긴 하지만 그래도 시민으로서 일정한 몫을 갖게 된다는 것을 의미해요. 그러니까 대학의 입장에서는 일종의 노예 해방령과도 같은 강사법이 시행되기 전에 노예들을 방출해야겠죠. 한국대학교육협의회(대교협)에서도 강사법이 예정대로 시행되면 대학 재정에 큰 부담이 된다고 계속 주장해 왔으니까 그때 강사를 대폭 줄인 건 강사법 시행에 대한 사전 조치라고 유추할 수 있어요. 그리고 때마침 2016년에 경희대 후마니타스칼리지에서는 교과 개편이 일어나요. 많은 수의 강의가 사라지게 됐습니다. 강의가 폐지된다는 건 곧 담당 교수가 자리를 잃게 된다는 뜻인데, 강사들이 담당한 강의들이 많았죠. 그러니 이 교과 개편 역시 강사법 시행과 무관하지 않을 거라는 합리적 의심이 가능한 거고요.

이 과정에서 무려 124개의 강의가 폐지됐어요. 구조의 근간을 바꾸는 작업이었거든요. 그런데 이 교과 개편에 강사들이 한 명이라도 참여했을까요. 한 명도 참여하지 못했어요. 다만 통보받았을 뿐이에요. "교과 개편 결과 당신의 수업은 개설되지 않습니다." 우리가 어떤 강의를 개설하고 폐지할지 결정권을 달라고 한 게 아니거든요. 그 논의 과정에 참여하게 해 달라고 했어요. 현장에서 강의하고 있는 사람들은 지금 교과 구조에 어떤 문제가 있고 어떤 강의가 필요한지, 구체적인 문제를 가장 잘 알고 있는 사람이기도 하잖아요. 때문에 우리의 목소리를 낼 수 있게 해 달라고 했어요. 그런데 듣지 않았습니다. 그러면 이 후마니타스칼리지는 공화국인가요? 민주주의의 나라인가요? 경희대에서 가장 민주적인 나라라고 알려진 후마니타스칼리지조차 이렇습니다.

이렇게 많은 강좌가 폐지되고 강사들이 해고돼도 대학 밖에서는 전혀 몰라요. 올해 프라임PRIME: PRogram for Industrial needs – Matched Education, 산업연계교육활성화선도대학, 코어CORE: initiative for COllege of humanities' Research and Education, 대학인문역량강화, 평생교육단과대학(평단) 사업 같은 대학 구조 조정 정책 때문에 많은 대학에서 싸움이 벌어졌는데 밖에서 보는 분들은 잘 모르죠. 프라임 사업이라고 하면 새로운 아파트 브랜드인가 싶죠. 지금 대학은 21세기 엔클로저, 젠트리피케이션이 일어나는 가장 대표적인 공간이에요. 마을이나 지역에서는 당장 내 삶터가 파헤쳐지니까 사람들이 젠트리피케이션의 심각성을 알고 같이 대책도 논의하죠. 그런데 대학에서 일어나고 있는 젠트리피케이션에 대해서는 아주 무감각합니다. 도대체 그 안에서 무슨 일이 일어나는지 알아채기가 어려워요. 담장 때문이에요.

중세 도시에 처음 생겨난 유럽의 대학에 가 보면 지금도 담장이 없어요. 대학 건물들이 여기저기 흩어져 있기도 하고, 건물의 일부만 나눠 쓰기도 하는 모양새를 갖추고 있어요. 필요한 사람들이 그때그때 함께 만들어 낸 공공 공간이기 때문이에요. 대학이라는 것이 하나의 공유지이고 공공재이고 공공의 자산이었던 거죠. 거기서 만들어 낸 결과물들까지요. 그런데 그 공유지에 서서히 담장을 치더니 울타리가 점점 더 견고해지고 높아져서 나중에는 성벽이 되고 어떤 관문을 통해서만 들어갈 수 있는 지식 권력의 생산기지, 거대한 성채城砦가 됐어요. 경희대가 서울시 동대문구 회기동에 있는데 이 인근의 주민들도 대학 안에서 무슨 일이 있는지 잘 몰라요. 잘 안 보이거든요. 최근 이화여대처럼 가끔씩 큰 소리가 날 때만 "뭔 일 났냐"라고 묻고 있습니다.

　이 대학이란 공간은 오늘날 사회의 어떤 영역보다 훨씬 가혹하고 잔인하게 젠트리피케이션과 엔클로저를 하고 있습니다. 이것에 대해 감시하고 폭로해야 해요. 그러려면 밖에 있는 사람들도 함께해야 합니다. 대학 안에 있는 사람들이 대학 내부의 공간을 민주화해서 문을 안에서부터 열어야 하고 장벽도 낮춰야 하겠지만, 대학은 대학 구성원들의 것만도 아니거든요. 뒤에서 다시 말씀드리겠지만 우리나라 사립 대학에는 엄청나게 많은 공공 자원이 들어가요. 공공 자원이라는 건 국민의 세금이잖아요. 그 세금에는 대학에 다닌 사람, 안 다닌 사람의 돈이 다 들어 있어요. 이 대학이 학생들의 등록금이나 지식 상품을 판매한 수입만으로 운영되는 게 아니란 말이에요. 그럼 사회 전체의 공공재이기도 한 것이죠. 국립대뿐 아니라 사립대도 전체 시민들의 공공 자원입니다. 그런데 단적인 예로 도서관을 시민들에게 개방하는 대학이 있나요? 그 책을 대학들이 재단 돈으로 다 삽니까? 이 대학을 유지하고 지탱해 나가는 데 굉장히 많은 공적 자금이 들어가는데도 대학은 도서관을 개방하지 않죠. 우리가 계속해서 몫에 대한 권리를 요구하지 않으면 대학을 사유지로 봉쇄하는 이 엔클로저는 점점 더 가속화될 거예요.

그러니 우리 다 같이 '우니베르시타스', '레스 푸블리카', '대학은 모두의 것'이라고 외쳐 봅시다. 그냥 읽고 아는 것으로 끝내면 안 돼요. 후마니타스칼리지 시민교육의 정신은 언제부턴가 '저항은 답안지에, 비판은 리포트로'가 돼 버렸어요. 그런데 이곳에서 시민이 아니면 나라의 시민도 아니고 세계 시민은 더더욱 될 수 없습니다.

대학은 모두의 것입니다. 그것은 우리의 대학, 우리의 공화국을 자본으로부터, 국가로부터, 소수의 지배로부터 구해 내는 일입니다. 그리고 우리의 대학을 공화국답게 만들 때, 그런 소수의 지배로부터 구해 낼 때 대학만이 아니라 우리가 살아가고 있는 가장 큰 정치 공동체인 국가가 — 〈헌법〉 제1조에 글자로만 있는 '민주 공화국'이 아니라 — 실제로 살아 있는 민주 공화국이 됩니다. 그것이 우리가 머슴이나 노예가 아니라 — 아니 거기까지도 좋았어요, 개돼지가 아니라 — 인간으로서, 시민으로서 살아갈 수 있는 길입니다.

2강

# 노동 없는 대학

노동은 왜 보이지 않는가

오늘 생각해 볼 주제는 '대학에선 왜 노동이 보이지 않는가'입니다. 지금 이 대학 안에는 얼마나 많은 '노동자'들이 있을까요? 학교를 지날 때마다 멋진 캠퍼스 풍경에 감탄을 하는데 이 캠퍼스가 이렇게 유지되기 위해서는, 그리고 학교의 강의가 계속 차질 없이 돌아가기 위해서는 수많은 사람들이 노동을 해야 해요. 지난 시간에 대학이 존립하기 위해서는 반드시 필수 노동이 존재해야 하고, 그중에는 강의도 있고 배움도 있고 청소도 있고 경비도 있고, 많은 일들이 있다고 말씀드렸어요. 그런 노동자들을 여러분은 매일 만나고 있나요? 그렇지 않죠. 우리는 왜 그들을 보지 못할까요? 지금 이 앞에서 마이크를 들고 이야기하고 있는 저 역시 마찬가지입니다. 저는 해고 강사입니다. 오랫동안 '교수님'이라고 불렸고 해고되기 전까지는 노동자의 몸으로 드러나지 않았던 존재죠. 그러고 보니 해고되는 과정에서야 비로소 저 자신이 노동자였다는 사실을 알게 된 것 같군요. (웃음)

대학에서 노동이 보이지 않는 이유를 여러 가지 측면에서 생각해 볼 수 있습니다. 첫 번째는 '몸'이 없기 때문인 거 같아요. 무슨 말이냐고요? 우리가 화장실에 들어갈 때 청소하는 노동자가 있어도 의식하지 않죠. 그분을 한 인간으로 생각하지 않고 그냥 청소 기계 또는 화장실에 딸린 부품처럼 생각하기 때문에 풍경에 파묻힌 사물적 존재가 되어서 우리 눈에 띄지 않는 것이죠. 그래서 저는 대학에서 보이지 않는 존재들, 숨은 노동을 하는 존재들을 '노바디nobody'라고 생각합니다. 자기의 고유성과 주체성과 정체성을 가진 인간으로서 드러나지 않고 언제나 그 공간 또는 일에 부속된 존재, 부품으로서만 드러나는 사물화된 존재이기 때문이에요. 또한 노바디는 '아무것도 아닌 사람들'이죠. '학장님', '총장님'처럼 어떤 특별한 존재, 고귀한 존재, 책임 있는 존재, 유일한 존재가 아니라 없어도 그만인 아무것도 아닌 사람들이에요. 그들이 보이지 않는 건 수많은 이들 중 한 사람이기 때문이죠.

그런데 오늘 말씀드리고 싶은 건 이 아무것도 아닌 사람들이 만드는 정치 체제가 민주주의라는 것입니다. 민주주의는 정치를 잘하는 사람, 어떤 탁월한 사람, 많이 알고 국회를 많이 생각하는 사람들의 정치가 아니라, 아무것도 아닌, 평범한, 보통 사람들의 정치입니다. 하버마스는 근대적 공·사 개념이 수립되기 전에 지금의 '사私'의 의미를 갖는 '프리바투스privatus'가 공적 대표성을 갖는 왕이나 귀족 같은 특별한 사람에게 쓰였고, 현대어에서 '공공公共'의 의미를 갖는 '푸블리쿠스publicus'는 그냥 다수의 사람들, 즉 대중, 다중, 공중을 의미했다고 설명해요. 지금은 '프라이빗private'이 개인적이고 사적인 의미로 쓰이지만요. 고대 세계에서 한 사람의 고유한 인격체로 드러날私 수 있는 존재는 귀족이나 왕족 같은 특별한 지위에 있는 사람들이었고 민중은 언제나 '집합적 주체'로 함께共 나타났지요. 그렇게 보면 어디에나 존재하며 아직 아무 곳에도 출현하지 않는 이 노바디야말로 푸블리쿠스의 몸이라고 할 수 있습니다. 고대 라틴어로 푸블리쿠스는 '평평한 사람들'을 뜻하는 '플레비스plebis'이며, '다수'를 뜻하는 '포풀로스populos'이고, '함께 나누며 살아가는 사람들'인 '코무니스communis'와 같은 뜻입니다. 피터 라인보우는 이 노바디들을 '커머너commoners'라고도 해요. 국내에서도 수유+너머 그룹에선 '커머너'나 '커먼즈commons'의 뜻을 살리려고 그러는지 한국말로 번역하지 않고 그대로 쓰더군요. 이 단어에선 '보통 사람들=공유인들'이라는 의미가 그대로 보이죠. 노바디는 결국 '이름 없는 사람'이기도 합니다. 더 정확히는 족보 없는 사람, 요즘 말로 하면 명함 없는 사람, 또는 직위 없는 사람도 되겠네요. 아무개 총장, 아무개 교수 대신 청소 아줌마, 경비 아저씨, 시간 강사, 이렇게 불리는 사람들 말이죠.

저는 이 '노바디'를 생각할 때마다 떠오르는 이야기가 있어요. 호메로스의 《오디세이아》에서 오디세우스가 키클롭스의 눈을 찌른 일화입니다. 트로이 전쟁이 끝난 뒤 오디세우스 일행은 고향으로 돌아오는 길을 잃고 바다를 방황하다 시칠리아 섬에서 키클롭스라는 외눈박이 거인족을 만나요. 키클롭스는 선원들을 동굴에 가둬 놓고 하나씩 잡아먹기 시작하죠. 오디세우스는 그 키클롭스의 눈을 부지깽이로 찌르고 탈출합니다. 나중에 키클롭스의 형제들이 와서 누가 이랬냐고 물으니 키클롭스는 '아무도 아니다nobody'라고 대답해요. 오디세우스가 자신의 이름을 '우데이스oudeis: nobody'라고 가르쳐 주었기 때문이죠. 노바디를 어디서 찾겠어요. 저는 그 노바디가 민중의 이름이라고 생각해요. 키클롭스의 눈을 찌른 것은 영웅 오디세우스지만 '우데이스'라는 이름이 없었다면 불가능했을 일이 아닙니까. 어디에도 없지만 어디에나 있는 존재, 아무것도 아닌 사람들, 그들만이 키클롭스의 눈을 찌를 수 있어요. 민중은 언제나 아무것도 아닌 자들이지만 또한 그들은 '아직' 아무것도 아닌 자들이지요. 때가 오면 그들이 가장 무서운 이들이 됩니다. 절대 무너지지 않을 것 같던 이 불통과 무소불위의 외눈박이 권력을 무너뜨린 사람들도 그들이잖아요. 잘 기억해 두세요. 키클롭스의 눈을 누가 찔렀는지를.

## 민주주의는 노동자의 정치

민주주의는 '데모크라티아demokratia'인데, 이 말 속에도 사실 '아무것도 아닌 무수히 많은 사람들'이 들어 있어요. 데모크라티아라는 건 '데모스demos'와 '크라토스kratos'를 결합한 말로, 데모스의 힘, 데모스의 세력, 데모스의 지배라는 뜻이에요. 그럼 데모스는 누구냐. 앞에서 노바디를 설명하면서 언급한 다수plethos이면서, 평범한 koinos 사람들이 바로 그들이죠. 보통 민중, 평민이라고 번역하는 데모스의 실체는 '노동하는 사람들'이에요. 데모크라티아의 주인공인 데모스는, 일하는 사람을 지배하고 그들로부터 얻어먹고 사는 귀족들이 아니라 어부, 농부들처럼 자신의 노동으로 먹고사는 사람들인 거죠.

 고대 민주주의를 이야기할 때, 근대 정치철학자들이 왜곡시켜 온 사실이 있어요. 그건 민주주의를 시민의 정치라고 얘기하는 거예요. 정치에 참여할 수 있는 권리를 가진 사람을 시민이라고 해요. 하지만 시민들이 하는 정치를 다 민주정이라고 하지는 않습니다. 아주 적은 소수의 사람들만 시민권을 가질 수도 있고, 형식적으로는 많은 사람들이 가져도 실질적으로는 일부만 그 시민권을 행사할 수도 있기 때문이에요. 시민은 귀족도 될 수 있고 민중도 될 수 있어요. 하지만 민주정이라는 정체에서만 데모스, 즉 일하는 사람들이 시민의 자격을 가질 수 있지요. 민주주의는 시민의 정치가 아니라 노동자의 정치입니다. 그래서 스파르타에서도 시민들이 정치를 하지만 그 나라의 정치 체제를 민주정이라고 부르진 않는 겁니다. '시민 정치 = 민주 정치'가 아니라는 거죠. 누가 시민이 될 것인지, 그리고 그 시민들 중에서 누구의 힘이 더 우위에 있는지가 민주주의를 결정하는 핵심적인 요건이에요. 그러니까 그냥 시민의 정치가 아니라 반드시 일하는 사람들이 나라의 주인이 되는 체제, 정치 공동체인 폴리스에서 데모스, 민중, 노동자들이 우위를 점하고 있는 체제여야만 민주주의라고 할 수 있어요.

 그럼 대학에서 민주주의가 이루어지려면 누구의 힘이 세야 할까요. 대학에서 데모스인 사람들의 힘이 세야 하는 거죠. 대학에서의 데모스는 누구입니까. 시간 강사, 경비 노동자, 청소 노동자, 교수 노동자, 직원 노동자, 학생 노동자...... 이 사람들이 대학의 주요한 정책 결정에 참여하고 그것을 책임질 때 이 대학을 민주적인 나라라고 이야기할 수 있는 겁니다. 국가도 마찬가지예요. 데모스가 발언권과 실질적인 결정권을 가지고 참정권을 행사할 때 그 나라를 민주 공화국이라고 할 수 있습니다.

제가 지금 이 후마니타스칼리지 앞에서 강의를 하고 있는데 '후마니타스'의 뜻이 '인간다운 인간'이거든요. 뒤의 '인간'은 그냥 우리가 딱 보면 아는 그 인간일 텐데, 앞에 붙은 '인간다운humanitas'이란 수식어가 실은 문제적인 거예요. 도대체 인간답다는 게 뭘까요. 인문학이란 결국 인간을 인간이도록 하는 어떤 '인간다움'에 대한 해명이죠. 철학, 역사, 문학, 예술, 과학, 실천 등 다방면의 길을 통한 인간의 자기 해명과 자기 인식이 인문학이라고 할 수 있어요. 후마니타스칼리지 교양 수업 첫 시간에도 항상 학생들한테 인간다운 인간homo humanitas이 어떤 인간인가, 자기만의 정의를 한번 내려 보라고 하거든요. 거창한 물음 하나를 던져 놓고 대체 나는 여기서 뭘 배우고 어떤 사람이 되려고 하는가를 스스로 생각해 보도록 하는 거죠. 적어도 후마니타스칼리지라는 데서 배웠으면 후마니타스의 말뜻 정도는 설명하고 채워 낼 수 있어야 하는 거 아니냐, 그런 생각도 했고요.

거기서 나오는 대답들을 보면 참 근대 교육을 받은 학생들답습니다. (웃음) 정치적 인간, 사회적 인간, 연대하는 인간, 시민으로서의 인간, 토론하는 인간, 합리성을 가진 인간 등의 답을 해요. 간혹 '웃는 인간'이라든가 '사랑하는 인간' 같은 훈훈한 대답들이 나오기도 하지만 어쨌든 대부분은 '시민교육'을 교양 필수로 배운 학생들다운 답이 나와요. 그런데 몇 학기 동안 한 번도 나오지 않은 답이 있어요. 그게 '노동하는 인간'입니다. 그렇게 대답하는 사람이 없더라고요. 오히려 '호모 후마니타스'와 '호모 라보란스$^{homo}$ $_{laborans,\ 노동하는\ 인간}$'가 대척점에 서 있다고 생각하죠. 대개 노동이란 것은 하면 할수록 시민도, 인간다운 인간도 되기 어려워진다고 생각하는 것 같아요. 물론 나쁜 노동도 있지요. 하지만 노예 노동이나 자본주의 임노동에 대한 생각이 아니라 아예 노동 일반에 대한 관념이 대부분 그래요.

제가 정치학 전공이지만 '인간은 정치적 동물'이라는 명제와 싸워야 할 것 같아요. '정치적 동물$^{zōon\ politikon}$'이라는 테제는 생존을 위해 노동하는 삶과 여가를 갖고 정치에 참여하는 삶이 마치 반대되는 것처럼 보이게 만듭니다. 인간은 생물학적으로 '동물'이지만 '정치 행위'를 통해서 그 동물성에서 벗어나 인간다운 인간으로 살아갈 수 있다고요. 그러니까 인간의 정치 능력을, 다른 생명 존재들과 구분 짓는 하나의 '종적 차이'로 설명하는 것이죠. 하지만 그건 아리스토텔레스가 말한 원래 의미와 다르고 — 물론 아리스토텔레스도 귀족주의자라 민주주의를 그다지 좋아하진 않았어요 — 근대 서구의 정치철학자들이, 노동자가 아니고 싶었던 사람들이 노동하는 인간에 대한 혐오 속에서 만들어 낸 허상이에요. '인간은 정치적 존재'라는 이 말은 사람이 사람답게 살려면 자기의 폴리스가 있어야 하고, 그 안에서 살아야 한다는 뜻입니다. 노동자의 입장에서 이 정치철학을 전유해 보면, 그래서 노동자들에게도 정치 활동을 보장해야 하고 정치적 삶을 살 수 있는 노동의 삶을 보장해야 한다고 해석할 수 있지요. 그렇게 보면 차티스트 운동의 정치철학적 근거가 되는 셈이에요. 하지만 반대로 귀족주의 정치철학자들은 이 명제를, 노동하는 사람들은 여가를 가질 수 없고, 그래서 정치에 관심 갖고 참여할 수 없고, 그래서 올바른 판단과 행동을 기대할 수 없고, 그래서 정치적 권리를 제한해야 한다고 주장하는 근거로 사용했어요. 그러나 저는 민주주의가 일하는 사람들의 손에 의해서만 이루어질 수 있는 정치 체제이고 노동하는 사람들이 만들어 낸 최고의 정치적 예술 작품이라고 생각합니다.

### 노동자 말고 노동자를 돕는 사람

경희대의 시민교육 수업은 한 학기 동안 시민적 실천 프로젝트를 수행해 나가도록 되어 있어요. 어떤 주제로 시민교육 프로젝트를 할 것인가를 학생들이 직접 정하는데 항상 단골로 등장하는 주제가 있습니다. 대개 인기 있는 주제는 환경, 생태, 에너지, 요즘은 공정성, 분쟁, 반전, 평화 같은 주제들이에요. 누구나 동의하는 무난한 것들이죠. 그런 주제들에 대해서는 연성부터 경성까지 굉장히 흥미도 가지고 적극적으로 다루려고 해요. 그런데 이 시민교육 프로젝트에서도 학생들이 기피하는 주제가 있어요. 바로 '노동'

입니다.

한 학생에게서 들은 이야기인데요, 한번은 수업 시간에 교수가 수요 조사(?) 차원에서 학생들에게 자신이 하고 싶은 주제를 돌아가면서 얘기해 보라고 했대요. 그 학생이 자기 순서가 돼서 "저는 노동 운동이나 노조 활동에 대해서 프로젝트 활동을 해 보고 싶은데요"라고 발표했더니 갑자기 전체가 얼음이 됐답니다. 왜? 노동 운동은 시민운동이 아니란 거죠. 시민 활동, 시민으로서의 삶을 떠올릴 때 그 생각의 범주에 노동이라는 것 자체가 없는 거예요. 그건 시민들이 누구나 할 수 있는 활동이 아니고 어떤 특수한 활동이라고 여기는 거예요. 노동 운동가들이나 노조 활동가를 그렇게 무시무시하게 생각하는 거죠. 그 학생이 나중에 그러더라고요. "우리가 시민교육 프로젝트를 할 때는 전부 NGO 단체 활동에만 관심을 가지는데 졸업하고 나가서 당장 우리가 NGO 활동가가 되는 게 아니잖아요. 분쟁 지역에 리포터로 갈 거 아니잖아요. 사실 우리는 대부분 노동의 세계 속에서 노동자로서의 삶을 살아갈 것인데 국제 NGO 활동이라든지 국제 원조 활동에는 친근감을 느끼면서 노동에 대해서는 남 일처럼 여기고 되레 거부감을 가지는 거예요."

저도 똑같은 경험이 있어요. 2015년에 시민교육 프로젝트를 할 때 어떤 학생들이 아주 조심스럽게 물어봤어요. "노동조합을 가보고 싶은데 그게 시민교육 프로젝트 주제로 타당할까요?" 너무 타당하지 않습니까? 그런데 주변의 선배들이나 친구들이 시민교육은 그런 걸 하는 게 아니라고 했다는 거예요. 매년 활동한 프로젝트들을 모아서 시민교육 백서를 만드는데 노동에 대해 활동한 팀은 드물고 대부분 소비자 운동 수준에서 접근하는 시민교육 프로젝트가 많아요. 노동은 생활 정치의 범주에도 못 들어가는 것 같아요. 소비자는 어떻게 보면 노동자의 반대편에 서 있는 존재죠. 우리가 소비자이기도 하고 노동자이기도 한 이중적인 정체성을 가지고 있지만 어쨌든 일차적으로 노동자가 되어야 하고 노동자로 살아야 하는데 노동자 문제를 시민 사회의 주요 이슈로 생각하지 않고 별도의 특별한 사항으로 받아들이는 것이 과연 정상적인 것인가 물어봐야 해요. 우리가 왜 그런 의식을 갖게 됐는지 우리 삶 속에서 왜 이렇게 노동이 터부시되고 있는지.

제 아버지는 자기의 노동을 자랑스럽게 여겼는데, 저는 그게 노동자의 의식적 자기기만이라고 생각하지 않아요. 일하는 사람들은 — 그게 어떤 노동의 형태 속에서 나타나도 — 자기 노동에 대한 가치를 스스로 인식하고 자부심을 느낄 수 있어요. 인정하지 않는 게 문제지, 그 일 자체가 그런 자부심을 가질 만한 가치가 없는 건 아니에요. 심지어 그게 노예 노동이라도요. 캐슬린 그리섬의 《키친 하우스》란 소설을 보면 미국 남부의 노예들의 집이 백인 주인들의 집보다 훨씬 인간적인 장소였음을 알 수 있어요. 그토록 가혹한 노예 노동 속에서도 오히려 인간성을 잃지 않은 사람들은 착취자들이 아니라 착취당한 흑인 노예들이었다는 것을 보여 주지요. 그런 점에서 저는 지금 우리 사회의 전 계층에서 보이는 노동 일반에 대한 거부감이 일종의 '노동 혐오'라고 명명할 만한 사회 현상이 아닌가 하는 생각이 듭니다. 노동이란 말 자체에 대해 느끼는 감각적 거부가 분명히 있어요. 그게 어디서 연유한 것인지 반드시 알아봐야 해요.

　이 대학에서 노동자가 아니고 싶은 건 학생들뿐만이 아닙니다. 교수들도 마찬가지예요. 학생들이 자기 스스로 그런 생각을 갖게 된 게 아니에요. 보고 배운 게 있는 거죠. 지난 2015년에 후마니타스칼리지 교육자협의회를 만들게 됐어요. 교육자협의회를 만들 때 내부에 논란이 분분했습니다. 노조를 만들 것인가 교육자협의회를 만들 것인가. 그런데 압도적 다수에 의해서 우리는 교육자로 자기를 규정하기로 했어요. 우리를 노동자로 명명하고 노동조합을 만들면 많은 사람들이 함께할 수 없을 거라는 게 이유였어요. '외연을 확장하고 더 많은 사람들이 편안한 마음으로 같이 활동하기 위해서는 교육자가 맞다'라고 얘기하고 교육자협의회를 만들었거든요. 저도 그렇게 시작해서 다음 단계로 갈 줄 알았죠. 하지만 그 결과는 대량 해고였고 '협의회'란 조직체는 단결해서 서로를 지켜줄 수 있는 법적 근거를 가진 단위가 아니었다는 것만 뼈아프게 확인했지요. '더 많은 사람들이 편하게 참여할 수 있도록' 교육자협의회로 가자는 말은 실은 노동자로서의 자기 규정에 대한 심리적 거부감을 드러낸 것에 지나지 않았던 겁니다.

　'협의회association'는 이익 단체죠. 사회society의 언어적, 실체적 원형인 '소키에타스societas'는 원래 담합하기 위해 만든 상인들의 이익 연합체예요. 한자 Hansa 동맹이 대표적인 소키에타스죠. '소사이어티'라는 사회 개념은 개인들의 이익과 이해의 결사체에서 출발한 것입니다. 무역할 때 무역로를 함께 개척하고 보호하기 위해 만든 이익의 결사체거든요. '협회'란 지금도 그렇지만 자격을 가진 멤버들로 구성된 단체예요. 전국경제인연합회는 사장들로 구성된 단체고 대교협은 대학 총장들로 구성된 단체죠. '조합'은 그게 아니에요. 근대 조합들의 언어적, 실체적 원형인 우니베르시타스는 커머너들이 함께 나누며 살기 위해 도시에서 만든 공동체이고요. 조합은 자치와 자급의 부양 공동체이고, 함께 나누며 살아가기 위한 공동체예요. 처음에는 도시에 정착한 낯선 사람들끼리의 유사가족이자 촌락의 도시형인 조합이 훨씬 평범하고 보편적인 공동체였는데, 오늘날 노동조합은 빨갱이 혹은 이익 단체라는 이데올로기적 공세 때문에 우리가 잘못된 생각을 갖게 된 것이죠. 똑같은 조합인데도 협동조합은 부담 없이 가입하면서 노동조합은 꺼리는 이유도 마찬가지고요. 조합과 협회의 차이는 독일의 사회학자인 퇴니스가 말한 게젤샤프트 Gesellschaft, 이익 사회와 게마인샤프트 Gemeinschaft, 공동 사회의 차이를 생각해 보면 이해할 수 있어요. 오늘날에는 조합도 결사체 association적 조직이 되어 가고 있지만, 한나 아렌트가 인간은 정치적 존재라는 그리스 정치철학의 명제를 인간은 사회적 존재라고 번역한 중세 정치철학에 대해 그토록 반대하고 정치 공동체로서의 폴리스와 이익 공동체로서의 소키에타스를 구분한 것은, 폴리스가 공동체들의 연합체인 반면에 소키에타스는 개인들의 결사체라는 그 결정적 차이를 알았기 때문일 겁니다. 폴리스는 계급과 계급의 연합체이지만 개인들의 계약적 관계인 사회에선 개인들 간의 다양한 이해관계의 갈등이 있을 뿐 그 차이가 경합하는 정파적 공동체들의 정치적 관계로 나타나지 않거든요. 물론 우리가 지금 사용하는 '사회'라는 말은 공동체와 결사체의 의미를 다 포함하고 있고 그때그때 맥락에 따라 달리 쓰고 있지만 이번 기회에 한번 짚어 봤습니다. 어쨌든 조합이 약자들의 공동체라면 협회는 특권과 이권을 가진 사람들의 단체이고, 전자가 함께 살기 위해 만든 생산자 조합이자 생활 공동체에서 시작되었다면 후자는 특권의 유지, 재생산 및 이익 배분을 위한 목적에서 설립되었다는 점을 말씀드리고 싶습니다. 어쩌면 우리가 노동조합을 거부하고 교육자협의회를 수립했을 때에 — 그 기원을 알았든 몰랐든 — 이런 역사적 맥락이 작용하고 있었는지도 모르겠어요. 피해를 함께 나누는 공동체보다는 이해관계를 조정하여 각자의 이익을 최대화하는 조직을 원한 건 아닌지, 각자 심리의 심층에 그런 게 있었던 건지도요.

이렇게 오늘날의 대학에서는 교수도 노동자가 아니고 학생들도 졸업하고 나서 노동자로 살고 싶어 하지 않아요. 대신 요즘 대학생들에게는 이런 생각이 있어요. 노동자로 살고 싶지는 않지만 노동자를 도와주는 사람이 되고 싶다는 마음. 경희대가 2015년에 학생들의 '미래 의식 조사'를 토대로 〈미래대학리포트〉라는 걸 발간했거든요. 학생들을 대상으로 미래의 핵심 가치가 무엇이 될 것인지 대형 설문 조사를 하고 그 결과를 토대로 미래의 대학 혁신 방향을 도출하겠다면서요. 요즘 유행하는 미래 담론을 그대로 반영한 《유엔미래보고서》의 대학 버전이라고 할까요. 그 〈미래대학리포트〉를 보면 '50년 후 가장 존경받을 인간형'에 대한 문항이 있어요. 1위가 뭔지 아십니까. 4,551명(36.4퍼센트)의 응답자가 '경제적 부를 창출하는 사람'을 선택했습니다. 그런데 이렇게 대답한 학생들은 중복 응답으로 '전문 지식을 추구하는 사람'과 '다른 세상을 만들기 위해 도전하는 사람'을 꼽았어요. 2위를 차지한 '타인을 위해 헌신하는 사람'은 '다른 세상을 만들기 위해 도전하는 사람'과 함께 선택되었습니다.* 경제적 부를 창출하되 그걸 개인의 행복만을 위해 이기적으로 하는 사람이 아니라 남도 돕고 세상도 바꾸는 일에 쓰는 사람이 되고 싶은 거라고 해석할 수 있겠지요. 그런데 여기서 '경제적 부를 창출하는 사람'이 뭐예요? 그게 사장님이잖아요. 간단히 말하면 학생들은 '노동자를 도와주는 사장님'이 되고 싶은 겁니다. 그게 '인간답게 사는' 모습인 거예요. 교수들도 마찬가지로 그런 학생을 키워 내고 싶은 것이고요. 남을 돕고 사는 사람, 연대하는 사람, 공존과 배려를 아는 인간, 모두 후마니타스칼리지의 가치에 부합하잖아요.

요즘 취업이 안 되니까 대학들이 취업 전략은 내려놓고 전부 창업하라고 해요. 청년 창업가가 되라고 할 때 그 청년 창업가에 멋지

* 〈경희대학교 미래대학리포트 2015〉, 36쪽.

게 붙여 주는 이름이 '앙트레프레너entrepreneur'입니다. 모험가적 정신을 가지고 틈새시장을 뚫어 무에서 유를 일구어 내라는 거죠. 엄청난 부를 쌓는다는 건 결국 자연이든 인간이든 착취를 해야 하는 건데, 그냥 '노오력'해서 노동자들의 아픔을 외면하지 않는 좋은 사장님이 되라고 하는 건 정말 얄궂고 이상한 교육이에요. 노동자를 직접적으로 비판하거나 폄하하는 대신 이런 식으로 '노동자는 불쌍한 존재다', '도와줘야 한다'라고 강조하는 교육이 더 문제입니다. 그 말을 듣는 학생들의 머리에는 훨씬 강력하게 '노동자가 되지 말아야지', '나는 그렇게 살지 말아야지'라는 생각이 자리 잡게 되거든요. 그런 식으로 '사장님 마인드로 노동자를 대우하는' 교육은 실제로는 자기 노동의 자부심과 긍지를 지우고 있고 더 나아가서 노동을 혐오하는 결과를 만들어 냅니다.

뿐만 아니라 대학 안에서 목격되는 실제의 노동 현실과 노동 탄압도 학생들에게 '노동자로 살지 말아야겠다'는 생각을 유포하죠. 최악의 반노동적 감성을 기르는 장소가 바로 이 학교 현장이기도 합니다. 청소 노동자를 안됐다고 생각은 하지만 나 자신이 청소 노동자로 살아도 인간답게 살 수 있으면 좋겠다는 생각은 못 하죠. 그러면서 인권 친화적인 청소 업체를 사회적 기업으로 창업해서 경영하는 기업가를 꿈꾸는 것, 그걸 바람직하다고 할 수 있을까요.

희한하게 지금 대학은 취업·창업 교육은 하면서도 노동 인권 교육은 하지 않습니다. 취업 교육을 한다는 건 노동의 세계에서 살아갈 것을 전제하는 것인데, 여러분은 노동 인권 교육 받아 봤습니까? 노조 만드는 법 아십니까? 노조에 가입하는 법 아십니까? 부당하고 불의한 일을 당했을 때 어떻게 해야 하는지 아십니까? 전혀 모릅니다. 대학은 그냥 취업하려면 어떤 스펙을 쌓아야 하는지, 자기소개서는 어떻게 쓰고 면접은 어떻게 봐야 하는지, 이런 취직 교육에만 매몰돼 있어요. 대학에서 달성해야 할 학생 취업률의 목표라는 건 학생들을 어디로든 월급 주는 데로 밀어 내는 거예요. 그런데 회사에 들어가기만 하면 되나요. 우리의 삶은 취업 이후에 더 많이 전개되잖아요. 내가 노동자로 살아갈 때 내 삶을 어떻게 꾸려야 하는지, 어떤 노동자 의식, 노동자로서의 권리를 가지고 살아갈 것인지에 대한 내용이 교육 과정 속에는 하나도 없어요. 취업 지원 센터는 있어도 노동 권익 센터는 없는 게 대학이죠. 초·중·고도 마찬가지예요. 초·중·고등학교에서 노동법 배워 봤습니까? 저도 이 나이까지 노동조합 만드는 법을 몰랐어요. 노동자의 권리라는 걸 이제야 배워 가고 있어요. 굉장히 후회가 됩니다.

  민주주의는 노동자가 만드는 정치 체제라고 했잖아요. 그래서 노동자가 없으면 민주주의라는 정치 체제가 가능하지 않습니다. 그러니까 민주주의를 하려면 노동자다운 노동자부터 만들어야 해요. 착취당하지 않고 자기 권리를 지키고 정치적 주체로서 자기를 생각하는 그런 노동자 교육을 해야 해요. 노동교육이 되지 않고서 민주주의는 없습니다. 박근혜만 쫓아내면 민주주의가 됩니까. 정권만 바꾸면 민주주의가 됩니까. 그렇지 않습니다. 1987년에 정권을 바꿨는데 우리가 주인이 됐습니까. 1997년에 정권을 바꿨는데 우리가 주인이 됐습니까. 그럼 어떻게 해야 되겠습니까. 주인의 자리를 되찾아야 해요. 그 주인이 될 수 있는 첫 번째 자리는 바로 노동자의 자리입니다. 노동자의 권리와 발언과 참정권이 인정되는 진정한 민주주의는, 정부와 의회에서만이 아니라 그런 노동자로 살아갈 수 있는 자기 일터, 자기 삶터에서부터 시작됩니다. 우리에게는 그 장소가 학교인 것이고요.

### 시급 5,600원

그럼 이제 사람들이 '저렇게는 되지 말아야겠다'고 생각하는 시간 강사의 노동 조건이 얼마나 열악한지, 대학에서 어느 정도의 노동 착취가 이루어지는지 하나하나 살펴보도록 할게요. 대학 강사는 도대체 얼마나 벌고 어떻게 먹고사는지 다들 궁금하시죠. 제 월급 통장을 한번 털어 보겠습니다. (웃음)

다 같이 큰 소리로 읽어 봅시다. 3225만 6,000원. 이게 대체 뭘까요. 5년 6개월 동안 제가 이 학교에서 받은 돈입니다. 강의하러 다닐 때는 한 학기 한 학기 근근이 사느라 총액 계산은 안 해 봤는데 노동위원회에 급여 명세서를 제출하면서 한번 해 봤어요. 5년 6개월 동안 받은 게 이 돈입니다. 1년에 600만 원이 채 안 됩니다. 그런데 대학 강사가 강의를 두세 개 하면 뭐라고 하는지 아십니까.

귀족 강사라고 합니다. 재벌 강사라고 합니다. 강사들끼리 자조적으로 그러기도 하지만 전임 교수나 우리보다 훨씬 좋은 노동 조건에서 일하는 계약직 교수들이 하는 말이에요. 2015년에 제가 강의를 세 개 하니까 당장 저보고 귀족 강사라고 하더라고요. '귀족 노조'나 '알바 재벌'도 같은 말이죠. 먹고살 만하면서 가난하고 불쌍한 희생자, 비정규직 해고 노동자 코스프레를 한다는 것이죠.

연봉이 7000만 원인 전임 교수가 연봉 500만 원인 강사에게 그런 말을 합니다. 후마니타스칼리지의 동료 교수 중에는 제가 5년 6개월, 11학기 동안 일한 것을 두고 "(이 대학에서) 은혜를 입었다"고 말하는 사람도 있어요. 학교에서 그만큼 은혜를 입었으면 고마운 줄 알아야지 어디서 이렇게 학교 개망신을 시키고 있느냐는 비난입니다. 제가 학교에서 받은 은혜, 3225만 6,000원을 100원짜리 동전으로 바꿔서 던져 버리고 싶더라고요. 어떻게 착취를 은혜라고 말할 수 있을까요. 그건 그동안 강의 배정을, 학자와 그 학자의 노동을 존중하는 관점이 아니라 귀족이 평민에게 시혜를 베푸는 듯한 위계의 관점에서 해 왔기 때문에 가능한 것이죠. 돈을 아무리 많이 받는다고 해도 이런 취급을 받는 한 귀족도 아니고 재벌도 아닌 겁니다. '고소득 근로자'라고 해도 수시로 부당한 명령을 따라야 하고 언제든 정리 해고의 대상이 되어 쫓겨날 수 있다면 결국 돈 많이 받는 노예 신세 아닙니까.

이 대학에 저와 같은 강사들이 얼마나 많습니까. 지난 시간에 말했듯이 이 대학 강의의 절반 이상을 강사들이 합니다. 그리고 현재 후마니타스칼리지에서 강의를 하면 시수당 5만 1,000원의 강사료를 받습니다. 2011년 후마니타스칼리지가 생긴 이래로 한 푼도 오르지 않았죠. 시수는 1학점에 대해서 인정하는 강의 노동 시간이에요. 학교마다 정관을 보면 대부분 "1학점당 1시수 이상으로 한다"라고 명시돼 있어요. 1학점이 학생에게 강의실에 앉아 있는 딱 한 시간의 학습만 의미하지 않고 사전 사후에 들이는 품이 있듯이 교수들도 수업 준비와 관리에 그 이상의 시간이 필요합니다. 그래서 시수에 대한 노동 시간을 계산할 때는 통상 3을 곱합니다. 1학점 강의를 할 때 사전 사후 강의 시간이 앞뒤로 최소한 한 시간씩은 더 들 거라는 거죠. 그럼 1시수는 대략 세 시간 노동으로 인정받는 셈이니까 5만 1,000원 나누기 3을 하면 제 시급은 1만 7,000원인 셈입니다.

그런데 이건 강의에만 해당되는 거예요. 대학 교원 중에 강의만 하는 사람은 없어요. 노동자도 마찬가지인데, 자기가 하는 노동에서 일부만 기능적으로 떼어 낼 수 없거든요. 임금은 시간당 노동자를 쓰는 비용이 아니라 그만큼의 일을 하기 위해 필요한 노동의 재생산 비용이지요. 대학 교원으로서 강사는 강의뿐만 아니라 연구를 하고 학생도 만납니다. 연구에도 똑같이 시간이 들고 학생 상담 지도에도 똑같이 시간이 듭니다. 이 강의라는 것 한 시간을 하기 위해 유지해야 되는 연구 및 기타 노동 시간이 그만큼 필요하다고 보면 1시수당 사실 아홉 시간의 노동 시간이 소모되는 것이지요.

그렇게 계산하면 경희대 강사들은 시간당 5,600원의 급여를 받는 셈이에요. 최저 임금보다 못한 노동의 대가를 받고 있는 겁니다. 그런데 이것조차도 천차만별입니다. 아주 열악한 지방의 전문대 같은 경우에는 시수당 2만 원대의 강사료가 나옵니다. 그 정도면 노동의 대가를 주는 게 아니라 자기 돈 내고 와서 일하라는 거예요.

그럼 어느 대학이 돈을 제일 많이 주는지 궁금하지 않습니까. 경희대는 몇 등쯤일까요. 2016년 6월에 발표된 대학 정보 공시 결과에 따르면 강사료 1위가 부산대(8만 1,400원)입니다. 2위가 전남대(7만 9,700원), 그 다음이 목포해양대(7만 9,000원), 춘천대(7만 8,700원), 한국해양대(7만 7,500원), 서울과학기술대(7만 6,800원), 강릉 원주대·서울시립대(7만 5,200원), 경상대(7만 5,100원), 한국체육대(7만 4,900원), 금오공과대(7만 4,700원) 순입니다.* 강사료는 학벌 순이 아니더라고요. 1위부터 10위까지 공통점이 뭔지 아십니까. 국·공립대입니다. 10위까지 전부 국·공립대가 차지하고 있습니다. 우리가 소위 명문대라 부르는 대학 이름은 안 나왔습니다. 그럼 이번엔 사립대 중에서 높은 순으로 한번 보겠습니다. 대구대가 6만 7,700원으로 제일 높습니다. 그다음이 영남대(6만 6,200원)입니다. 이상하죠? 연세대, 고려대는 어디 갔나요? 중앙대, 경희대, 한양대는 어디 갔죠? 성균관대(6만 6,000원)가 그다음에 나오네요.

---

* "너무 짜다"… 사립대 시간 강사료 2만 원대 수두룩", 〈뉴데일리〉, 2016년 7월 4일.

연세대(6만 5,000원), 조선대(6만 4,200원)……. 2016년 1학기 국·공립대의 시간 강사 평균 강의료는 7만 1,000원으로 사립 대학 5만 원보다 2만 1,000원이나 높았습니다. 사립대가 그만큼 영리주의적인 대학에 가깝다는 겁니다. 그런데 사립대인 대구대, 영남대는 어떻게 크고 잘나가는 대학, 등록금 수입이 많은 대학보다 강사료가 높을까요? 아주 중요한 이유가 있습니다. 대구대, 영남대, 조선대 모두 강사 노조가 있는 학교들입니다. 최소한의 노동의 권리를 보장해 줄 수 있는 것은 '교육자협의회' 같은 허울 좋고 실속 없는 단체가 아니라 노동조합이라는 걸 이 사례가 명확하게 보여 주고 있는 것이죠.

### 월 10만 원의 강사료, 독립 연구

경희대에서는 2016년에 '독립 연구'라는 2학점짜리 강의를 개발했습니다. 학생들이 자기 주도적으로 강의 계획을 세우고 교수를 초빙해서 한 학기 동안 주제를 가지고 독립적으로 연구해 나가는 과목인데요, 기획 자체는 좋아요. 그래서 많은 학생, 교수들도 긍정적으로 생각하고 있습니다. 학교에서도 언론을 통해 대대적인 홍보를 했죠. "독립 연구'는 현장 활동을 중시하는 후마니타스칼리지의 시민교육 교과와 함께 고등 교육의 새로운 지평을 열어 나갈 것"이라면서요. 그러나 한 가지는 알리지 않았습니다. 이 강좌를 수행하는 대가로 지불되는 강사의 임금이 월 10만 원이라는 것을요. 다른 2학점짜리 수업은 월 40만 원 정도의 강의료가 책정되는데 이 과목은 어떻게 이렇게 말도 안 되는 액수가 산정된 걸까요. 2학점이면 통상 2시수를 인정해야 하는데 0.5시수만 인정한다는 게 학교 쪽 설명이었어요.

이렇게 취지가 좋으면 10만 원만 받아도 될까요? 전 안 된다고 생각합니다. 공정 가격이라는 게 있어요. 아까 말씀드렸잖아요. 각 대학의 정관에 '1학점은 1시수 이상으로 한다'고 명시돼 있어요. 그건 1학점의 수업을 진행해 나갈 때 1시수 이상의 품과 노력이 드니 그만큼 처우해야 한다는 사회적 약속이에요. 그건 이미 상식적으로 정해져 있는 거예요. 만약 중·고등학교에 이런 수업이 도입되고 다른 과목과 달리 시수의 4분의 1만 인정된다고 하면 아마 전국의 모든 교사들이 들고일어났을 거예요. 교수들은 왜 그냥 받습니까. 노조도 없고 노동 인권 의식도 없고 노동 권리 의식도 없기 때문이에요.

어떤 선생님들은 선한 마음으로 그렇게 말씀하세요. 그래도 나는 취지가 너무 좋다고 생각해서 그냥 하고 싶다고, 학생들하고 만나서 얘기하는 게 좋다고, 그렇게 하다 보면 좋은 길이 있지 않겠냐고. 개인적으로 그렇게 생각할 수 있어요. 그런 선한 마음을 이용하는 게 학교고요. 그런데 우리가 어떤 판단이나 결정을 할 때 개인적인 판단과 사회적 판단을 구분해야 해요. 나는 할 수 있더라도 사회적으로 생각했을 때 해서는 안 되는 게 있죠. 이런 일자리를 여기서 만들어 내면 다른 학교에서 따라 할 거예요. 후마니타스칼리지를 얼마나 많은 곳에서 따라 하고 있는지 아십니까. 고등학교에도 후마니타스 동아리가 있고 다른 대학에서도 후마니타스칼리지의 프로그램이나 교과를 참고하고 있어요. 이 독립 연구는 적은 비용으로 큰 효과를 낼 수 있는 아주 좋은 사례가 되겠지요. 경희대에서 끝날 일이 아니에요. 나의 보람과 열정으로 끝날 일이 아니란 말입니다.

게다가 그동안 얼마나 많은 강의들을 없앴습니까. 경희대의 총 강의 수는 2012년 8,243개에서 다음해 7,696개, 2014년에는 7,497개로 2년 동안 746개가 감소했다고 합니다.* 이렇게 절대적으로 강의가 부족한 탓에 해마다 수강 신청 대란이 일어나고 있어요. 학교에서는 대신 독립 연구를 들으라고 독려합니다. 그런데 독립 연구 과목이, 사라진 많은 강의들을 대체할 만큼 생겨날 수도 없거니와 그렇게 생겨난다 하더라도 문제죠. 많이 생겨날수록 더 많은 강사들이 착취를 당한다는 의미일 테니까요.

이에 대한 문제 제기가 없었던 게 아니에요. 저 역시 공개적인 자리에서 물어봤습니다. 2015년 후마니타스칼리지 중핵·시민교과 합동 워크숍 자리에서였어요. "0.5시수와 2학점 사이에 도저히 교통정리가 안 된다, 2학점에 해당하는 수업을 만들어 내는데 어떻게 0.5시수에 해당하는 월급밖에 안 주냐"라고 했더니, 당시 이 과목에 대해 설명하던 유정완 후마니타스칼리지 학장이 그랬습니다.

---

* "수강 신청 대란, 원인은 절대적인 강의 숫자의 감소", 〈대학주보〉, 2016년 3월 14일.

"아, 열정 페이라고 합시다." 말이 됩니까. '열정 페이'는 열정이라는 이름의 노동 착취입니다. 누가 그렇게 열정을 자발적으로 내놓습니까. 내놔야 하기 때문에 내놓는 것이죠. 강사들이 이런 학교 안을 울며 겨자 먹기로 받을 수밖에 없는 건 학교 말을 들어야 다른 강의라도 얻을 수 있기 때문이에요. 학교가 하는 일에 반대하다 눈 밖에 나면 그나마 있는 강의도 잘릴 수 있으니까요. 이런 게 '갑질'이라는 사실은 이미 전 사회가 알고 있는 것임에도 노동 착취를 열정 페이로 호도하는 기만적 수사를 버젓이 만들어 내고 대대적으로 홍보를 하고 있습니다.

우리가 이런 돈 얘기를 계속했더니 객원 교수 한 사람이 그러더군요. "돈이 그렇게 중요해요?" 어떻게 시수가 돈으로 그렇게 빨리 환산되느냐는 조롱 섞인 말을 듣고 강사 중 한 사람은 이렇게 말했어요. "나는 항상 돈으로 환산된다. 바로바로." 사실 돈에 초연한 것처럼 말한 그 교수도 쫀쫀하기로 알아주는 사람이었는데, 이런 국면에서 돈보다 교육적 가치를 더 중요하게 여기는 것처럼 말하는 게 우스웠어요. 학교에 대한 '로열티loyalty', 그러니까 학교에 대한 충성도 문제라고 진지하게 말하는 분도 있었죠. 그런 사람들의 말을 종합해 보자면 이런 거죠. "아, 역시 강사들은 돈이 중요해. 언제 나갈지 모르는 사람들이니까 학교에 대한 충성심도 없고 학생들에 대한 애정이 없어. 교육자로서의 책임감이 없어." 그건 비정규직 노동자들한테 "역시 비정규직 노동자들은 만날 월급밖에 생각을 안 한다. 1,000원, 2,000원 갖고 발발 떨고 누가 많네 누가 적네 그 얘기만 하고 있다"라고 공격하는 것과 마찬가지예요. 그렇게 돈에 예민한 이유는 그만큼 돈을 적게 주기 때문이잖아요. 동일 노동에 대해서 차별적인 임금을 지급하기 때문이잖아요. 여기다 대고 열정이 부족하다느니 책임감이 부족하다느니 하면서 공격할 수 있습니까.

## 돈의 쿠데타

시국 얘기를 좀 하겠습니다. 요즘 '1972년 체제'의 종말에 대해서 말들을 많이 하던데요, 그게 쿠데타 체제죠. 1987년 체제의 수립으로 이 쿠데타 체제를 종식시켰죠. 그 이후에 군부 안에 있는 권력의 위험한 사조직들을 해체시켰고요. 그리고 나서는 서울 시내에서 탱크를 볼 일은 없을 거라고 믿었어요. 지금도 믿고 있죠. 쿠데타 같은 건 이제 다시는 일어나지 않을 거라고. 군인들이 총칼 들고 청와대로 쳐들어오거나 탱크가 서울 시내를 점령하는 일은 없을 거라고 생각해요. 그런데 생각하지 못한 게 하나 있어요. 총칼이 아니라 돈이 쳐들어오는 돈의 쿠데타를 말이죠.

저는 '최순실·박근혜 게이트' 또는 '최순실 국정 농단 사건'이라고 부르는 이번 사건을 명확하게 '쿠데타'라고 규정해요. 무력武力에 의해서 강압적으로 권력을 탈취하는 걸 쿠데타라고 하는데, 그 무력이라고 하는 것의 기준이 유혈 사태가 있었느냐 없었느냐 또는 군대를 동원했느냐 아니냐에 있는 것이 아니거든요. 강압적인 수단, 정당하지 않은 수단, 불법적이고 위헌적인 수단으로 국민들이 정당한 절차에 따라 수립한 정권을 탈취하는 행위가 쿠데타예요. 근데 이 사건은 정확하게 그런 과정으로 주권을 도둑맞은 거예요. 이 강압적인 수단은 총칼보다 더 무서운 돈이었다고 생각합니다. 금력金力의 쿠데타예요. 사람들이 다 박근혜, 최순실 얘기만 하고 있는데, 박근혜를 조종한 배후가 최순실이라면 최순실을 조종한 건 돈이잖아요. 최고 권력자의 측근에게 돈 몇 푼 쥐어 주고 친재벌적 정책, 노동자들을 탄압하는 법안을 통과시킨 그 세력이 실제 배후 세력 아닙니까. 그 사람들이 우리의 주권을 뺏어갔단 말입니다. 그냥 무당의 굿판, 무능한 대통령 한 사람의 문제로 바라볼 것이 아니라 우리의 주권을 누가 어떤 강압적 수단으로 뺏어갔는지를, 우리가 어떻게 잃어버렸는지를 봐야 합니다. 그러지 않으면 허수아비 한 명 바꿔치기하는 것으로 끝날 수밖에 없습니다.

이 사건의 본질은 돈의 힘으로 민주주의를 박살 내라는 자본의 명령이었어요. 전 돈이 쳐들어왔다고 생각합니다. 대학에도 돈이 물밀 듯이 쳐들어왔어요. 그리고 우리를 돈의 위협과 회유로 꿇어앉혔어요. 돈다발로 때리고 돈다발을 먹이면서 대학의 정치, 노동자의 권리를 마구마구 짓밟았습니다. 그 돈의 쿠데타에서 가장 이익을 본 곳 중의 하나가 대학입니다. 대학이 먹은 돈이 얼마나 많은지 아십니까. 일례로 프라임 사업은 자본이 대학을 국민의 돈으로 사는 거나 마찬가지였어요. 프라임 사업에 조성된 예산이 연간 2000억, 향후 3년간 6000억이었어요. 그 6000억은 어디서 오는 돈입니까. 세금에서 오는 거잖아요. 그런데 프라임 사업이 뭡니까. 산업 수요에 맞게 대학의 학문 단위를 개편하게끔 하는 거예요. 그 '산업 수요'라는 건 사회적 수요가 아니라 기업 수요잖아요. '기업 수요에 맞게 대학의 학문 체제를 바꿔라, 그럼 우리가 돈을 줄게'라는 거였어요. 기업에서 부담해야 할 투자 비용을 나랏돈에서 빼내 주는 거죠. 그런데 대학들이 환영하지 않았습니까. 대학에 있는 교수들이 모두 함께 '우리 돈 따자, 돈 따자' 하면서 사실은 쿠데타 세력을 환영한 겁니다. 경희대는 다행히 학생들이 반대해서 막았습니다. 그런데 그렇게 돈다발을 환영하던 사람들이 민주주의 투사가 되는 방법은 아주 간단했어요. 박근혜만 욕하면 됐어요. 어디서 욕했나요. 술집에서 욕했어요. 지금은 광장에서 욕합니다. 그 지식인들, 체제의 부역자들, 쿠데타에 동조한 세력들이 더 큰 소리로 박근혜를 욕하면서 민주주의 투사가 됐습니다.

독재자의 반대편에 섰다고 민주주의자가 아니에요. 박근혜를 욕한다고 민주주의자가 아니고 박근혜를 처단한다고 민주주의 나라가 되는 것도 아닙니다. 내가 먼저 민중의 편에 서야 민주주의자가 되는 것이고, 내가 먼저 노동자로서 의식을 가지고 노동자로서 살아갈 수 있는 나라를 만들 때 이 나라가 민주 공화국이 되는 거예요. 뒤로는 이권을 챙기면서 박근혜, 최순실의 나라에서도 잘살았던 사람들이, 노동자들이 감옥에 갇혀 가며, 한 농민은 쓰러져 죽으면서까지 정권을 때려눕혀 놓으니까 죽은 개 위에 올라타 민주주의자인 척하고 있습니다. 그 사람들은 절대 민주 공화국을 만들 수 없습니다. 누구의 손으로 만들 수 있습니까. 아직 아무것도 아닌 자, 일하는 사람들의 손으로 만들 수 있습니다. 몫이 하나도 없는 사람들이 자기 몫을 요구하고 이 대학이, 이 나라가 우리 것이다, 내가 주인이다라고 스스로 설 때만이 이 나라는 민주 공화국이 될 수 있습니다. 그러니까, 박근혜 욕하는 사람들한테 속지 맙시다. 제일 마지막에 나타나서 제일 앞에서 퇴진하라고 욕한 사람들한테 속지 맙시다. 지금까지 이 대학에서 불이익을 무릅쓰고 싸워 온 사람들, 정당한 권리를 요구해 온 사람들이 사회를 바꾸는 동력입니다. 그들이 노동하는 사람으로서, 데모스로서 정당한 노동의 대가를 요구하고 정당한 참정권을 요구할 때, 이 사회에 대한 몫과 시민권을 요구할 때 이 나라는 우리 모두의 것, 민주 공화국이 될 수 있습니다.

3강

# 학생 없는 대학

'고객님'도 주인이 될 수 있을까

안녕하세요. 오늘 주제는 '학생 없는 대학'입니다. 대학에 학생이 없다니 이게 무슨 말인가, 그럼 캠퍼스를 오가는 저 사람들은 다 학생이 아니란 말인가 의아하시죠. 저분들이 과연 학생인지 아닌지 같이 생각해 보지요. (웃음)

혹시 지난주에 광화문 촛불 집회에 다녀오신 분 있나요? 수십만 명이 모였다는데요. 광장의 풍경을 보고 많은 사람들이 1987년의 재현인 것 같다는 얘기를 했어요. 실제로 시위에 안 나올 것 같은 중년 남성들도 보이고, 다른 한쪽에서는 맥주를 마시면서 노래 부르는 모습도 보이더라고요. 그 모습이 1987년과 비슷한 것 같기도 해요.

그런데 1987년과 2016년의 집회는 분명히 다릅니다. 무엇이 다를까요? 아, 여기 있는 학생분들은 1987년에 안 살아 봐서 잘 모르겠군요. (웃음) 1987년에는 거리가 참 더러웠는데 2016년에는 깨끗해요. 저는 토요일 집회에는 못 가고 일요일에 서울에 왔다가 시내를 둘러봤는데, 집회의 흔적이 하나도 없더라고요. 거짓말처럼 사라졌어요. 1987년엔 그러지 않았거든요. 집회 다음날 거리에 나가면 오만 데가 다 더러웠어요. 깨진 보도블록과 유리창, 낙서 같은 흔적이 도처에 있었죠. 집회라는 것이 한 번의 행사로 끝나는 게 아니라 일상 속으로 파고들어서 사람들의 주장과 함성과 외침의 흔적들로 계속 남아 있는 거예요. 근데 지금은 집회가 끝남과 동시에 완전히 청소돼요. 여기서 무슨 일이 일어났는지조차 우리의 감각적 세계 속에서는 완전히 지워지고 없는 거죠. 역사가 청소되는 기분이랄까요. 저는 이게 정치미학의 담론에서 다뤄 봐야 할 문제라는 생각이 들더라고요. 물질성이 약화되고 감각의 정치가 소거되는 것, 상징과 기호의 정치가 실물을 대체하는 것에 대해서요.

또 하나의 차이가 있어요. 1987년에는 월, 화, 수, 목, 금, 토, 일 데모를 했는데 2016년에는 토요일에만 합니다. 주중에는 회사 또는 학교에 가야 하고 또 그러려면 일요일엔 쉬어야 하니까 토요일에만 하는 거지요. 그런데 1987년에는 사람들이 회사를 안 갔을까요? 갔죠. 그럼 어떻게 매일 데모가 가능했을까요? 그때 매일 거리를 지킨 사람들은 누구였을까요? 네, 대학생들이에요. 학생들도 학교에 안 가면 학사 경고를 받겠지만 단체로 안 가면 못 자릅니다. 그게 학생들의 파업인 동맹 휴업이죠. 단체로 학교에 가지 않겠다고 결정을 한 거예요. 그래서 매일매일 거리에서 시위를 이어 갈 수 있었던 겁니다. 파업의 위력은, 이 세계를 움직이는 노동자들이 노동을 중단했을 때 세상에 어떤 일이 일어나는지를 보여줌으로써 자기 존재를 증명할 때 나타나잖아요. 집회도 마찬가지예요. 집회와 시위라는 것이 일상을 중단시키지 않으면 사실 큰 힘이 없습니다. 그런데 매일 집회가 안 되니까, 우리 일상 속으로 파고드는 질문들이 없으니까, 저는 그때부터 위기감이 느껴지더라고요. 곰곰이 생각해 보니까 1987년에 '매일 데모'를 가능하게 했던 대학생들이 지금은 거리에 없어요.

지금은 대학생이 더 바쁘잖아요. 그래서 시국 선언을 하고 가두시위를 하고 나서도 다시 학교로 돌아와서 숙제하고 리포트 쓰고 그런 자기 스케줄을 채워 내야 돼요. 투쟁의 거리에서 학생들이 사라진 이유, 그 이유가 대학 안에서도 마찬가지로 정치적 의식과 실천과 사유를 이어 나갈 '사회적 존재로서의 대학생'을 증발시킨 것 아닌가 싶어요. 물론 개별자로서의 대학생들은 있지요. 하지만 문제는 사회화된 집단으로서의 대학생입니다. 그래서 '사회를 구성하는 집단'으로서의 대학생이 사라져 간 과정을 추적해 보려고 해요.

### 억압받는 존재에서 우대받는 존재로

우선 대학생이라는 자기의식부터 한번 살펴보죠. 노동자로 살면서도 노동자라는 자기의식의 주체가 되는 것과 그냥 월급 받고 회사 다니는 개인은 존재론적으로 그 의미가 다르듯이 대학생도 마찬가지라고 생각합니다. 지금 한국 사회에서 대학생은 어떤 존재일까요. 제가 수업 시간에 1학년들을 상대로 '대학생은 지식인입니까'라는 질문을 던져 본 적이 있어요. 80퍼센트가 지식인이 아니라고 대답했어요. 지식인이라고 대답한 사람들도 지금 현재 지식인이라는 게 아니라 가능태로서 지식인이 될 수 있는 사람, 되어 가는 사람이라고 생각하고 답한 거예요. 이 이야기를 하는 건 제가 대학에 다닐 때 '대학생'의 정체성이란 지식인의 정체성이 가장 컸다고 생각하기 때문이에요. 물론 시대를 거슬러 올라가면 그 전에는 고등 교육을 받고 있는 사람으로서의 지식인이 아니라 선각자, 선구자, 지사적 인식이 더 컸을 테고요. 1987년도에 대학생들은 대부분 자신이 지식인이라고 생각했을 거예요. 그런데 지금 대학생의 열 명 중 여덟 명은 자신이 지식인이 아니라고 생각해요. 왜 아니라고 생각하느냐고 물었어요. 지식인은 아는 게 많아야 하는데 자기는 아는 게 없대요. 문자 그대로 '지식이 없어서' 지식인이 아니라는 거예요. 그리고 지식인은 그냥 아는 것만 많은 사람이 아니라 사회적 의식을 가지고 사회적 실천을 해 나가는, 정의감과 책임감이 있는 사람인 것 같은데 자기한테는 아직 그런 게 없대요. 두렵기도 하고 사회에 대해 고민할 준비가 안 됐다는 거죠. 이 두 가지예요. 첫째는 지식이 없어서, 두 번째는 지식인으로서의 자기의식이 부족해서.

이상하지 않아요? 1987년도에 대학생들은 지금보다 학교도 안 가고 공부도 안 했거든요. 지금은 엄청 공부하고 있잖아요. 그런데 지식이 없대요. 솔직히 정말 놀랐어요. 이렇게 많은 사람들이 부정적인 대답을 할 거라곤 생각을 못 했거든요. 이런 생각은 굉장한 자기 부정이기도 하잖아요. 물론 80퍼센트 이상이 대학에 진학할 만큼 대학 교육이 이전에 비해 대중화된 시대적 변화를 반영한다고 설명할 수는 있겠지만 이렇게 '20대', '청년', '대학생'이 '아무것도 모르는 애들'이라고 자타 공인되는 시대를 과연 어떻게 이해해야 좋을까요.

생각해 보니까 이렇게 대학생이라는 사회적 존재가 대학에서 지워져 나가고 자기 자신으로부터도 부정되어 나가기까지 통제 방식의 변화가 중요한 역할을 한 것 같아요. 대학을 통제하는 방식 또는 대학생들을 참여적 지식인으로서 살지 못하도록 강제하는 방식이 달라진 거예요.

1987년에는 학생들을 몽둥이로 탄압했어요. 잘 안 믿기죠. 제가 대학에 입학한 게 1989년인데 그해 봄에 이철규 열사가 죽었어요. 조선대 교지 편집장이었는데 어느 날 의문사를 당해서 저수지에서 시체로 떠올랐어요. 사회가 발칵 뒤집혀야 하는데 수사 결과는 그냥 단순 실족사 정도로 넘어가고 대신 학교가 발칵 뒤집혔죠. 대자보판에서 시신 사진을 본 우리는 단순 실족사라는 발표를 믿을 수 없었으니까요. 이철규 열사는 당시 반외세독재투쟁위원회 활동과 관련해 〈국가보안법〉 위반 혐의로 구속되었다가 가석방된 적이 있었고, 전횡을 일삼던 조선대 사학 재단을 몰아내는 데 앞장선 인물이었거든요. 사건 당시에도 교지인 《민주조선》에 〈북한의 혁명과 건설〉이라는 논문을 게재해 〈국가보안법〉 위반 혐의로 광주 전남 지역 공안합수부에 수배 중이었다고 해요. 현상금 300만 원에 1계급 특진이 걸려 있었다죠. 나중에 의문사진상규명위원회는 이 사건에 안기부가 개입한 사실을 밝혀냅니다. 당시 학원 민주화 운동으로 취임한 이돈명 조선대 총장과 진보적인 교수들을 몰아내고 광주 지역의 학원 민주화 운동을 짓밟기 위한 공작이었다는 게 의문사진상규명위원회가 최종적으로 내린 결론이에요. 당시 독재 정권이 '학원 민주화'를 얼마나 두려워했는지, 대학이 진보 이론의 산실이 되고 사회 민주화의 교두보가 되는 것을 얼마나 막고자 했는지를 보여 주는 사건이라 할 수 있습니다.

그런 사건이 비일비재했어요. 1987년에 박종철 열사는 남영동 대공분실에서 고문을 받다 살해되었고, 이한열 열사는 시위 현장에서 최루탄에 맞아 죽었고요. 대학생뿐 아니라 1986년 변사체로 발견된 가스배달부 신호수(당시 23세) 의문사 사건도 있었죠. 그가 죽기 전에 서울시경 대공수사관들에게 끌려갔고 간첩으로 조작하기 위한 고문과 가혹 행위에 의해 사망했다는 사실을 나중에 진실·화해를위한과거사정리위원회에서 밝혀냈어요. 뿐만 아니라 인권 실태도 열악해서 경찰에 연행되면 죽도록 얻어맞는 일이 다반사였고요. 1991년 4월 26일에는 명지대생 강경대가 시위 도중 백골단 쇠파이프에 맞아 사망하고, 5월 25일에는 성균관대생 김귀정이 시위대에 깔려 사망합니다. 그 뒤 불과 한 달여 동안 시국과 과잉 진압을 비판하며 대학생들 십여 명이 잇따라 목숨을 던져요. 나와 다르지 않은 또래의 친구들이 거듭 살해당하고 스스로 목숨을 끊는 것을 보는 건 상상할 수 없는 공포예요. 나도 까딱하면 죽을 수 있다는 거잖아요. 매일 데모를 했다지만 자유롭게 합법적으로 데모한 것도 아니었어요. 가두 투쟁은 대부분 기습 시위였고, 잡히면 두들겨 맞고 버스에 태워져서 '너네들은 쓰레기다'라는 폭언을 듣다가 난지도에 버려지고, 그런 경험들이 학생들을 굉장히 위축시켰어요. 하지만 그 억압이 더 강력한 저항의 폭발력이 되었죠. 우리는 그때 너무나 명백한 불의를 함께 보았으니까요.

당시 대학생을 지우는 방식이 존재 자체를 없애 버리는 것, 그리고 그걸 보여 줌으로써 학생은 그냥 공부만 하다 조용히 대학을 나가라고 협박하는, 공포와 두려움에 기초한 무력적 억압의 방식이었다면 오늘날의 방식은 굉장히 다른 양상이에요. 2016년에는 '우대'를 합니다. 짓밟는 게 아니라 부추겨서 대학생이란 존재를 탈정치화하고 탈의식화한다고 할까요. 학생들을 우대한다는 건 정치적 존재, 사회적 존재로서 우대하는 게 아니에요. 철저히 손님으로서, 그 사람이 갖고 있는 한 학기의 등록금을 우대하는 것이죠. '손님은 왕'이니 '대학 기업의 소비자'인 학생들도 왕 대접을 하는 거죠. 물론 이 소비자는 일단 입학하고 나면 다른 상품으로 선택을 대체할 수 없기 때문에 교육 서비스의 질이 엉망이어도 제대로 항의하지 못하고 손님도 주인도 아닌 인질이 되어 버리지만요.

어쨌든 고객 센터의 형식적 친절함이 소비자를 현혹하듯이 '스펙 쌓으세요, 저희가 지원할게요', '창업 지원 센터가 있습니다', '학원 쿠폰 바우처 드릴게요', '장학금 지원해 드리겠습니다'라고 하는 각종 지원과 우대가 학생을 점점 소비자로 길들입니다. 백화점이나 마트에 가면 손님을 왕으로 대접하니까 기분은 좋잖아요. "어서 오세요"라며 90도로 인사하고 항상 상냥하게 미소로 반겨 주죠. 하지만 그게 인간에 대한 존중인가요? 아까 말했듯이 그건 나에 대한 존중이 아니라 내가 가진 돈에 대해 존중일 뿐이에요. 지금 학교에서 학생을 대하는 방식도 마찬가지입니다. 학생회에 대해서도 마찬가지예요. 예전엔 학생회 활동이나 학생 운동을 하면 학교 당국과 긴장적 갈등 관계가 생기죠. 학교 재단을 직접적으로 겨냥하는 학원 민주화 투쟁의 경우에는 학생 사회와 학교 본부가 적대적 관계가 되고요. 그 긴장과 갈등, 적대성과 그것을 해소해 가는 과정이 일종의 '정치화의 과정'이죠. 학내 민주화 투쟁이 그런 정치 학교의 역할을 해 준 거거든요. 그래서 대학은 중요한 정치의 장소였고, 학생회는 그런 현장 경험을 통해 정치 조직으로서의 역량을 키워 나갔어요. 그런데 지금은 학생회와 학교가 아주 친해요. 물론 그렇지 않은 학교도 있지만 경희대는 서로 '상생과 공존의 관계'가 되어서 가히 대학 거버넌스의 모범적 사례라 부를 만합니다. 저는 그게 문제라고 봅니다. 그 결과가 어떻든 싸우지 않는 대학이 되어 버렸으니까요.

어떤 통제 스타일이 더 무서운 것 같나요? 몽둥이로 탄압하는 게 더 무서운가요? 그렇게 보이죠. 그런데 눈에 보이는 폭력은 우리가 명확히 알 수 있잖아요. 강하지만 불의하다는 것을. 비록 잡혀갈까 봐, 얻어맞을까 봐 겁이 나서 직접 나서지는 못하더라도 잡혀가는 사람이 정의로운 사람이고 잡아가는 사람이 불의한 사람이라는 판단은 의심 없이 할 수 있어요. 그리고 생각하잖아요. 실천이 되든 안 되든 괴로워하면서 무엇이 정의인지, 어떻게 살아야 바로 살았다 할 수 있는지. 그런 물음 속에서 가치관을 정립해 나가는 거고요.

반면 돈에 의한 통치는 모든 것을 혼란스럽게 만들었어요. 소비자, 고객으로 우대하는 행정 시스템이 학교에 도입되면서부터는 뭐가 옳고 뭐가 그른지에 대한 명확한 기준이 없어졌어요. 눈앞에서 사라진 거죠. 대신 뭐가 더 나은가에 대해서만 이야기해요. 뭐가 학생들에게 더 많은 이익을 주는가, 어떤 시스템이 더 효율적인가, 학생들이 참여를 했나 안 했나 등. 옳고 그름이 명확히 구분되지 않고 모든 것이 상대화되고 다원주의가 민주주의로 호도되는 현실에서 철학, 입장, 가치의 일대 혼란이 일어나고 있는 것이 지금 대학의 모습이 아닌가 해요. 형식적으로 보면 교내에서 학생의 위상이 전반적으로 높아진 것 같기도 하거든요. 옛날에는 대학에 꼰대들이 되게 많았어요. 반말은 기본이고 학생들한테 욕하는 교수도 있었는데 요즘 학교에서 누가 그러면 신문에 나겠죠. 이렇게 형식적으로는 존중도 받고 인격적인 대우도 받고 되게 평등한 관계가 된 것 같은데 내용적으로 과연 학생 집단이 과거만큼의 힘을 갖고 있는지, 그것을 토대로 실질적인 평등과 민주주의를 진전시켰는지 생각해 보면 물음표가 생기는 거죠.

### 소비자는 주체가 될 수 없다

그럼 학생은 어떻게 소비자가 되었을까요. 소비자는 물건을 사는 사람이잖아요. 학생들도 300~400만 원씩 들고 와서 '현찰 박치기'로 한 학기 등록금을 딱 냅니다. 그 돈으로 뭘 삽니까. 학점을 사고 학위를 사죠. 물론 전에도 학생들은 등록금을 냈고 학교는 이 돈으로 학교를 운영했어요. 하지만 그때는 교육을 여타의 상품과는 완전히 다른 형태의 재화라고 생각했던 것 같아요. 경제적 정의 없이 막연히 등록금을 '교육에 대한 대가'라고 생각했던 것 같거든요. 지금처럼 교육을 완전한 '상품 구매 형식'으로 이해하기 시작한 게 얼마 안 되었다는 것이죠. 게다가 2000년대 이후로는 그런 상품 구매 형식에도 변화가 일어났어요. 소비 패턴이 자본주의적 방식에서 보다 신자유주의적인 방식으로 변했다고 할까요. 상품으로서 대학 교육이라는 교육 서비스를 구매하는 건, 지식을 사고 학점을 사고 학위를 사고 학벌을 사는 거죠. 종합 선물 세트 같은 형태이긴 하지만 어쨌든 '교육 내용'이라는 실질적 구매를 중심으로 그 세트가 구성된다면, 지금은 상징과 기호가 더 중심에 있어요. 여기에 좀 전에 말한 손님을 우대하는 방식이 덧붙는 거죠. 당신이 사는 것이 굉장히 값어치 있고 아무나 누릴 수 없는 명품이라는 식으로 상징을 만들어 내는 거예요. 저는 이게 '문화 산업'이 부상한 시기와 일치한다고 생각해요. 인문학과 문화 예술 교육이 주목받기 시작한 시기도 이때고요. '후마니타스칼리지'라는 브랜드가 대표적이죠. 후마니타스칼리지가 2011년에 만들어졌는데, 문화, 관광, 레저, 스포츠, 영화, 오락 산업에 대한 투자가 강조된 시점이기도 해요. 지식 경제, 문화 산업 기반으로 산업 구조의 전환을 계속 강조하던 시기에 대학은 문화 산업의 대표적 모델이 된 거죠. 인문학을 상품화한 시기도 비슷하고요.

통치 방식도 문화적 통치로 변화했습니다. 지금 대학들이 하고 있는 상징 마케팅은 '명품 마케팅'과 유사해요. 일종의 문화 산업 전략을 취하죠. 문화 상품이라는 건 대개 한편으로는 불안 마케팅에 기초하고 다른 한편으로는 허영 마케팅에 기초해서 팔리는 겁니다. 지금 교육 상품이 딱 그렇습니다. 초·중등 사교육 시장에서 양산된 소비 심리의 정점에 있는 게 대학이라는 상품이에요. 상위 대학은 내용이야 어떻든 '브랜드' 같은 허영을 팔고 하위 대학들은 '여기라도 안 나오면' 하는 불안에 기대어 팔고. 그게 고스란히 반영되어 있는 게 '과잠(학과 잠바)' 아닙니까. 상위권 대학은 점퍼에 학교 이름을 크게 넣고, 하위권 대학들은 학교 이름은 약어로 표시하면서 '유니버시티'를 커다랗게 써 넣죠.

혹시 '크림슨칼리지crimson college'라고 들어 보셨나요? 고려대에서 만들려고 했던 '미래대학'의 이름입니다. 고려대는 '미래대학', 이화여대는 '미래라이프대학', 경희대는 '미래창조스쿨'……. 요즘 대학마다 '미래'를 붙여 뭔가를 만드느라 난리예요. 고려대는 이 미래대학 설립을 소통 없이 일방적으로 추진했다가 본관 점거 등 학생들의 거센 저항에 부딪혀 결국 사업을 철회했죠. 그런데 고려대 학생들은 이 '미래'라는 상징 단어에 주목하기보다는 학과 정원 조정 문제에 더 날카롭게 반응한 것 같아요. 단과대를 하나 신설하려면 — 대학 정원은 마음대로 늘릴 수 없기 때문에 — 다른 단과대나 학과에서 정원을 빼 와야 하거든요. 자율전공학부 같은 곳이 제일 만만하죠. 그래서 언제든 정원이 축소될 위험이 큰 데예요. 자율전공학부라는 것도 한때 유행처럼 대학마다 우후죽순 생겼는데 지금은 위상이 애매해졌습니다. 실제로 고려대도 자율전공학부에서 정원을 빼 와서 미래대학을 만들려고 했어요. 그런데 미래대학이라는 이름이 촌스러웠던지 이 대학에 '크림슨칼리지'라는 이름을 지어 붙였어요. 무슨 연관이 있는지 전혀 연상이 안 되죠. 고려대에선 학교 휘장의 색깔이 진홍색이라 크림슨 crimson이라 했다고 설명했어요. '컬러'를 상징과 연결한 거죠. 팔릴 만한 상품이 되려면 이름이 멋있어야 되잖아요. 이런 식으로 이름이 거창한 대학 만들기 또는 상품 만들기가 대학 사회에 일파만파 번지고 있어요.

경희대 후마니타스칼리지도 어떻게 보면 학생들을 으쓱하게 만드는 브랜드에 지나지 않았는지도 몰라요. 그 후마니타스칼리지라는 후광을 모두에게 비춰 주면서 실제로 느끼는 교육 서비스나 수업의 질이 어떻든 간에 '내가 다니는 대학에는 후마니타스칼리지도 있어'라고 하는 자부심을 심어 줬는지도 모르죠. 그 상징이 각자의 머리 위에 애드벌룬처럼 붕 떠 있었던 거예요.

설령 그렇다 하더라도 우리에게는 그걸 땅 위로 끌어내려서 실제 우리가 이루고자 했던 가치를 만들어 나갈 수 있는 힘이 있어요. 그런데 그런 '후마니타스'라는 이념에 걸맞는 교육을 하려면 교육의 주체인 학생과 교수가 있어야 하는 거죠. 소비자는 그것을 할 수 있는 주체가 아니에요. 소비자는 생산의 주체가 아니라 브랜드를 구매하기만 하면 되는 존재거든요. 그래서 주가가 높아지면 기분이 좋아지는 투자자들처럼 대학 평가에서 등수가 올라가면 만족감을 느끼고, 자기가 산 물건을 누가 명품이라고 부러워하면 으쓱해지는 것과 비슷하게 상징이 만들어 내는 가치에 더 큰 만족감을 느껴요. 구매도 실질 구매가 아니고 사실은 상징을 사는 거예요. 후마니타스칼리지, 스탠포드 디스쿨, 크림슨칼리지, 베리타스, 하버드, 구찌, 샤넬 사이에 아무런 차이가 없잖아요. 그래서 대학들이 이런 상징들을 굉장히 많이 만들어 내요. 거대한 기호의 제국이 된 것 같아요.

이렇게 교육이 상품 구매 행위로 이루어짐으로써 학생이 소비자가 되면 무슨 일이 생길까요. 교육의 주체이자 정치적 주체로서의 학생 존재가 사라집니다. 그리고 겉보기에 학생 권익이 신장하는 것 같지만 그 권익이라는 것은 사실상 소비자 권리이고, 권리 요구 역시 소비자 의식 위에서 생겨나는 것이죠. 하지만 그건 정치적 주체, 공화국의 주인으로서의 주권적 권리와는 전혀 다른 거예요.

학교도 학생을 소비자로 봅니다. 이익을 뽑아낼 대상이 되는 거예요. 두당 300만 원. 일례로 지금 대학에서 정원 외 학생을 너무 많이 뽑아요. 10퍼센트 미만으로 뽑게 돼 있는데 많은 대학들이 그 기준을 넘겨서 뽑고 있어요. 실제로 수업에 들어가 보면 학생들이 너무 많아요. 학교에서는 교수 1인당 학생 스물다섯 명이라고 말하는데 여러분이 체감할 때 그렇습니까. 스물다섯 명이 앉아 있는 강의실이 경희대에 몇 개나 있습니까. 보통 70~80명, 많은 데는 100명도 넘게 앉아 있어요. 이해가 안 되잖아요. 지금 초·중·고등학교도 그렇지 않습니다. 그래서 학교에 정보 공개 청구를 했습니다. '도대체 정원 외 학생을 얼마나 뽑습니까?' 그랬더니 학교에서 뭐라고 답한 줄 아세요? "영업 기밀이라 밝힐 수 없습니다." 정확히 그렇게 표현했어요. '영업 전략'이라는 거예요. 그런 식으로 학교에서도 학생을 바라보는 관점이 바뀌게 되는 거죠. 학교는 학생을 돈으로 보고, 학생은 내가 돈 낸 만큼 가져가겠다고 하는 그 관계에서는 참된 교육도, 우정의 관계도 성립할 수 없어요. 대학이란 곳이 마트처럼 공간화되고 있는 거예요. 우리가 이마트 가서 친구 사귑니까. 아니잖아요.

대학이 공동의 삶터에서 손잡고 살아가는 그런 공화국이 아니라 대형 마트, 백화점처럼 물건을 사러 왔다가 나의 필요와 이해, 요구만 챙기고 떠나는 장소가 되어 가고 있어요. 그게 대학이 공동화되는 이유예요. 많은 사람이 북적거리는 것 같아도 실제로 뿌리내리고 함께 살아가는 사람들의 관계는 사라지고 있는 것이죠. 사회적 집단으로서의 학생이 개개인으로 빠르게 해체되고 있습니다. 이게 학생이 소비자가 되었을 때 일어나는 가장 심각한 문제입니다.

**정치를 버리고 민원 센터가 된 학생회**

학생이 소비자가 되면 학생회 같은 자치 기구도 치명타를 입어요. 학생회가 도대체 뭔가요. 학생회가 전위 조직이냐 대중 조직이냐, 대의 기구냐 자치 기구냐에 대한 논쟁이 그동안 많았는데, 저는 다 맞다고 생각해요. 학생회가 전위성을 가져야 한다는 건, 정당처럼 사회와 대학에 대한 자기 입장과 가치, 철학을 가지고 나와서 당선이 되고 학생들한테 계속해서 평가를 받아야 한다는 거예요. 학생회 후보들이 대학생으로서의 자기 입장을 가지고 선거 운동도 하고 선출이 되는 과정, 그게 바로 이 대학이라는 나라에서 실현해 보는, 배워 가는 민주주의 아닌가요.

물론 학생회는 대의 기구이기도 하죠. 근데 대의 기구라는 게 단지 '대변만' 한다는 것은 아닐 거예요. 지금은 너무 쉽게 그 오류에 빠지는 것 같아요. 2016년 초 경희대에서 프라임 사업에 대한 학생 찬반 투표가 진행될 때 총학생회가 보여 준 태도도 그런 것이었습니다. 처음엔 분명 총학생회가 앞장서서 프라임 사업 반대를 내걸고 다른 대학들과 연대해서 싸웠어요. 그런데 어느 순간 '학생회는 학생들의 입장을 대변하는 조직'이라는 말로 '반대' 입장을 유보하더라고요. 그리고 전체 학생 찬반 투표를 하기로 하니까 선거 관리를 해야 한다면서 입장 표명을 못 해요. 중립적인 입장에서 선거 관리만 하겠다는 거였어요. 찬반 투표에서 결정되는 입장을 총학생회는 따를 수밖에 없다는 거예요. 그럼 투표 결과가 프라임 사업 '찬성'으로 나오면 자신들의 입장이 어떻든 간에 같이 추진할 건가요? 입장을 갖고 있으면서 치열하게 설득하고 앞서서 투쟁하고 그에 대해 평가를 받아야죠. 학우들이 결정하면 그걸 주워 모아서 그 결정대로 따른다는 건 학생회를 완전히 대행 기구로 보는 거예요.

입장이 없는 학생회는 이제 민원 센터로 전락하게 됩니다. 학생들이 학생회에 민원을 넣는 거예요. 민원은 누가 제기하죠? 학생 소비자가 제기하죠. 그럼 학생회가 그 민원을 학교에 전달하고 해소해 주는 역할을 하는 거예요. 예를 들면 '정경대 3층 여자 화장실 세 번째 칸에 문이 안 잠깁니다', '어디 물이 안 나옵니다', 이런 일종의 불편 신고 센터 역할을 하는 거예요. '내가 돈을 300만 원씩 내는데 서비스가 이게 뭐야' 하는 마음으로 권리 요구들을 하게 되고 학생회가 그걸 대행 처리해 주는 기관이 되는 거죠. 물론 그런 것도 할 수 있어요. 그런데 그게 왜 문제냐면 정치 조직이 행정 기구화되기 때문이에요. 학생회 활동의 중심이 그런 일상의 행정 업무가 되면 학교라는 곳은 폴리스라는 정치적 장소로서의 의미가 사라지고, '정치적 주체로서의 학생'이라는 사회적 존재로서 학생 주체가 구성되지 못합니다. 정치 조직으로서의 또는 대의 기구이자 자치 조직으로서의 학생회 위상이 완전히 파괴되거나 허물어지는 거예요. 그렇게 학교 행정만 할 거면 학교 부서 안에 학생 업무 담당 부서를 두면 돼요. 그런데 학생 복지 활동이 학생회 활동과 등치될 수는 없잖습니까.

학생회를 '운동권', '비(운동)권'으로 구분하는데 요즘은 비권이고 운동권이고를 떠나서 어느 후보가 나와도 다 똑같아요. 자유한국당과 민주당처럼 학내 정파도 뚜렷한 입장 차이를 갖기보다는 '포괄 정당'으로 가는 경향을 보여요. 활동도 공약도 큰 차이가 없고요. 어떤 후보는 시험 기간에 야식으로 햄버거를 준다고 하고 어떤 후보는 떡볶이를 준다고 하는 정도의 차이랄까. 물론 지금 그런 상황을 반성하고 어떻게 하면 학생회의 다른 위상을 찾을까 고민하는 학생들도 많습니다. 학생 운동에 대한 비판이 많이 나왔지만 지금은 그 세력이 너무 위축되어서 학내에선 운동권 학생들이 거의 소수자가 되어 있는 상태예요. 그래서 되도록 옹호하는 자세를 취하고 싶지만 반성할 건 반성해야죠. 학생회에 대한 공격은 1990년대 내내 줄기차게 이어졌지만 지금처럼 학생회가 무력화된 데에는 아마 1996년 '연대 사태'*가 결정적인 분기점이 아니었나 싶습니다. 그때 정권 차원에서 의도와 목표를 가지고 조직적으로 학생회를 파괴했어요. 이후로 학생회가 재건되지 않은 거예요. 대학 재단 입장에서 보면 막강한 감시, 비판, 견제 세력이 사라진 셈

---

* 1996년 8월 13~20일까지 연세대에서 발생한 대규모 농성 사태이다. 이듬해 대통령 선거를 앞두고 정권 재창출을 노리던 김영삼 정부는 IMF 사태로 치달아 가던 경제 상황 악화와 1996년 4월 연세대 노수석 씨가 '대선 자금 공개 및 교육 재정 확보' 시위 도중 경찰에게 구타당해 숨지는 사건 등으로 정권 말기의 어려운 상황을 타개하고자 6년간 진행돼 오던 범민족대회에 강경 진압을 하고, 학생 운동권 역시 농성으로 대응을 하여 발생하게 된다. 이 사건을 계기로 대학교 내 학생 운동 세력이 쇠하게 된다. 또한 당시 대대적인 언론의 비판 속에서 일반 대중에게까지 학생 운동이 외면받게 되는 계기가 바로 연세대 사태였다. (출처: 나무위키, namu.wiki/w/연세대%20사태)

이죠. 새로운 전략적 활로를 찾았어야 하는데 학생 운동 진영 내부에서도 제대로 못 했죠. 아니 학생 운동만이 아니라 진보 운동 전체가 그랬어요. 학생 운동도 시대를 반영한 거죠. 교착 상태에서 제대로 빠져나오지 못하고 세력이 급속도로 약화됐어요.

뿐만 아니라 1990년대는 한국 사회의 향후 운동 방향이 결정되는 중요한 시기였습니다. 1990년대 초반 동구의 몰락이라는 세계사적 사건으로 시작해서 1991년의 투쟁과 1992년 대선, 이후 김영삼 정권하에서 추진된 노동 후퇴 정책들 그리고 1997년 IMF라는 대전환의 분기점과 이후 IMF 경제 정책을 통한 신자유주의적 사회 구조의 재편 등 거대한 파도라는 말로도 부족한, 그야말로 '새로운 시대'라는 것이 쓰나미처럼 낡은 것을 일거에 쓸어가 버리고 밀려온 때였어요. 그런데 그때, '포스트 근대'니 '포스트 자본주의'니 하며 새로운 시대정신이 새로운 담론과 함께 도래했을 때, 그걸 제대로 해체했어야 하지 않나 싶어요. 거대 담론과 근대적 주체를 해체할 때, 새로운 대안적 담론과 새로운 주체를 통해 해체했어야 하는데, 그냥 돈에 의해서 해체된 것 같습니다. IMF의 통치가 그것을 주도했고요. 기존의 진리 체계는 무너지고 주체도 사라졌는데, 우리 자신의 힘으로 그걸 무너뜨리거나 수립하지 못한 거예요. 돈이 주체가 되었고, 해체된 주체들은 개인으로 파편화되면서 여기까지 온 겁니다.

우리를 억압했던 시대의 이념의 질서, 담론의 질서가 분명 있어요. 냉전 시기에 고착된 이념 구도는 좌우 모두 도그마와 편향의 폐해를 남긴 것도 사실이고요. 그것을 헤쳐 나가기 위한 노력 속에서 학생회를 쇄신하자는 반성도 나왔죠. 학생회가 너무 정치 편향적 조직으로 가지 말고, 정치적 입장을 내세우는 기구가 되지 말고, 대학 내에서의 사적인 것과 일상 세계의 생활 정치를 실현해 내기를 바라는 요구가 있었죠. 그런데 저는 그것 또한 정치적으로 해결했어야 했다고 생각해요. 정치 아닌 다른 것을 통해서가 아니라 '다른 정치'를 통해서. 그런데 정치를 버리고, 복지, 경제, 이런 식으로 학생회 기구의 위상 변화를 통해서 해결하려고 한 게 쇄도해 오는 돈의 물결 앞에서 결국 대학 내의 중요한 정치 세력을 무장 해제시키는 결과를 낳지 않았나 싶어요. 잊을 만하면 한 번씩 뉴스에 나오는 학생회 비리나 횡령 사건 같은 학생회의 타락 혹은 퇴락도 그 '탈정치화' 과정과 무관하지 않다고 봅니다. 학생회 경력을 기성 제도 정치권으로의 진입 발판으로 삼는 건강하지 못한 면도 마찬가지고요.

### 점당 얼마

이처럼 '학생의 소비자화'라는 현상은 단순하게 볼 게 아니에요. 정치적 장소로서의 대학을 파괴하고 민주주의를 위협하는 심각한 현상입니다. 지금 어느 정도까지 진행되었는지, 대학 문제를 시장 논리로 풀어 가는 한 가지 사례로 설명해 볼게요. 바로 '등록금 문제'입니다.

혹시 '학점당 등록금'이라고 들어 보셨습니까? 학점당 등록금 제도에 대한 언급이 국회 입법 공청회 등을 통해 나오고 있거든요. 대표적으로는 반값 등록금을 주장했던 우원식 민주당 의원이 이 안을 주장하고 있고 교문위(교육문화체육관광위원회) 소속 의원들도 대체로 취지에 동의하는 것 같더라고요. 학점당 등록금은 말 그대로 듣는 학점만큼 돈을 내는 거예요. 이게 청년 정책의 일환으로 나온 건데 이 안이 등장하면서 반값 등록금 이야기가 쏙 들어갔어요.

지금 우리는 등록금을 학기당으로 내고 있잖아요. 그래서 같은 학년이면 등록금이 같아요. 한 학기에 20학점을 듣든 15학점을 듣든 똑같은 돈을 내죠. 그런데 학점당 등록금은, 수업을 적게 듣는 학생은 적게 내고 많이 듣는 학생은 많이 내자는 거예요. 한 사람은 15학점을 듣고 한 사람은 20학점을 듣는데 똑같이 300만 원을 내는 건 불공평하다, 그러니 학점대로 나눠서 내자 이겁니다. 여러분은 어때요? 돈 없을 땐 수업을 적게 듣고 형편이 좀 나아졌을 때 많이 들으면 되니까 좋은가요? 어차피 요즘 학생들이 취업될 때까지 졸업 유예도 많이 하니까 듣는 만큼만 내라고 하는 건 얼핏 효율적인 것 같기도 합니다. 그런데 뭐가 문제일까요? 이게 '고객 중심'의 실체거든요. 고객의 편리를 최대한 수용해 주는 정책이라고 할 수 있어요.

2011년 전국적으로 대대적인 반값 등록금 투쟁이 있었고, 이 투쟁을 통해 대학 등록금 문제가 사회적 이슈가 됐어요. 80퍼센트가 넘는 국민들이 등록금 인하에 찬성했고, 그래서 정부에서도 하겠다고 했고, 대선 후보들마다 할 수 있다고 했어요. 아시다시피 반값 등록금은 당시 박근혜 대통령 후보의 핵심 공약이었습니다. 이 과정은 상품 가격이 경제학 이론처럼 시장에서 완전히 결정되는 것이 아니란 걸 보여 줬죠. 그건 '정치적 과정'이었어요. 가격이란 것도 이렇게 각 사회 세력들이 경합하면서 요구를 만들어 내고 설득하고 사회 구성원 전체의 의지와 의견을 모아 나가는 과정을 반영한다는 사실은 매우 중요한 지점입니다. 그때 보수 여당의 정치인들조차 반값 등록금이란 사회적 요구를 받지 않을 수 없도록 강제한 것은 '정치적 힘'이었죠. 등록금 인하 요구가 단지 대학생 개개인의 이익을 위한 것만은 아니었잖아요. 그것에만 그친다면 사회의 다른 구성원들을 설득할 수도 없었을 거고요. 결국 그건 고등 교육의 공공성에 대한 문제를 등록금을 통해 제기한 것이죠. 돈에 의한 진입 장벽이 높으면 가난한 사람들이 고등 교육의 혜택을 받지 못하게 되고, 그럼 교육 서열화에 의한 사회적 양극화가 극단적으로 심해질 것이니까요. 그래서 등록금 인하를 걸고 싸우는 대학생들을 사회의 다른 세력들도 지지한 것 아닌가요. 자기의 이해와 사회의 이해를 연결하는 것, 이게 개인의 정치 사회화 과정이고 개별적 의식이 사회적 의식으로 발전해 나가는 과정이라고 할 수 있지요.

    그런데 그 정치적 힘이 약해지면 밀려서 받아 줬던 반대파에서 도로 물러요. 언제 그랬냐는 듯이 없던 일로 스리슬쩍 돌려 버리거든요. 이명박 전 대통령도 대선 후보일 때 공약했던 반값 등록금을 당선된 뒤에 '등록금 후불제' 같은 기만적 정책으로 대체하고 문제의 본질을 흐리려 했잖아요.

그럼 지금 거론되고 있는 '학점당 등록금제'는 어떤 방식의 가격 결정일까요. 합리적인 것처럼 보이지만 '경제적 합리성' 또는 '시장 합리성'에 불과한 거예요. 실제로는 등록금이란 가격 결정에서 지금까지 대학 사회가 만들어 왔던 '정치적 과정'을 제도적으로 완전히 탈각시켜 버리는 '반정치화'라고 생각합니다. 반값 등록금은 등록금 총액에서 절반을 깎는 거지만 학점당 등록금은 총액이 깎이지 않아요. 총액은 어차피 똑같거나 오히려 늘어날 위험이 크죠. 실제로 동덕여대에서 학점당 등록금제를 도입한 적이 있었는데, 야금야금 등록금을 올려서 논란이 됐어요.* 쪼개서 조금씩 올리면 학생들이 체감하기 어렵고, 계산 방식을 복잡하게 만들어서 눈치를 못 채기도 하고요.

지금도 수업당으로 돈을 내는 데가 있어요. 학원에 가면 국어 얼마, 수학 얼마, 영어 얼마 하잖아요. 두 개 들으면 하나 끼워 주고 전과목 다 들으면 할인도 해 주죠. 마트에서 물건을 구매하는 방식이에요. 이런 식의 가격 결정은 수업이란 것을 소비자들이 구매하는

---

* 동덕여대는 2001년 약대를 제외한 모든 학부를 대상으로 학점당 등록금 제도를 실시했다. 인문학부 및 경제학부는 학점당 5만 8,500원, 외국어 전공은 6만 300원, 공학은 7만 8,600원, 음악은 8만 5,800원 등 이른바 '교육 원가'에 따라 등록금을 다르게 책정한 것. 하지만 도입 과정에서 과다 징수 논란이 불거졌고, 2004년 2월 학교 측이 과다 징수 등록금 40억 원 가운데 20억 원을 학생들에게 돌려줬다.

개별 개별의 교육 서비스라는 상품으로 볼 때만 가능한 거예요. 공공재로 접근하면 그런 논리는 적용할 수 없죠. 물값을 그렇게 결정할 수 있나요? 앗, 생수 시장에선 그렇게 되는군요. 퍽 난감하네요. 그건 현실이지만 물 시장을 만들어서 물을 그렇게 상품으로 사고파는 것이 정치적으로 올바른 것인지는 따져 볼 수 있죠. 물도, 곡물도, 땅도, 공기도, 지식도, 화폐도, 그렇게 시장에서 사고팔 수 있는 상품이 되었다는 것이 현실이라고 해도, 계속 그렇게 가도록 할 것이냐, 지금이라도 공공재를 사회적으로 관리하고 민주적으로 통제할 수 있는 대안을 찾을 것이냐를 생각하는 게 맞죠.

제가 '학점당 등록금제' 같은 발상을 위험하다고 보는 이유는 그 제도가 실현되지 않더라도 그런 논의 자체가 우리의 인식 방식에 영향을 미치기 때문이에요. '사유의 패턴'이라는 게 더 무섭거든요. 한번 그런 방식으로 생각하기 시작하면 계속 그렇게 생각하게 돼요. 이런 사유 방식이 출현하면 어떻게 될까요. 물론 처음에는 저항감이 있겠죠. 생수가 처음 시장에 나왔을 때 '물을 어떻게 돈 주고 사먹어' 하고 잠시 거부감이 들었던 것처럼요. 하지만 '맑고 깨끗한 물'이라는 광고 이미지를 통해 금방 사라져 버렸잖아요. 수질 오염을 막고 수자원과 수질 관리의 공공성을 확보해 신선하고 안전한 수돗물을 공급하는 방식 대신 '물이 더러우면 생수를 사 먹어라'라는 식으로 개인적 방법의 선택지를 준 것이나 이 학점당 등록금제의 발상이나 똑같은 사유의 패턴이라고 봐요. 그런 발상으로 등록금 문제에 접근하게 되면, '대학이 너무 폭리를 취하고 있다, 감당할 수 없는 등록금으로 가계를 파탄시킨다, 부당하다'라고 문제를 제기하고 등록금 문제를 함께 풀어 나갈 사회적 관리와 민주적 통제를 요구하는 게 아니라, '다섯 과목 들으면 할인해 달라, 원 플러스 원을 만들자, 전공 하나당 필수 하나 끼워 달라', 이런 식으로 요구하게 될 거예요. 이건 공동체의 문제를 완전히 개인의 선택 문제로 환원시켜 버리는 거죠. 이렇게 되면 우리는 등록금 투쟁을 할 수도 없고 교육의 공공성을 되찾는 논의를 시작할 수도 없습니다.

역사적으로 등록금 투쟁은 굉장히 큰 학생의 권리 투쟁이거든요. 학교 안에서 내가 가져야 할 몫과 우리의 권리에 대해 생각하고 이 작은 나라에서 내가 해야 할 일에 대한 결정권을 갖는 거예요. 나한테 영향을 미칠 정책 결정에 개입해 들어가고 요구하고 스스로 결정권을 갖겠다는 주권적인 행사가 등록금 투쟁인데 이걸 불가능하게 만드는 거죠. 경희대 같은 경우는 '등록금심의위원회'가 있어서 매년 등록금 인상 요인을 검토하고 협의하고 책정하는 과정에 학생들이 함께 참여하고 있어요. 그런데 학점당 등록금을 도입하게 되면 같은 대학에 다니는 학생들끼리도, 같은 학년, 같은 과 동급생끼리도 등록금이 다 달라지겠죠. 그럼 파편화된 개별 소비자들만 남는 거예요. 이런 상황에서 친구가 '나는 등록금이 너무 비싼 거 같아'라고 하면 뭐라고 하겠어요. 수업을 조금만 들으라고 하겠죠. 그럼 같이 싸울 수가 없어요.

권리를 이익으로 환원하고 개인화하는 것, 이것이야말로 신자유주의적인 '극단적 개인주의'를 통해 공동체를 파괴하는 길입니다. 몽둥이로 파괴하는 게 아니라 돈으로 파괴하는 거예요. "학생 고객님, 만족시켜 드리겠습니다"라는 말은 사실 학생 공동체 사회를 파괴하고 개인 소비자로 재탄생시키는 아주 무서운 슬로건이죠. 그런데 그 목소리에 강압이 없고 폭력도 없고 심지어 너무 달콤하니까 어떤 이도 반감을 느끼지 못합니다. 민주주의를 목 졸라 죽이던 폭력적 시대는 갔지만 그 대신 향이 좋은 독가스에 취하게 만들어서 민주주의를 압살하는 시대가 온 것입니다.

### 학문 단위의 대형화, 학생 사회의 개인화

고객 만족 대학, 고객 중심 대학에서 학생이 어떻게 지워지고 소비자만 남게 되는지 또 다른 예를 보여 드릴게요. 혹시 '클러스터 cluster'라고 들어 본 적 있으세요? 원자, 분자가 모여서 덩어리를 이루고 있는 형태를 클러스터라고 하는데요, 지금 각 대학에서 추진하고 있는 구조 개혁안에서 변화의 골간이 되는 개념이에요. 이 클러스터를 중심으로 학문 단위를 재편하겠다는 거예요. 다시 말하면 학문 단위를 대형화하는 겁니다. '학문 단위의 대형화'라는 말은 교육부의 대학 구조 조정과 관련해서 계속 등장하는데, 중심을 학과보다 더 큰 단위로 만들자는 거예요.

지금은 학문의 기초 단위가 학과예요. 각 분과 학문을 기준으로 학과 체제가 되어 있고, 학과를 단위로 학제가 편성돼 있어요. "무슨 과예요?", "무슨 과 나왔어요?" 하고 물으면 "무슨 과 나왔습니다" 하고 대답하잖아요. 그게 그 사람이 뭘 배웠고 어떤 학문적 기본기와 정체성을 갖고 있는지를 말해 주죠. 예를 들어 정치외교학과에 입학하면 기본적으로 정치외교학과 수업을 듣고 거기에 더해서 다른 단과대 수업도 듣고 교양도 들어요. 그래도 가장 골간이 되는 건 정치외교학이라는 학문이죠. 그런데 클러스터는 이 학과 경계를 허물어서 학문 단위를 대형화하는 거예요. 그것도 단과대나 학부제처럼 유사 학과를 계열별로 묶어서 합치는 것이 아니라 '융·복합'을 해서 화학적으로 합쳐요. 그러다 보니 단과 대학이나 학부제 시스템에서 개별 학생들을 귀속시켜 묶어 주던 공통된 '소속 단위'가 이 화학적 융·복합에서는 없어집니다. 과거에 공통 계열 몇 개의 학과를 묶어서 만든 학부제와는 차원이 다른 '학문 단위 대형화'라고 할 수 있어요.

프라임 사업 신청 당시에 경희대에서 제출한 사업 계획안을 보면 경희대는 다섯 개의 클러스터를 만든다고 했어요. 학교의 수업들을 모두 섞어서 이 다섯 개의 덩어리 속에 집어넣습니다. 그러면 학생들은 각각의 클러스터에서 몇 개씩 수업을 골라 듣는 거예요. 계열별로 클러스터당 몇 개 이상 들으라는 최소 기준을 정해 주겠죠. C1에서 다섯 개, C2에서 세 개, C3에서는 다섯 개, 이런 식으로 장바구니에 담는 겁니다. 그렇게 조합해서 졸업 이수 학점을 채우는 거예요. 완전 맞춤형이죠. 심지어 전공도 마음대로 정할 수 있어요. 미국 브라운대학에서 그렇게 하더라고요. 전공을 학생이

정한대요. 자신에게 필요한 레고 조각들을 고르고 — 그 레고 조각들이 자신에게 필요한 공부·수업이래요 — 그걸 원하는 대로 쌓고 맞춰서 나만의 전공을 만든다니 얼마나 근사합니까. 전공 선택권뿐만 아니라 이제는 아예 전공 창조권까지 보장해 주는 것이니 '학생 주도형 교육 과정'으로의 개편으로 보일 수도 있고요.

그런데 학문 단위가 대형화되면 학습 단위는 필연적으로 개인화됩니다. 그렇게 되면 기존의 학과 체계는 다 무너지고 학생들은 완전히 '개인'으로 학교를 다니게 돼요. 학과라는 공동체의 가장 기초 단위가 사라지면 공동의 의제를 형성하는 게 가능하지 않아요. 문제는 전부 다 개인이 떠안게 돼요. 지금은 과에서 누군가 폭언을 하거나 답사비가 삭감되거나 하는 문제가 생기면 어디서 그 문제를 제기하고 함께 해결해 나가나요? 학과 학생회에서 하죠. 그런데 이렇게 공동체가 사라진 곳에서 문제가 생기면 경찰에 신고하는 방법밖에 없어요. 법적으로 해결해야 돼요. 개인 대 개인인 것 같지만 사실 한 개인은 개인이고 또 다른 개인은 법인이죠. 힘에 있어서 절대적 우위에 있는 법적 개인과 학생 개인의 관계밖에 남지 않게 되는 거예요. 몽둥이로 두들겨 패는 것보다 이런 구조로 학교 체제가 바뀌어 가는 것이 더 위험해요.

그리고 융합을 왜 학부 단위에서 학생들을 상대로 합니까. 학문 융합은 사실 교수들, 연구자들이 해야 하는 거죠. 게다가 융합이 되려면 거꾸로 기초 학문이 있어야 해요. 기초 학문 없는 융합이 어디 있나요. 예전에 수학과 나온 친구한테서 들은 말인데, 미국 항공우주국NASA의 주요 연구 인력이 수학과 출신들이래요. 제가 그 이야기를 듣고 깜짝 놀라서 "거기는 로켓공학 같은 거 전공한 사람들이 가는 거 아니냐"라고 했다가 무식한 소리 하지 말라고 한 소리 들었죠. 수학자가 없어서 우리가 로켓 발사를 못 하는 거였어요. (웃음) 우리는 수학과 나오면 뭐 하죠? 수학 학원밖에 갈 데가 없어요. 피사PISA, 국제학업성취도평가에서 한국 학생들이 만날 높은 점수를 받으면 뭐합니까. 대학 오면 다 수학을 거부하는데. 응용과학만 가지고는 절대 융합이 안 됩니다. 근데 지금 대학에는 응용 학문만 남아 있어요. 이공계만 그런 것이 아니라 인문사회학도 마찬가지예요. 제가 정치학과 출신인데 언제부터인가 사상이나 이론이 없어요. 점점 고사되어 싹 씨가 마르고 이제 응용 정치학밖에 안 남았어요. 학과 커리큘럼을 봐도 사상 이론 분야가 절대적으로 축소되고 응용 정치, 파생 정치학이 대부분이에요. 응용 정치학은 선거나 의회 제도 같은 거 분석하고, 분쟁 지역에 어떤 식으로 원조를 할 건지, 그런 기술적 방법들을 주로 연구하죠. 좋게 말해 실천 학문이지 응용과학이에요. 경제학도 마찬가지예요. 주류 경제학 이후로 새로운 경제 이론이라는 게 없어요. 다 사례 연구만 하거든요. 삼성이 이번에 어떻게 실적을 남겼고 그걸 다른 회사들이 어떻게 따라가고 있는지, 그런 것만 연구하고 있어요. 그런데 무슨 학부 과정에서 융합을 합니까. 그것도 기초 학문을 고사시키는 방식으로 융합을 한다는 건 말이 안 되죠. 그러니까 지금 융합이라고 내세운 것들은 전부 다 상징 조작, 가짜, 뻥인 거예요.

이런 제도가 예전의 학과 통폐합처럼 단순한 방법으로 나왔더라면 아마 학생들의 반발이 만만치 않았을 거예요. 그런데 사업계획서의 개편 내용을 보면 융합이란 말만 잔뜩 나오지 학과 통폐합은 아니거든요. 과정이 복잡해서 이해하기도 어려우니 반발이 적을 수밖에 없습니다. 그러나 자세히 보면 '학생 주도 맞춤형 교육'이나 '선택권 강화', '자율성 보장' 등의 문구들은 그냥 수사학일 뿐이고, 교육적 목표와 고려보다 대학 평가나 교육부의 지원금 같은 교육 외적 목표가 더 큰 이유라는 걸 알 수 있습니다. 항상 수사는 너무 좋잖아요. 그런 말에 속으면 안 되는 거죠. 그리고 이런 식으로 학문 단위를 대형화하고 개인으로 파편화돼서 대학이라는 공동체가 사라지면, 그래서 대학생들이 데모할 시간도 없이 바빠지면 어떻게 되느냐. 나라가 망해요.

### 창업으로 틀어막는 민란

요즘 대학생들이 취업 준비 때문에 되게 바쁘다고 하는데 사실 지금 대학에서 취업은 한물갔어요. 지금 등장한 프레임은 창업 프레임이에요. 예전에는 취업률 제고가 대학 평가에서도 큰 항목을 차지하고 있었고 그래서 어디든 밀어 넣으려고 했어요. "거기가 아무리 안 좋은 비정규직, 계약직 일자리일지라도 네가 우리 학교를 졸업하는 순간에는 취직을 해 줬으면 좋겠어", 그거였거든요. 그래서 대학원 조교로도 막 밀어 넣고 그랬는데 지금은 취업률이 너무 떨어지니까 그것도 안 되는 거예요. 서울대 인문대도 취업률이 50퍼센트 이하로 떨어졌다잖아요. '인문계 90퍼센트가 논다'는 '인구론'이란 말이 나올 정도고, 경희대도 인문 계열 취업률이 20퍼센트 정도라고 해요. 열 명 중 여덟 명이 백수라는 거죠. 이렇게 비싼 돈을 내고 대학에 왔는데 기본적으로 실질 구매인 학위 구매도 안 되는 거예요. 그럼 반란이 일어날 거 아니에요. 그걸 창업으로 틀어막고 있다고 보시면 돼요.

'CK'라고, 대학특성화 사업이라는 게 있어요. 'university for Creative Korea'의 약자예요. 어디서 많이 들어 보지 않았어요? 네, '창조 경제', '창조 한국'. 맞습니다. 이 CK 사업, 창조 대학 프로젝트는 창조 경제와 무관하지 않아요. 창조 한국 프로젝트에 모든 행정 부처가 줄을 서서 각 부서의 정책으로 개발했잖아요. 교육부라고 개발을 안 했을까요. 교육부가 얼마나 친기업적, 친자본적인 조직인데요. 학생들을 전부 기업에 쓸 만한 사람으로 교육시켜서 갖다 바치라는 게 지금 교육부가 추진하고 있는 교육 정책의 핵심 모토예요.

창조 대학의 '창조'는 뭘까요. 도대체 뭘 창조한다는 걸까요. 창조를 창조적으로 해석하면 창업입니다. 창조 경제는 다시 말하면 창업 경제고 창조 교육은 창업 교육이에요. 취업 시장은 이제 포화 상태니 학생들을 창업시켜서 내보내라는 겁니다. 지금의 경제 상황을 봤을 때 노동 시장은 더 이상 열리지가 않는데, 한계치에 도달한 취업에만 매달려서는 대학생들이 민란을 일으킬 것 같거든요. 대학생들이 아무리 사회 문제에 관심이 없다고 해도 그건 자기 생존이 걸린 문제니까 양보할 수 없잖아요. 그럼 나와서 싸우겠죠. 그걸 창업으로 막고 있는 거예요. 취업을 못 해도 창업하면 된다고 달래면서요. 말이 안 되죠, 어떻게 창업이 취업의 대안입니까.

그런데 취업에서 창업으로 사회 진출 프레임이 바뀐다는 건 다른 결과도 초래해요. 어쨌든 취업은 우리가 졸업하고 나가서 노동자가 되는 거잖아요. 대학에서 노동을 가르치지 않는다고 하지만 닥쳐오는 현실의 불안 속에서 학생들은 직감적으로 느낄 수밖에 없거든요. 이후의 노동 세계, 취업 세계에서 내가 어떻게 살아갈 것인가를 사회 문제와 내 문제로 연결해서 인식할 수밖에 없는데 창업 프레임으로 가는 순간 자기 존재에 대한 규정이 달라져요. 나는 미래의 노동자가 아니라 미래의 사장님인 거죠. 그런데 정말 '사장님'일까요? 그렇지 않죠. 말이 좋아 1인 기업이지, 자기를 고용해서 자기 노동을 착취하는 사장이죠. 창업 시장의 일자리들이란 것도 잘 보면 대부분 열악한 일자리들이에요. 그런데도 창업가를 길러 내는 대학이란 것은 다시 말하면 대학 4년 동안 철저히 사장 마인드로 연마해서 내보낸다는 거예요. 그러면 노동자로 취직을 하더라도 바라보는 관점은 사장님처럼 되는 거죠. 지금 대학에도 강사이면서 총장님처럼 생각하는 사람이 되게 많아요. 우리 대학 재정이 얼마나 어려운데, 강사들이 고통을 분담해야 할 텐데, 라고 생각하는 강사들이 많거든요.

그런데 그렇게 해서 사장님이 됩니까? 제가 지난 추석 때 귀성길에 경북 지역의 한 휴게소에서 '청년 창업 박람회'라는 걸 봤어요. '경북은 청년 창업가들을 지원합니다', '혁신 기업가들의 메카' 이런 구호 아래 큰 부스를 차려 놓고 창조 경제 홍보를 하더라고요. 우리가 '청년 창업', '혁신 기업' 이런 이야기를 할 때 제일 많이 떠올리는 게 실리콘밸리잖아요. 근데 그 혁신적 부스에 있는 융합 아이템들은 '까르보나라 떡볶이', '김치 타코'였어요. 사실 그럴 수밖에 없죠. 한번 생각해 보세요. 이제 갓 대학을 졸업한 청년들한테 자원, 관계, 자본, 뭐가 있어요. 그런 이들이 해 볼 수 있는 소자본 창업 아이템이라는 게 대개 이런 것밖에 없어요. 누구나 실리콘밸리의 주커버그가 될 것같이 호도하고 있지만 그것도 상징, 조작이에요. 대부분 우리의 창업 현실은 '까르보나라 떡볶이'에 더 가깝죠. 물론 그 이상의 혁신적 아이디어가 나올 수도 있어요. 한 평범한 청년의 아이디어에서 소위 말하는 '대박 상품'이 나올지도 몰라요. 그런데 그걸로 한 청년이 정주영, 이병철 같은 창업 신화를 탄생시킬 가능성은 얼마나 될까요. 그 아이디어가 정말로 혁신적인 것이라면 권력, 자본, 네트워크에서 압도적 우위에 있는 대기업들이 가만있을까요? 그 창업가가 시장에서 자신들을 위협하는 경쟁자로 성장하도록 절대 그냥 놔두지 않을 거예요.

예전에 제 수업을 듣던 학생 중에 공대생이 한 명 있었어요. 경희대에서 커트라인이 제일 높은 학과 학생이었어요. 졸업하면 대부분 대기업에 취직하는 과였거든요. 얼마나 자부심이 높았겠어요. 입학해서 처음 설레는 마음으로 '동문의 밤'에 갔답니다. 대기업에 다니는 선배들이 TV에서 봤던 멋진 직장인의 모습으로 수트 입고, 대기업 뱃지 달고, 큰 차 몰고 올 줄 알았대요. 그런데 전부 오토바이 타고 기름 냄새 풀풀 풍기면서 와가지고 명함을 주는데, 치킨집 명함이 그렇게 많더라는 거예요. 나중에 그 학생이 '공대생의 미래는 치킨집 사장님?'이란 제목으로 학기말 리포트를 냈어요. 이공 계열 취업률이 상대적으로 높다고는 해도 기술 혁신 속도가 워낙 빠르니까 한 4~5년 만에 쓸모없는 사람이 돼요. 그럼 재교육, 재투자를 해야 하는데 기업들이 그걸 합니까. 안 해요. 대학에 산학 협력 과정을 개설하게 해서 새로운 건 대학에서 배우고 나오게 하고 그 사람들을 써먹죠. 그럼 기존에 일하던 사람들은 그만둬야 하는데, 그렇게 몇 해 동안 번 돈으로 할 수 있는 일이 치킨집 정도인 거예요.

대학생들에게 창업을 권하는 사회는 정상적인 사회가 아닙니다. 창업을 한다고 하더라도 취업해서 일을 배우고 현장을 경험한 뒤에나 가능한 일이지 어떻게 바로 창업을 합니까. 아주 위험한 발상이에요. 지금 대학이나 교육부에서 만들어 내고 있는 창업 환상 속에, 여기저기 대출받은 돈으로 창업을 했다가 망하고 등록금 대출에 가게 대출에 부동산 대출까지, 빚 위에 빚을 쌓고 있는 대학생들의 이야기는 없어요. 게다가 1인 기업체의 사장이란 사실은 자기 회사의 노동자인 것인데, 기업가와 노동자라는 이중적 존재를 하나의 몸 안에 체현한 이들에게 노동자란 건 쏙 빼고 사장님만 강조하고 있어요. 창업 졸업자들 중에 얼마나 많은 이들이 성공한 1인 기업가로 이름을 남길 수 있을까요. 아니 몇 명이나 안정적으로 벌어서 인간답게 먹고살 길을 찾을 수 있을까요. 수없이 실패하고 좌절하고 그래서 다시 창업하고 폐업하는 과정을 통해 성장해 갈 거라고요? 그럼 자기가 먼저 창업하시지. '앙트레프레너'라는 고상한 단어로 '창업하자'고 하는 이런 유혹이 진보적 시민사회에 똑같이 만연해 있는 것도 문제입니다. 서울시 청년허브 같은 곳에서도 계속해서 청년 혁신가, 모험가, 기업가 정신을 이야기하고 있단 말입니다. 사회적 기업이니 공정 무역이니 하면서 '좋은 사장님' 되기를 권하고 있는데 사실 청년 실업이라는 문제의 본질을 회피하고 다른 식으로 문제를 풀어 가려는 대증요법일 뿐입니다. 청년 세대가 막힌 담장을 무너뜨리고 사회를 변혁할 수 있도록 하지 않고 그 힘을 자꾸 엉뚱한 곳으로 빼내고 있다는 생각도 들고요.

선진국 사례를 많이 이야기하던데, 미국이나 영국이 분명히 우리보다 앞서서 보여 주는 곳이긴 하죠. 그런데 거기서 무얼 보고 배울 건지는 생각해 봐야 해요. 미국은 지금 경제적으로나 정치적으로나 총체적인 위기 상황에 와 있어요. 고등 교육도 마찬가지고요. 20세기 들어 사실상 망했다 살아나고 망했다 살아나고 하면서 근근이 연명해 나가고 있는 체제가 미국 자본주의 체제잖아요. 미국의 유명 대학들에서도 일제히 미래, 창조, 혁신을 얘기하고 있어요. 예를 들어 스탠포드 디스쿨 Stanford d.school은 경희대가 미래창조스쿨을 만들면서 벤치마킹한 창업 스쿨이고 고려대도 크림슨칼리지의 모델로 삼은 곳이에요. '스탠포드 안에 디스쿨이라는 산학 협동 창업 센터를 만들어서 학생, 교수, 기업체 연구진이 모여 아이디어를 개발하고 그 아이디어가 즉각 상품화할 수 있도록 최대한 유기적인 자본과 대학의 결합체를 만들어 놓은 거죠. 스탠포드는 원래 실리콘밸리와의 협업으로 유명한 대학이기도 한데, 어쨌든 그 디스쿨이라는 곳이 자본과 대학을 연결하는 플랫폼 구실을 한다는 이야기는 쏙 빼놓고 근사한 랩실과 학생, 교수, 연구자들이 함께 모여 토론하는 모습 같은 이미지만 가져와서 생동감이 넘치는 혁신의 대학으로 소개를 하지요. 하버드의 이노베이션랩Innovation Lab도 많이들 얘기하던데, 비슷해요. 큰 건물을 만들어서 거기에 랩실을 두고, 학생들에게 그 안에서 연구도 하고 아이디어도 내서 창업해 나가라는 거죠. 컨테이너 박스를 쌓아 만든 '혁신적인 창고형 건물', 고려대의 파이빌π-vill이란 창업 센터는 노스웨스턴대학의 더개러지The Garage를 따라 만들었다고 하고요. 여하튼 문제는 그런 전략이 과연 누구를 위한 것이며 우리도 과연 그렇게 해야 하는지를 비판적으로 검토해야 하는데, 그 과정 없이 무작정 밀어붙이고 있다는 거예요.

저는 하버드와 스탠포드가 결코 우리 대학의 미래가 되어서는 안 된다고 생각해요. 미국의 진보적 지식인인 업튼 싱클레어는 미국의 대학이 부자와 권력자의 지배 도구로 봉사하고 있다고 비판하면서 대표적으로 스탠포드대학을 "대학의 지적 사명을 모조리

도외시한 대학의 본보기"라고 말합니다. 게다가 지금 국내에서 추진하는 미래대학 프로젝트에는 더 큰 문제가 있어요. 하버드의 이노베이션랩이나 스탠포드 디스쿨은 학부의 정규 과정이 아니에요. 정규 교육 외 엑스트라 수업이거든요. 소위 '선진국' 대학들이 아무리 창업을 장려한다고 해도, 창업 공부로 학점을 주고 학위를 주지는 않아요. 그런데 지금 경희대를 비롯한 국내 대학들은 창업 교육 과정을 정규 교육 과정에 넣고 있어요. 심지어 후마니타스칼리지에도 창업 스쿨이 개설되어 있어요. 그걸로 교양 이수 학점도 주고요.

대학생들과 기업이 창업 공조를 하면 과연 서로 윈윈이 될까요? 기업이 학생들의 아이디어를 그냥 날로 먹겠다는 거 아닌가요? 제가 볼 때는 지식 사냥꾼들 같아요. 미래의 신산업을 위해 아이디어가 필요하고 기술이 필요하면 기업들이 투자를 해야 하는데 그걸 지금 대학에 전가하고 있는 거예요. 더 정확히 말하면 정부에서 대학에 투자를 하도록 하고 그 결과물은 고스란히 기업이 챙기는 거지요.

가난한 부모들이 마이너스 통장에서 내 주는 등록금 아닙니까. 교육부에서 교육 지원 사업이라는 이름으로 대학에 주는 돈은 국고 세금이고요. 그런 돈을 가로채서 기업들한테 주면 되나요. 창업 지원 센터가 필요하면 삼성에서 만들어야죠. 현대에서 만들어야죠. 그걸 왜 대학에 하라고 하나요. 기업이 지원을 하기도 하죠. 때론 거액을 대학에 투자하는 것처럼 보이기도 하고요. 하지만 결국은 '정유라의 말' 같은 거 아닌가요. 말 한 마리 사 주고 그 몇백 배의 이익을 챙기는 거죠. 그러니까 지금 대학으로 들어오는 기업 투자금이나 산학 협동 과정들을 경계해야 합니다. 그건 트로이의 목마고, 지식·기술의 약탈을 정당화하는 거예요. 우린 그걸 기업의 사회적 공헌이라고 생각하고, 대학 교육에 대한 교육부의 지원 사업이라고 생각하지만 진실은 그렇지 않아요. 디스쿨이니 이노베이션랩이니 앙트레프레너니, 이런 알아듣기 힘든 말을 가지고 사기극을 벌이고 있는 거예요.

### 빼앗긴 언어를 되찾자

크리에이티브 코리아와 함께 모든 학교, 대학 정책에서 등장하고 있는 단어들이 '미래', '창조', '혁신'이에요. 지금 이 단어들에 주목하고 '개념에 대한 투쟁'을 시작해야 하지 않나 싶습니다. 경희대에 미래창조스쿨이 있죠. 미래정책원, 미래문명원도 있어요. '사람이 미래다'는 중앙대를 인수한 두산의 슬로건이었잖아요. 미래창조과학부에도 '미래'가 붙어 있죠. 여기저기서 미래를 강조하는데 도대체 '미래'가 뭔가요?

많은 사람들이 다가올 미래를 얘기하면서 4차 혁명, 기술 혁명을 언급하거든요. 그런 미래가 닥쳐올 거니까, 혁신 아이디어를 가지고 경제 성장을 할 수 있는 시대가 올 거니까 농업이나 제조업 같은 것 말고 어플리케이션이나 스마트 기술, 아이디어 상품 같은 기술 혁신, 지식 기반 경제 쪽으로 가라는 메시지를 던져요. 아이디어 하나로 자동차 수백 대를 파는 것보다 더 큰 돈을 벌 수 있다는 거죠. 근데 이게 누구의 미래죠? 자본의 미래예요. 자본이 그리는 미래입니다. 그럼 우리는 그 미래에 적응하는 길을 찾으면 되는 건가요? 아니죠, 우리가 살고 싶은 미래를 제시해야죠. 일자리의 80퍼센트가 사라지는 미래가 우리가 꿈꾸는 미래는 아닐 테니까요. 기술 혁신이라는 것도 저는 일종의 뻥과자 같은 거라고 봐요. 앞서 산업 혁명 시대에도 기계가 인간의 노동을 대체하면 마치 인간이 노동으로부터 해방될 것처럼 말했어요. 하지만 오히려 노동은 기술에 예속되었고, 모두에게 평등하게 돌아가는 기술의 혜택 같은 건 없었어요. 기술을 독점하고 사유화해서 그 기술을 통해 막대한 돈을 벌어들이는 것, 그게 지금 자본주의가 저성장과 경제 위기를 벗어나기 위해 찾은 활로 아닌가요? 그게 모두의 대안일 수 있나요? 기술이 돈이 되고 지식이 돈이 되는 시대가 도래한다면, 오히려 기술과 지식의 독점과 사유화를 막고 그 혜택이 더 많은 사람들에게 공평하게 돌아가도록 만들어야죠. 대학은 그 기술과 지식의 중요한 생산 기지고, 그 어느 때보다도 자본에게 중요한 공간이 되었어요. 그래서 너도 나도 눈독을 들이고 있는 겁니다. 하지만 그 기술과 지식에 투자되는 자금은 국민 세금으로 만들어진 공적 자금이고 또 그 대학에 다니고 있는 학생들과 그 학부모들의 주머니에서 나온 돈 아닙니까. 그럼 그 결과물이 만들어 내는 부도 그들의 주머니로 들어가야지요. 기업들 배만 불리면 되겠습니까. 그게 지금 대학에서 학생들이 싸우고 있고 싸워야 하는 이유죠. 대학 공공성과 대학의 민주화를 위한 이 투쟁의 전선은 우리나라가 소수의 전문가 지배 체제로 갈 것이냐, 민주 정치를 강화할 것이냐라는 문제를 놓고 겨루는 매우 중대한 전선입니다.

그래서 이 대학에는 다시 대학생이 필요합니다. 이 사회도 다시 대학생을 필요로 합니다. 여러분이 다시 학생으로서의 자기의식을 갖고 이 대학의 구성원으로서, 사회의 구성원으로서 자기 발언과 실천을 해 주어야 합니다. 대학생들이 먼저 대학 안에서 싸워 줘야 해요. 학생 사회가 해체되면 대학에서 사회의 공공성을 위해 싸울 수 있는 단위가 해체되는 것이고, 전체 사회로 보았을 때도 결정적으로 불리해지는 것이죠.

소비자가 된 개개인이 다시 학생으로 돌아오려면 어떻게 해야 될까요. 어떻게 하면 학생으로서의 자기를 되찾을 수 있을까요. 이 시스템 자체를 거부해야 해요. 이 의도를 파악하고 '미래, 창조, 혁신은 우리를 위한 것이 아니다. 이건 교육이 아니다. 이것은 대학을 그냥 상품 제조 공장, 인력 하청 공장으로 만드는 것이다'라고 거부해야죠. 그렇게 개입해 들어갈 때, 요구하고 싸워 나갈 때 주인으로서의 자기를 되찾을 수 있습니다. 그리고 그때 비로소 소비자로 아무리 규정하려고 해도 속아 넘어가지 않는 학생, 이 시대가 필요로 하는 지식인, 매일 거리를 지킬 수 있는 대오가 다시 생겨날 수 있습니다. 오늘 강의는 여기까지입니다.

4강

# 교수 없는 대학

직원이거나 업자이거나

오늘은 교수에 대해서 이야기해 볼게요. 교수라는 존재가 대학 안에서 어떻게 지워지고 있는지, 그것은 어떤 사태를 불러오는지, 그리고 어떻게 막아야 하는지 같이 고민해 보지요.

교수는 대학 사회의 구성원 중에 중요한 한 파트죠. 중세 자유도시에서 대학이 처음 생겨났을 때 교수 조합과 학생 조합이 먼저 생겼고 나중에 학생과 교수 조합들의 연합체가 생겨, 그것이 교수와 학생으로 이루어진 오늘날 대학의 기원이 되었습니다.

교수를 '프로페서professor'라고 하는데, 동사형인 '프로피테오르 profiteor'는 '앞에서pro 말하는fateor 사람'이라는 뜻이에요. '파테오르'는 '포르for'란 라틴어 동사에서 파생된 것인데, 포르는 '나는 말한다I speak, I say'입니다. 그런데 포르와 파테오르의 '말하다'라는 것은 그냥 말하는 것이 아니에요. 자백하다, 고백하다, 인정하다, (생각을) 드러내다, 그런 의미의 말하다예요. 게다가 타인 '앞에서' 말하는 것이니까 '프로피테오르pro-fiteor'는 자기의 주장, 신념, 옳고 그름에 대한 판단, 입장을 '공표'하는 것이거든요. 제가 지금 여러분 앞에서 말하고 있죠. 대학은 누구의 것인가에 대한 나 자신의 생각, 사상, 신념, 입장, 주장을 여러분 '앞에서' 말하고 있는데, 바로 이렇게 말하는 게 프로피테오르입니다. 혼자 입장을 갖는 데서 그치는 게 아니라 남들 앞에서 그걸 공공연하게 밝히고 공표하는 것이니까 책임이 아주 무거운 말이죠. 프로피테오르의 분사형이 '프로페수스professus'이고 여기서 파생된 명사형이 '프로페시오professio'인데 선언, 인정, 고백이란 의미를 갖습니다. 이 말이 '전문가professional'를 뜻하게 된 것도 자기 존재로서 자신의 말을 인증해 줄 수 있는 사람이기 때문이에요. 그 말이 대중 앞에서의 고백이며 선언이기 때문에 공신력을 갖는 겁니다. 또한 검증될 수 있는 말이기도 해서, 그런 검증을 통해 자기의 전문성과 전문가로서의 공신력을 쌓아 가는 사람이 곧 교수, 전문가이기도 하지요.

김누리 교수는 이 단어를 심오하게 해석해서 '앞서서 외치는 자'라고 하더라고요. 교수는 사회에 대해 앞장서서 외쳐야 하는 의무를 가지고 있는 사람이고 그 의무를 다해야 한다고요. 그럼 너무 선구자적 지식인처럼 보이나요? 의미가 조금 더 나간 것 같기는 한데, 선각자로서 지식인의 자기의식을 반영한 것이라고 봐요. 선각자적 자기의식이 없어진 시대니까 그렇게 해석하는 것도 좋고요. 어쨌든 원래의 뜻은 '앞에서 말하는 사람'이에요. 그 말은 듣는 사람이 있다는 것이죠. 혼자서 외롭게 연구하고 절에서 벽보고 공부하는 사람이 아니라 대상을 앞에 두고 자신의 생각을 말하는 사람이라는 겁니다.

한국 사회에서 지식인의 의견을 듣는다고 하면, 그때 지식인은 많은 경우 대학교수일 거예요. 지식인, 전문가의 지위에서 말하고 글 쓰는 사람들이 대부분 교수들이죠. 교수는 그만큼 '전문가'로서의 사회적 인정을 받고 있는 대표적인 지식인에 속해요. 그런 사람들한테 들을 말이 있다고 생각하고 물어보는 거죠. 언론에서 인터뷰를 할 때도 일반 시민의 의견과 교수의 의견 사이에 — 설령 같은 내용이라 하더라도 — 무게가 완전히 다르잖아요. 그 말에 책임을 느껴야 하는 존재죠.

그런데 지난 시간에 '대학생은 지식인인가'라는 물음에 대학생의 80퍼센트가 아니라고 대답했다고 했잖아요. 교수는 어떨까요. '교수는 지식인인가' 물어보면 교수들이 어떻게 대답할 것 같습니까. 제가 사적인 자리에서 주위의 동료 교수들한테 "당신은 지식인이오?" 하고 물어보면 요새는 대략 열 명 중의 여덟 명이 "에이 우리가 무슨 지식인이야. 아닌 거 같애"라고 부정적인 대답을 해요. 대학을 회사라고 부르고 자신을 그냥 월급쟁이라고 부르는 사람도 많고요. 물론 제 주위에 교수로서의 권위 의식이 별로 없는 소탈한 분들이 많아서 그렇기도 합니다만 그게 다는 아니고요. "교수는 뭔 교수, 그냥 월급쟁이 지식 노동자지"라는 말을 듣다 보면 지금 교수들은 교수로서의 권위 의식만이 아니라 자기의식도 없는 것 같아요. 그렇다고 그게 노동자로서의 자기의식을 갖고 자기 부정을 하는 과정도 아닌 것 같고 지식 노동에 대한 치열한 고민에서 나온 말 같지도 않습니다. 그런데 제가 지금 '교수'에 대해 묻는 것은 노동자이기도 하지만 동시에 교수라는 존재의 자기 정체성을 찾고자 하는 것이거든요. 교육이라는 것이 공장이나 회사에서 만들어 내는 일반 상품과는 다른 거잖아요. 교수는 다른 노동자들과 달리 자기의 '교육'과 '연구'라는 활동을 자기 노동의 본질로 삼고 또 지적 노동이란 건 그 활동 자체가 곧 지적 산물이 되는 것이니까요.

그래서 대학은 도대체 뭐하는 곳인가를 묻기 위해 '교수란 도대체 뭐하는 사람인가'를 물어야 하는데, 이 집단 역시 대학생들과 마찬가지로 어느 순간 '교수로서의 나'라는 정체성에 대한 물음을 상실한 것 같아요. 왜 자신들은 지식인이 아닌 것 같다고 하는지, 이유가 뭐냐고 물으면 학생들과 똑같아요. 지식이 별로 없어서, 그리고 사회적 정치의식이 아직 없어서. 다들 박사까지 하느라 공부를 그렇게 해 놓고도 아는 게 없다니요. 이게 무슨 말인가 싶죠.

그런데 사실 그게 맞는 말이기도 해요. 자기 전공 이외의 분야는 잘 모르는 사람이 대학교수라고 할 수 있어요. 박사 하고 교수 하느라 공부할 시간이 없었다는 이야기는 그냥 우스갯소리가 아니에요. 그건 자기의 공부가 아니라 요구되는 공부만 했다는 뜻이기도 하고, 극도로 협소한 분야의 전문 지식만을 파느라 기초적이고 포괄적인 지식이 부족하다는 뜻이기도 해요. 우리가 지식인이라고 일컫는 사람은 단순히 자기 전공 분야에 대해서만 지식을 가진 기술적 전문가가 아니라 총체적이고 통찰적인 앎, 전일적인 앎을 갖춘 사람이잖아요. 지금 현재 대학교수들이 그 정도의 자신감도 없다는 거예요.

### 직원이자 업자로서의 교수

일반적으로 대학에 있는 많은 교수들은 자신을 그렇게 비중 있는 존재라고 생각하지 않아요. 사회적 책무는커녕 "우리는 프로젝트를 하느라 너무 바빠. 강의도 해야 하고 과로에 시달리는, 그냥 월급에 목매는 일반 직장인들이야"라고 생각해요. 지식인으로서의 사명 같은 게 별로 없는 거예요. '나 교수님인데' 하는 권위 의식, 허위의식으로 목에 힘주던 옛날에 비해서는 좋아진 걸까요? 글쎄요. 그렇게 지식인은 옛날 모델이고, 선구자, 선각자도 없으며, 다 똑같이 일하고 월급 받는 사람들이라고 한다면 교수가 노동자라는 데는 동의해야 할 거 아닙니까. 그래서 "그러면 교수는 노동자요?"라고 물어보면 더 많은 사람들이 "아니요"라고 대답합니다. 왜 지식인도 아니고 노동자도 아니라고 대답할까요?

그분들은 직원의 마인드를 갖고 있는 거예요.. 대학에는 두 종류의 직원이 있어요. 교육을 담당하는 직원과 행정을 담당하는 직원. 그중에 자신은 교육을 담당하는 직원이라고 생각하는 거예요. 물론 직원도 노동자이긴 한데, 자신을 직원으로 먼저 인식한다는 것은 노동자로서의 계급적 정체성보다 회사에 대한 귀속감이 훨씬 더 큰 규정력을 갖고 있다는 걸 뜻하죠. 삼성 노동자와 삼성 직원의 어감 차이를 생각해 보면 이해가 쉬울까요. 그런데 지금 대학을 보면 — 대학의 교직원들도 마찬가지로 노동조합도 있고 의식으로서의 노동자성을 추구하는 사람들도 있기는 하지만 — 이미 그들의 삶의 양식, 사회적 존재의 층위가 상당 부분 사회 계급의 상층에 있는 사람들이거든요. 소득 수준이 한국 사회 상위의 10퍼센트 이상, 또는 1퍼센트 이내인 삼성 임직원들을 '노동의 대가로 월급 받고 살아가는 노동자 계급'으로 볼 수는 없잖아요. 그 '삼성 직원'들이 삼성가의 충실한 마름이고 전체 자본의 입장을 충실히 대변하고 있는 것처럼 사립 대학의 경우 교직원들도 사학 자본과 한 몸이 되어 있죠.

반면에 똑같이 학교에서 노동을 하고 있더라도 청소, 경비 노동자들이나 행정 계약직, 일용직, 시간 강사, 조교 등은 그 중간 관리자로서의 '직원 마인드'가 없어요. 근대적 회사 시스템에서는 말단직 노동자라 하더라도 직원 교육 등을 통해 회사에 대한 유사 가족적 애착심을 기르고 충성도를 높이도록 했는데 그런 평생직장 개념이 사라진 지금, 애사심 같은 것은 비정규직 하청 노동자들에게 생기려야 생길 수가 없는 것이죠. 비정규직법과 노동 계급 내부의 양극화로 인해 직원과 직원이 아닌 자는 같은 노동자라 할 수 없을 만큼 사실상 신분이 다른 존재가 되어 버렸습니다. 교수가 자기 존재를 학교 직원에 두고 생각하면서 노동자는 아니라고 하는 건, 대학 교직원이라는 신분에 동화되어 있으면서 노동자라는 계급적 의식은 없는 존재라는 걸 의미하죠.

노동 계급의 상층부에 있는 고소득 정규직 노동자들, 또는 중간층 시민 계급(쁘띠부르주아), 탈락한 자본가 계급은 사회 개량의 혜택을 입으면서 그 자체로 하나의 기득권 집단이 되어 중간 계급을 형성하고 있어요. 이들은 하층 노동자, 서민, 민중을 견제하고 상층 계급과는 정치적으로 협력해서 이권을 챙기려고 하는 집단으로 점점 하나의 몸통이 되어 가는 것 같아요. 지금 대학교 교직원이나 대학교수는 전형적으로 이 중간 계층에 속한 사람들입니다. 존재적으로든 의식적으로든 노동자로서의 계급성을 가진, 노동자다운 노동자가 되기 힘든 조건이죠. '교수는 없고 직원만 있다'는 건 교수가 자율성을 가진 독립적 연구자로서 존재하지 못하고 학교에서 시키는 일 — 그것이 논문 쓰기나 강의 같은 일이라 해도 — 만 수행하는 '행정 관료' 혹은 '업무 담당자'가 되어 버린 현실을 고백하는 말이죠.

이렇게 말하면 직원들이 너무 수동적이고 비주체적인 존재처럼 보이나요. 강사 복직 투쟁을 하는 동안 대학 본부 직원들이 얼마나 철저히 학교 편에 서 있는지를 알게 되어서 그런가 봅니다. 공무원들을 비롯해서 행정 관료 조직의 직원들이 '영혼 없는 자', '시멘트 가슴' 같은 표현으로 비난을 받은 게 어제오늘 일이 아닌데요, 왜 자기 자신도 노동자이면서 자신을 조직의 인격체로서 전체 권력을 대변하는 한 사람의 소小권력자 자리에 두는지 그 자리에 있는 분들은 한번 돌아봐야 할 것 같습니다. 〈노동 없는 대학〉편에서도 말했지만 노동의 주체로부터의 노동 혐오는 이런 식으로 계속 재생산되고 있는 거고요. 조직을 대신해서 하층 노동자들에게 갑질을 하고 주인의 권력을 대리 행사하는 특징은 특히 관리직일수록, 생산 노동의 현장에서 멀리 있을수록 더 많이 나타나는 것 같습니다. 대학 내 정규직과 비정규직 간의 계급화 과정에서 정규직 직원들이 관리 사무직이 되어 하층 노동자들에 대한 통제 감시자, 평가자, 중간 수탈자의 역할을 수행하게 되는 거죠. 대학 문제에 대해 비판적 발언을 계속해 온 박노자 교수는 대학 기업화의 또 다른 결과물로 대학 내 정규직 교원들의 범죄성의 심화도 지적합니다. 일반 기업에서 리베이트, 세금 포탈, 뇌물 수수, 횡령, 배임 등이 판치듯이 대학에서도 정규직 교원들이 화이트 칼라형 기업 범죄에 동원되거나 공모자가 되는 일이 빈번해집니다. 대표적인 것이 일상화된 서류 조작이죠. 국가 지원 사업을 따낼 때, 프레젠테이션 자료를 만들 때, 결과 보고서를 만들 때, 교직원들은 마술사가 됩니다. 그들이 '페이퍼 워크paper work'라고 부르는 서류 작업이 많은 부분 숫자와 통계와 수사학의 예술로 탄생한 조작물이란 걸 이제는 스스로 인지조차 못 할 지경이에요. 대학의 홍보 책자를 만들 때는 교수들도 동원되는데, 비판도 성찰도 없이 좋은 말만 가득 늘어놓은 글들을 보면 낯이 화끈거립니다. 이 글을 쓴 사람은 도대체 양심이 있는 교수인가, 그런 생각도 들고요.

어쨌든 관리직은 주인을 대신하여 마름 노릇을 할 수밖에 없는데, 교수가 그런 직원으로서의 심성心性을 일차적 정체성으로 삼는다는 것은 학문의 독립성과 자율성을 생명으로 삼아야 할 존재로서의 자기 가치를 정면으로 부정하는 일이에요. 궁극적으로는 관료 조직 안에 있는 사람들도, '갑'의 에이전트가 아니라 노동자로서의 자기의식을 갖고 자율적 주체가 되기 위해서는 억압적인 자기를 부정하고 노동의 주체로 해방되어야 합니다. 그렇게 해야 궁극적으로 스스로와 서로를 해방시킬 수 있어요. 그러려면 예스맨이 되지 말고 불편한 목소리를 계속 내는 일을 해야 합니다. 먼저 하기 힘들면 다른 사람이 '아니오'라고 할 때 옆에서 외면하지 말고 동조해 주고요. 그런 권리를 지키기 위해 노동조합이 필요했던 것 아닙니까. 그래서 대학노조를 만든 것이고요. 견제하고 감시할 수 있는 기구가 없으면, 행정 조직의 민주화, 체계의 민주화, 결정 과정의 절차적 합리성과 투명성이 담보될 수 없어요. 그런 점에서 본다면 학생 운동의 쇠퇴뿐만 아니라 전체 노동 운동의 쇠퇴도 각 사업장에서 노동의 주체성을 파괴하고 건강한 노동 조직들이 어용화되거나 탈정치화하는 데 영향을 미쳤다고 할 수 있습니다.

이렇게 교수가 교육 담당 직원이 아니라 교수일 때, 처음 교수조합이 생겼을 때처럼 한 사람의 연구자로서 교육자로서 자율성과 독립성과 자기 주체성을 갖게 돼요. 내 강의에 대해서, 내 수업에 대해서, 내 학문에 대해서, 내 연구에 대해서 주도권과 자기 결정권을 가지는 게 교수죠. 직원은 자기가 주도권을 가질 수 없어요. 학교의 방향, 필요로 하는 일들, 주어진 업무를 수행하는 것이 직원이잖아요.

어쨌든 교수가 직원까지도 될 수 있다 칩시다. 노동자적 정체성을 갖는다면 그런 관점에선 교수나 직원이나 똑같은 노동자니까요. 맡은 일이 다를 뿐이죠. 삼성 직원도 때가 되면 삼성 노동자로서의 의식적 각성을 할 수도 있잖아요. 사회가 변하면 직원으로서의 교수도 노동자로서의 주체성을 회복하고, 그 주체성이 자기 연구와 학문에 대한 자존심과 주체성의 근거가 될 수도 있겠지요. 그런데 지금 더 큰 문제는 '업자의 출현'입니다.

오늘날의 교수는 '업자'이기도 해요. 직원은 회사에서 하듯이 학교에서 뽑고 그 사람의 고용을 책임지잖아요. 지금의 대학에서는 교수를 그렇게 뽑지 않아요. 임용 계약을 할 때 정년을 보장하지 않고 실적을 갖고 오라고 해서 단기로 계약을 해 나가요. 큰 프로젝트를 따면 다음에 재계약을 할 수 있는 가능성이 높아지는 거죠. 사실상 교수가 그냥 월급을 받는 월급쟁이가 아닌 거예요. 일종의 자영업자로서 실적을 갖고 업자 대 업자로 대학과 계약을 하는 거죠. 마치 대형 마트에 파견된 입점 업체 직원처럼요. 그렇게 프로젝트를 따면 정부나 지자체가 사업의 주체인 경우 〈국가를 당사자로 하는 계약에 관한 법률〉에 따라 연구비 총액에서 10퍼센트가 산학 협력 관리 기금이란 명목으로 대학에 들어갑니다. 이 돈은 10퍼센트의 '이윤'인 셈이죠. 1000만 원짜리 프로젝트를 따면 100만 원, 1억짜리 프로젝트를 따면 1000만 원을 학교가 받습니다. 학교는 그냥 앉아서 돈 먹는 거죠.

그러다 보니 이제 교수가 '업자 마인드'를 요구받는 데까지 왔어요. 교수가 대학을 상대로 영업을 뛰는, 개인 사업자 같은 존재가 된 거죠. 요즘 젊은 대학교수들은 임용이 되더라도 끊임없이 더 나은 조건의 회사(대학)로 몸값을 높여서 옮겨 갈 생각을 하는 것 같더라고요. 일단 임용 제도 자체가 성과급 계약 임용제로 바뀌어서 끊임없이 실적을 요구받다 보니 교수야말로 자기 계발적 주체로서 고스펙 상품으로 자신을 파는 대표적인 직업이 되었어요.*

교수가 업자가 되면 학생들은 뭐가 되겠습니까. 소비자도 되고, 실적도 되고…… 여러 가지로 대상적 존재가 되는 거죠. 배움의 서로주체성 관계도, 학문적 동반자 관계도, 전통적인 사제 관계도 모두 사라진 이 관계를 어떻게 설명해야 할지 모르겠습니다. 그저 편의점 점원과 손님처럼 만나고 헤어지는 관계가 된 지 꽤 된 것 같아요. 어쨌든 여러분도 업자한테 배우는 건 좀 싫지 않습니까? 나의 취업이 교수의 실적이 되는 것도 그렇고, 나의 강의 평가가 교수의 능력 평가가 되는 것도 그렇고, 실은 양자 모두를 서로 소외시키고 대상화시키는 거잖아요. 교수가 업자인데 대학생이 하물며 지식인이 되겠어요. 그러니까 80퍼센트의 대학생이 '대학생은 지식인이 아니다'라고 말하는 시대에 이르게 된 거죠.

---

* "스티븐 브린트(Steven Brint)는 지난 1960년대부터 지금까지 전문가의 유형이 '사회 위탁자(social-trustee professionals)'에서 '사업가형 전문가(expert professionals)'로 바뀌는 경향이 급속히 일어났다고 지적했다. 사회 위탁자형 전문가주의는 교수-제자 관계에 기초한 교육, 학습, 공공 봉사 등 대학의 이상을 소중히 여기는 반면, 사업가형 전문가주의는 사회적 이상과는 무관한 특수 지식을 가치 있게 여긴다. …… 사회의 이상을 구현한다는 소명 의식에서 완전히 벗어나서 돈벌이라는 측면에서만 전문직 노동이 정의된다. 이것이 사업가형 전문가주의다. 이러한 변화가 철저하게 일어남으로써 오늘날 우리가 사는 세상은 '전문 사업가의 시대(age of experts)'가 되었다고 브린트는 지적한다." - 프랭크 도너휴, 《최후의 교수들》, 차익종 옮김, 일월서각, 2014, 157쪽

### 교육의 시작은 '말'

교수가 하는 일이 뭘까요. 일반적으로 교원은 연구, 강의, 사회적 실천이라는 세 가지 의무를 갖는다고 말합니다. 그러니까 대학의 교원으로서 우리가 해야 하는 일은 연구, 강의, 실천이죠. 대부분의 대학들이 정관에 교원의 권리와 의무를 규정할 때 이 세 범주를 크게 벗어나지 않습니다. '실천'은 사회봉사나, 학생 생활 지도 등의 용어로 나타나기도 하고요. 그런데 이 세 가지의 중요도를 굳이 따진다면 뭐가 제일 중요할까요?

보통 교수가 하는 일의 중요도를 '연구 - 강의 - 사회 실천' 순이라고 생각합니다. 많은 교수들도 연구를 주업이라 생각하고, 강의, 실천을 일종의 엑스트라 잡extra job이라고 생각하는 경향이 있어요. 그런데 이런 생각이 타당한가요? 아닙니다. 사실은 거꾸로 예요. 아까 교수라는 말을 풀어 쓰면 '앞에서 말하는 사람'이라고 했죠. 앞에서 말하는 게 뭡니까. 강의잖아요. 교수는 존재론적 정의상 '강의하는 사람'입니다. 연구자보다 교육자가 먼저란 말입니다. 그리고 사회적 실천이죠. 공자도 그랬고 맹자도 그랬고 소크라테스도 그랬고 플라톤도 그랬어요. 연구는 제일 뒤예요. 한번 생각해 보세요. 우리가 아는 유명한 지식인들, 학자들 중에 '연구 교수'였던 사람이 몇이나 있나요. 유명한 학자들의 저서를 떠올려 보면 금방 이해가 될 거예요. 서양만 봐도 고대 소크라테스부터 중세, 근대 초기까지 연구만 해서 책을 쓴 사람이 있는지. 소크라테스의 사상이란 건 아고라에서 저처럼 이렇게 이 사람 저 사람 붙들고 앞에서 얘기한 거였고요, 그 얘기를 들은 사람들이 글로 쓰거나 다시 자기 학생들한테 전하거나 그랬죠. 플라톤이 대표적인 전달자이고요. 그래서 소크라테스의 책은 대부분 대화dialogue 형태로 되어 있어요. 아리스토텔레스부터는 둘이서 말하는 디아-로고스dia-logos가 아니라 혼자 말하는 모노-로고스monologos: monologue의 형태로 되어 있지만 그렇다고 그게 연구실 책상에 앉아서 집필한 건 아니고 대부분 뤼케이온lykeion에서 했던 강의였어요. 그걸 근대 고전학자들이 출판물의 형태로 재구성해서 우리가 지금 읽는 책의 형태로 만든 거예요. 중세에도 마찬가지입니다. 근대 초기만 하더라도 연구해서 나온 책들이 없어요. 대부분 강의가 토대입니다. 책을 쓴 사람들이 대학교수도 아니에요. 홉스, 로크는 귀족의 가정 교사 겸 비서였거든요. 서구 지식사에서는 언제나 '말하는 장소'가 지식 교류의 장이었고 배움의 장소였지요. 중세 도시의 대학들은 대중들에게 개방된 저잣거리의 강연장인 경우도 많았고요. 말이 글이 되고, 그게 책이 된 거예요.

  독일은 조금 달라서 문자적 지식 공동체가 중심이 되었고 책이 사상의 전달에 큰 역할을 해서 '저술가'라는 형태의 지식인 모습이 역사적으로 비교적 빨리 나타난 곳이라고 할 수 있죠. 그래서 독일에서는 근대 초기부터 유명한 학자들 중에 대학을 기반으로 한 사람이 많습니다. 칸트는 대학교수였죠. 칸트가 오십 넘어서 《순수이성비판》을 썼거든요. 그런데 그것도 연구해서 혼자 쓴 게 아니고,

그때까지 대학에서 자신이 강의한 내용을 정리한 거예요. 일생의 강의가 일생의 연구였죠. 20세기의 교수들도 마찬가지입니다. 푸코의 책들도 대부분 강의록으로 만들어진 거고, 하이데거도 마찬가지예요. 혼자 써서 책으로 나온 건 대부분 기관에서 공모한 거예요. 루소의 《사회계약론》 같은 게 대표적이죠. 아주 특수한 경우 — 이를테면 마르크스나 레닌처럼 망명자 신세로 도서관에 처박혀서 외롭게 쓸 수밖에 없었던 경우처럼 — 를 제외하면 대부분 강의가 중심이에요. 저도 그렇게 생각하거든요. 말이 항상 먼저 있는 거예요. 강의는 항상 소통적일 수밖에 없고 그래서 도전과 비판과 저항과 발전이 있을 수밖에 없어요. 근데 연구는 그게 아니거든요. 혼자 골방에 틀어박혀서 하는 것이니까 독백적이죠. 어떻게 보면 근대에 이르러 처음으로 그런 지식인 유형이 출현했다고도 볼 수 있어요.

이렇게 원래 학문과 지식의 시작은 교육이고, 그 교육의 시작은 말입니다. 배움이 서로 배움인 것은 서로 마주 보고 선 사람이니까 가능한 것이고, 그 사이에 토론과 설전과 질문과 대답이 있기 때문에 가능한 거죠. 책을 보는 건 그에 비해 훨씬 일방적인 형태고 간접적인 방식이죠. 지식의 생산에서 대학이라는 '장소성'이 굳이 필요했던 건, 그리고 강의와 토론, 세미나가 기본적인 틀이 되었던 건, 그만큼 '말'이 학문 연구의 핵심적인 수단이기 때문이에요. 근대 대학 교육의 기본 형태를 만든 중세 대학이 절대적으로 강의에 의존하고 강의로부터 연구 결과물들을 생산했다는 건 토마스 아퀴나스의 저작들을 읽어 보면 한눈에 보입니다. 토론의 과정 그 자체를 정리한 것이 다음 수업의 교재가 될 정도였으니까요.

사실 유럽에서는 대학교수가 지금 같은 사회적 특권층이 아니었어요. 토마스 아퀴나스가 서양 사상사에서 중세 철학을 집대성하고 근대 철학의 기초를 놓은 대가잖아요. 그런 토마스 아퀴나스가 교수를 하던 시절에도 교수는 가문이나 신분이 좋은 사람들이 택할 만한 직업이 아니었어요. 토마스 아퀴나스와 관련된 재밌는 일화가 있어요. 토마스 아퀴나스가 엄청난 천재였대요. 집안도 엄청 좋았고요. 어릴 때부터 공부를 잘해서 지금으로 치면 서울대 법대에 가서 검찰총장, 대법관, 국무총리 정도는 그냥 할 수 있을 정도의 인물이었답니다. 그런 토마스 아퀴나스가 대학교수가 되겠다고 가출을 한 거예요. 그때는 두 종류의 대학이 있었어요. 교회 중심의 제도권 대학인 수도원과, 어중이떠중이들이 모여서 도시 저잣거리 한복판에 만든 우니베르시타스. 그런데 우리 토마스 아퀴나스 도련님이 우니베르시타스라는 근본도 없는 대학을 가겠다고 한 거예요. 집에서 난리가 납니다. 집안의 기대주가 그런 데서 강의를 한다고 했으니까요. 그때 처음 생긴 그 대학은 요즘으로 치면 대안학교 같은 거예요. 유럽 전역에서 근본도 모르는 인간들이 모여서, 암기와 필사로 이루어진 신학 중심의 수도원 교육에서 벗어나 사회적으로 인정도 받을 수 없고 출셋길도 보장되지 않는 불온한 과목들을 공부하는 곳이었던 거죠. 나중엔 그 시중市中 대학에서 중세 학문이 꽃피고 근대 과학이 태동했지만요. 거길 가겠다고 가출을 하니까 부모 형제가 다 출동해 잡아 와서는 성탑에 가둬 놓고 1년 동안 감금을 시켜요. 결국 토마스 아퀴나스는 안 해 본 고생을 사서 하면서까지 그 말도 안 되는 대학에 자리를 잡습니다. 그게 바로 파리대학이에요. 토마스 아퀴나스는 거기서 《신학대전》을 썼을 뿐 아니라 다른 교수들과 함께 대자보를 써 붙이고 — 그게 유명한 파리대학 벽보 사건입니다 — 그렇게 살았어요. 파리대학교수로 재직하면서 정말 방대한 양의 저서를 남기는데 잘 보면 그게 대부분 주석, 주해집이거든요. 그러니까 학생들하고 같이 책을 읽고 공부하면서 해석하고 설명한 내용이에요. 현대적 개념의 집필 작업으로 이해하면 도저히 해명되지 않는 분량이죠. 근대 철학이 태동하는 기점에 토마스 아퀴나스는 다름 아닌 대학 강의를 통해서 중세 철학을 집대성한 거죠.

### 홀대받는 강의, 밀리는 교육

이 모델이 아주 중요해요. 강의는 항상 연구를 수반합니다. 강의를 하기 전에 연구를 하고 강의를 하면서도 연구가 돼요. 중간에 질문도 받고 비판도 받거든요. 강의를 마치고 나면 그 질문과 비판과 토론의 과정을 정리하는 것만으로도 연구가 또 마무리돼요. 그렇게 정반합의 과정으로 이루어지는 게 강의고, 이런 강의는 연구와 떼려야 뗄 수 없죠. 독일의 훔볼트가 근대 대학의 기초를 수립할 때 그 이념형으로 삼은 것이 바로 이 '교육과 연구가 하나로 통합된 대학'이란 이념입니다. 그래서 독일 대학을 '연구대학' 모델이라고 부르죠. 독일의 학제 역시 연구자를 양성하는 과정으로, 학부와 대학원을 구분하지 않고 학사-석사가 통합된 마기스터 Magister 6년 과정으로 편성되어 있었어요.

그런데 이렇게 오랫동안 통합되어 있던 연구와 강의 사이에 언제부터인가 분절이 생기기 시작합니다. 특히 요즘은 많은 인문학 교수들이 전공과 일치하지 않는 학부 강의 때문에 연구를 방해받는 지경에 이르기도 합니다. 왜 그럴까요? 일반적으로 자연과학의 연구는 '랩lab', 즉 실험실이라는 단위를 중심으로 이루어지죠. 프랭크 도너휴의 책에 그런 비유가 있더군요. 자연과학 분야의 삶을 이해하려면 이 랩이라는 조직 단위를 이해해야 하는데, 그건 마치 "각 교수가 저마다 조직 한가운데 자리 잡고 여러 연차의 대학원생과 박사 후 연구원이 주변 궤도를 공전하는 작은 태양계" 같은 곳이라고요.* 그러니까 이공계 쪽의 랩실은 집단 연구실이면서 지식을 습득하는 강의실인 거지요. 예전에 황우석 교수팀의 실험 조작 사건 때 저도 잠깐 그 랩실의 질서와 구조를 들여다본 적이 있는데, 교수나 선배한테 배워 가면서 협업을 통해 하나의 실험 구조를 짜고 그걸 마치고 나면 각자 쓴 논문이 여러 개 나오는 시스템이에요.

그런데 인문학 분야는 그렇게 공동으로 수행하는 집단 연구가

---

* 프랭크 도너휴, 앞의 책, 85쪽.

가능하지 않아요. 집단 연구라고 해도 각자 맡은 파트를 써서 나중에 조합하는 형식이 되죠. 그런데 인문 사회 분야도 점점 강의실 중심이 아니라 연구실 중심으로, 아니 정확히 말하면 '프로젝트' 중심으로 기획 연구가 이루어지면서 이공 계열의 랩실과 비슷하게 집단 연구 시스템이 생겨요. 그러면서 지도 교수나 선배가 따온 프로젝트에 불려 가서 공동 연구를 하게 되는 경우도 많아졌어요. 이런 경우 자기 연구와 공동 연구 사이에 공통점이 없이 그야말로 순수하게 '밥벌이'로 연구팀의 일원이 되기도 하지요. 심지어 동양정치사상 연구자가 공적개발원조ODA 연구팀에 들어가는 경우도 있고 전공과 무관한 강의를 하기도 합니다. 그러면 연구와 강의 사이에 분절이 생기죠. 하지만 인문학은 아직도 연구보다 강의의 비중이 훨씬 높은 분야거든요. 일례로 국문과 박사과정생들은 프로젝트 연구보다는 글쓰기 수업 같은 강의를 통해서 학비를 충당하거나 강의 경력을 쌓기 시작해요. 교양 글쓰기가 필수 과목이기 때문에 강의가 많이 배정되거든요. 다른 학과도 마찬가지로 대부분 전공보다 교양 과목에서 강의를 맡을 확률이 높고, 학부 교양 수업은 대개 포괄적 주제니까 맡은 수업이 자기 전공 분야와 연결은 되지만 아주 직접적으로 연구와 일치할 수는 없어요. 그러면 가르치는 일과 연구하는 일이 서로 어긋나게 되고 혼란이 생기죠. 이때 대부분의 교수들은 가르치는 일을 일종의 간섭 업무라고 생각하고 피로감을 더 느끼는 것 같더라고요. 개인적인 체험치이긴 하지만 강의에 더 열정을 가진 교수들은 비전임 강사들인 경우가 많아요.

그래서 지금 대학교수한테 강의는 마지막으로 하는 귀찮은 일이 됐어요. 한번 물어보세요. 강의하기를 제일 싫어해요. 강의가 그렇게 보람 있는 일이 아닌 거죠. 더 이상 연구와 하나의 과정으로 통합되어 있는 것도 아니고 강의 환경도 너무 안 좋아요. 100명이 넘는 학생들이 가득 들어찬 대형 강의실에서 강의를 한다는 건, 엄청 힘들고 괴로운 일이거든요. 그리고 가장 중요한 건 강의에 사회적 인정과 존경이 따르지 않는다는 거예요. 연구 논문을 하나 쓰면 내 실적이 올라가요. 연구 은행 계좌에 차곡차곡 쌓이거든요. 강의에 신경 쓸 시간에 연구해서 논문 한 편 써내는 게 나아요. 비전임 강사라면 특히 더 그렇죠. 강의를 아무리 잘하고 학생들의 강의 평가가 좋아도 소용없어요. 교수 임용 때 강의 경력만 중요하지 강의 수준이나 내용에 대한 질적 평가를 하지는 않잖아요. 논문도 마찬가지지만 어쨌든 논문은 한 편 한 편이 강의 경력과 비교할 수 없는 '연구 이력'으로 남고 점수가 되지요.

그런데 이렇게 강의가 뒷전으로 밀린다는 건 대학의 기능 중에서 교육이 뒤로 밀린다는 거예요. 이건 정말 심각한 고등 교육의 위기입니다. 학부 교육이 엉망이 되는데 이건 5강 〈교육 없는 대학〉 편에서 좀 더 자세히 살펴보기로 하고요, 오늘은 언제부터 이렇게 연구를 잘하고 연구 결과물이 많은 교수가 훌륭한 교수로 인정받게 되었는가를 알아보려고 해요.

그러기 위해 먼저 뒤집어 봐야 할 것은 '연구 중심 대학' — 이

건 독일의 훔볼트식 대학 모델과는 다른 모델이죠 — 에 대한 환상입니다. 우리는 연구 중심 대학이라고 하면 아주 좋게들 생각해요. '연구 역량을 강화해야 대학다운 대학이지'라고 보통 생각하는데 사실은 그렇지 않습니다. 학생 여러분들은 자기 대학이 연구 중심 대학으로 간다고 하면 반길 게 아니라 경계를 해야 해요. 연구 중심 대학은 대학원을 키우는 거예요. 엄청난 자원이 학부가 아닌 대학원에 쏟아져요. 당연히 학부 교육은 엉망이 되고요. 그런데 희한하게도 연구 중심 대학으로 가면 대학원에서의 교육 만족도도 떨어진다고 해요. 왜 그럴까요? 연구 역량을 키운다는 대학원생들이 점점 프로젝트의 노예가 되거든요. 연구 알바생으로 전락하는 거예요. 연구 중심 대학이라는 건 절대 좋은 것이 아닙니다. 본래 생겨날 때부터 그 취지나 의도 자체가 좋은 게 아니었어요.

### 연구 중심 대학의 탄생

미국의 연구 중심 대학들은 2차 세계 대전이 끝나고 전쟁 관련 연구 운영 체제가 바뀌면서 시작되었습니다. 전시에 전쟁 관련 기술 개발과 연구를 수행하던 인력들이 대거 대학으로 들어오거든요. 이때 정부 지원 연구비가 대학으로 막 쏟아져 들어와요. 그러니까 대학들은 과학자들을 영입해서 연구 단위를 만들고 재정 지원을 확보하려고 혈안이 됐죠. 사실 전쟁 이전까지 미국 대학의 재원은 설립자가 출자한 사립 재단이나 기부에 의존했고 대학의 역할도 연구보다는 교육에 치중했는데, 전쟁을 하면서 정부 지원으로 연구하는 모델이 생겨난 거죠. MIT가 대표적인 경우인데, 2차 세계 대전 후에 MIT를 집중 지원한 것은 국방을 위한 군사 무기 개발 때문이었죠. 엄청난 규모의 국가 연구 용역은 MIT에 막대한 간접비 수입원이 되었어요. 미국 정부로서도 나쁠 게 없거든요. 미소 냉전 시대가 시작되면서 문화적·과학적 냉전도 함께 막이 오른 때라 미국 정부는 국내 학자들뿐 아니라 전 세계 '자유 진영'에 연구소 설립을 지원하고 연구비도 지원해요. 미국에선 전후에 대학에 대한 정부 지원금이 더 몰리니까 연구 수주를 위한 '대학 간 경쟁'이 치열해집니다. 정부도 연구비 지원이 대학을 통제하기 아주 좋은 수단이란 걸 이때 알게 되었죠.*

결정적으로 1957년, 소련이 최초로 인공위성을 쏘아 올려요. 그러니까 미국에서 난리가 났어요. 소련에 졌으니까요. 그 인공위성이 스푸트니크호였는데, 그래서 이 사건을 스푸트니크 쇼크라고 해요. 미국은 전세를 뒤집으려고 기술 개발에 엄청난 투자를 하게 되죠. 국가에서 사활을 걸고 연구를 하라고 각 대학에 엄청난 자원을 퍼붓기 시작합니다. 그 연구가 인문학 연구겠습니까. 사람

---

* 미국에서 연구 대학의 출현과 냉전기 국가 – 자본 – 대학의 연구 개발 컨소시엄의 성립에 대해서는 《냉전과 대학》(노엄 촘스키, 정연복 옮김, 당대, 2001), 《대학과 제국》(브루스 커밍스 외, 한영옥 옮김, 당대, 2004), 《문화적 냉전》(프랜시스 스토너 손더스, 유광태·임채원 옮김, 그린비, 2016)을 참고할 만하다.

이 사람답게 사는 법에 대한 연구겠습니까. 아니죠. 우주 개발이나 군비 확장과 관련된 기술 개발이었어요. 소련을 따라잡으라는 거예요. 엄청난 군산학 복합체 연구 단위를 가지고 그걸 중심으로 연구하는 대학들이 생겨나요. 연구 중심 대학이 시작된 겁니다.

이 연구 중심 대학은 연구비 예산을 가져오고 그 예산을 독자적으로 관리 운용할 대학 행정가들과 프로젝트를 수주하는 핵심 연구자들의 권력을 강화시킵니다. 교수와 학생들로 이루어진 공동체 모델에서 투자를 유치하고 수익을 추구하는 기업형 대학으로의 변화가 여기서 시작된 것이죠. 필연적으로 행정 조직의 비대화를 가져오고 대학 관료 시스템을 탄생시켰죠. '업자 교수'도 그렇게 탄생한 거고요. 그럼에도 미국에는 여전히 리버럴 아트 칼리지 liberal arts college라는, 인문학을 중심으로 교육하는 고전적인 대학 모델도 있어요. 연구 중심 대학으로 대형화하지 않고 그것과 상관없이 '우린 학부 교육만 할래'라고 하는 작은 학부 중심 대학들이 무수히 많습니다. 그런데 한국 사회는 학부 중심 대학과 대학원 중심 대학이라는 구분 자체가 없고, 주류 대학은 학부도 대형화, 대학원도 대형화하는 방향으로 가고 있어요. 학부 지원 사업도, 대학원 지원 사업도 다 주류 대학으로 몰리니까 결국 서울의 상위권 대학들에 정부 지원이 편중되면서 대학의 양극화, 서열화도 심화되는 겁니다.

한국에서 연구 중심 대학에 대한 정책적 지원이 본격화된 게 IMF 지나고 나서예요. IMF는 제조업을 기반으로 한 경제, 그러니까 물건을 만들고 수출해서 먹고사는 경제가 끝났다는 걸 알려 주었죠. 그러고 나서 한국도 본격적인 후기 자본주의 시대에 들어섰습니다. IMF는 금융 시장 개방을 요구했고, 서구식 신자유주의 경제 체제를 도입하도록 제도를 정비했죠. 그리고 물건을 만들어서 파는 이 모델로는 안 되겠다, 뭔가 다른 활로를 찾아야겠다면서 나온 게 '지식 기반 경제'라는 용어입니다. 지식 기반 경제가 뭐죠? 지식으로 돈을 벌자는 거죠. 지식 상품화가 그렇게 시작된 겁니다. 상품화하려면 연구를 해야겠죠. 지금까지 해 온 학문 연구가 아니라 지식과 기술을 돈으로 만드는 연구를 해야죠. 그게 뭡니까. R&D입니다. '연구 개발' 개념이 그거예요. 다르게 돈 벌 수 있는 방법을 연구해서 상품을 개발하자는 겁니다. 지식을 돈으로.

그래서 시작된 게 BK21 사업입니다. 학부생들은 잘 모를 텐데 아마 그 시절에 대학에 있었던 사람들은 한 번씩 들어 봤을 거예요. 'BK'는 '브레인 코리아Brain Korea'라고, 번역하면 '두뇌 한국'이에요. (웃음) 당시 대학들이 BK21에 사활을 걸었어요. 1999년부터 2012년까지 정부가 이 사업으로 대학에, 아니 정확히는 대학원에 엄청난 재정 지원을 하거든요. 자그마치 3조 5000억을 쏟아부었습니다. 어마어마한 규모죠. 그중에 인문학 쪽으로도 돈이 찔끔 흘러와서 제 친구들 중에도 이 BK21의 지원을 받아 박사 과정을 마친 사람들이 많습니다. 물론 그게 공짜는 아니었지만요. (웃음)

그런데 이게 누구 돈일까요. 우리 돈입니다. 국민 세금 3조 5000억을 대학에 퍼 준 거예요. 돈 버는 방법을 연구하라고 퍼부은 겁니다. 이때가 김대중 정부 때예요. 생각해 보면 그 전까지는 대학교수가 그렇게 부유한 직종이 아니었어요. 월급 외에는 딱히 돈 나올 데가 없었거든요. 부업거리도 별로 없었고, 있더라도 교수 체면에 하지도 않았고요. 그러니까 교수들이 지금보다 훨씬 수수했어요. 그런데 BK21을 하고 나서 대학 분위기가 달라졌어요. 일단 행사를 하나 하고 나면 좋은 데 가서 회식을 합니다. 회의하면 회의비 나오지, 자문하면 자문료 나오지, 연구하면 연구비 나오지, 출장 가면 출장비 나오지, 그러니까 자기 돈 내고 밥 먹는 걸 되게 아까워해요. 돈이 몰리니까 민심도 바뀌더라고요. 장학금 자리나 프로젝트 알바 자리, '포닥'이라는 박사 후 연구 지원을 놓고 대학원생들끼리 경쟁도 치열해지고, 유력한 교수 밑으로 줄서기 하고, 끼리끼리 그룹을 지어서 파벌도 만들고, 그들끼리 또 경쟁하고……. 저는 대학원 학문 공동체는 BK21이나 중점 연구소 같은 연구 재단 지원 사업을 하면서 다 망가졌다고 생각해요. 수수하던 교수들도 하나씩 목에 힘이 들어가고, 대학원생들은 좀 더 비굴해졌죠.

어쨌든 그때 주로 지원한 분야가 IT 분야였어요. 김대중 정부 때 벤처 기업을 키운다고 청년 벤처 사업가들을 엄청 지원하고 육성했죠. 지금 청년 창업가들을 육성한다고 지원하는 것과 비슷해요. 당시 분위기로는 곧 한국의 실리콘밸리를 만들어서 세계의 기술 혁신을 주도해 갈 것 같았어요. 이제 1999년에서 세월이 많이 흘렀는데, 어때요? 한국이 세계의 기술 혁신을 주도하고 있나요? 대학원 중심의 연구 역량은 강화되었나요? 왜 국내 박사는 다 기피하고 있죠? 그나마 대학에 자리 잡는 국내 박사는 왜 다 비정규직이죠? 그 3조 5000억은 다 어디 갔나요? 그때 BK21을 보면 좋은 연구도 있었지만, 연구를 위한 연구가 되게 많았어요. 그래도 그 돈을 받으면 대학원생들을 박사 후 과정으로 외국에 보내 줄 수 있고, 장학금으로 학위도 마치게 해 줄 수 있고, 연구 경력에도 남으니까 교수 입장에서는 안 할 이유가 없었죠. 문제는 그게 사회로 환원되었냐는 거예요. 그때 연구 개발 한 것들이 공적 자원으로 다시 환수되었느냐는 겁니다.

### 비판적 지식인은 어떻게 사라졌나

그리고 저는 이때가 한국 사회의 교수 직군들, 지식 엘리트들이 기득권층에 편입된 시기라고 생각해요. 그냥 공부가 좋아서 하던 사람들이 돈과 연계된 프로젝트를 하면서 사업가적 마인드, 업자 마인드로 바뀌어 버린 거예요. 이게 정치적인 이유와도 상관있다고 생각합니다. 김대중 정부에서는 자기 정책을 지지해 줄 이론적 또는 사회적 지원 부대가 필요했거든요. 저는 그게 중간 계급 엘리트들이었다고 생각해요. 실제로 이때 진보적인 학자들을 포함해서 지식인들이 정부 요직에 많이 들어갔어요. 한국학술진흥재단

(학진, 현 한국연구재단)을 통해서 국가 정책을 뒷받침할 연구에도 대거 참여했고요. 김대중, 노무현 정부는 그 어느 정부보다 교수와 지식인을 대접한 정부였죠. 예전에는 그냥 독재를 미화하는 어용 교수와 침묵하는 비겁한 지식인, 그 반대편에 권력을 비판하고 탄압받는 저항적 지식인이 있었다면, 이 시기에는 '참여적 지식인'이란 이름으로 오히려 권력과 친화적 관계를 갖는 이상한 지식인들이 대거 출현합니다. 시민 사회 활동가들, 운동권 출신들, 사회 운동 경력 없이도 그냥 '참여정부'에 한 발 걸친 것으로 은근히 진보적 지식인으로 물타기 된 교수, 학자들 등 이때 기회주의적 중간계급의 엘리트 집단이 대거 탄생한 거죠. 소위 말하는 '신지식인'의 탄생이었습니다.

여러분, 신지식인이라고 혹시 들어 보셨습니까? 김대중 정부가 '제2의 건국 캠페인'이라고까지 하면서 벌인 일 중에 '신지식인 찾기 운동'이 있습니다. 이때 유명해진 '신지식인'이 바로 영화 〈용가리〉의 감독 심형래 씨예요. 텔레비전 광고에 나와서 "새로운 아이디어가 있으면 당신도 신지식인입니다"라고 하던 그는 한때 국민의 정부의 아이콘이었습니다. '새로운 아이디어'란 뭔가요? 돈 벌 아이디어란 거죠. 〈용가리〉가 개척한 영화의 신기원이란 다름 아닌 272만 달러 수출 계약이었습니다. 그게 지식 기반 경제의 실체였어요. 2007년도 〈경향신문〉 기사에 그런 내용이 나와요. 1998년 12월 4일 김대중 대통령 주재로 열린 제12차 경제대책조정회의에서 김태동 정책기획수석이 학력 위주의 지식인 개념을 독창성·능

동성 개념으로 확장시킨 '신지식인상'을 보고합니다. 그리고 다음 해부터 신지식인 찾기 운동이 대대적으로 전개되면서 심형래 씨가 '신지식인 1호'로 선정되었습니다. 김대중 정부가 추진한 신지식인 찾기 운동에 대해 한 교수는 "관 주도로 지식 사회의 개편과 교체를 예고한 서막"이었다고 평가합니다.* 얼핏 보기에는 누구나 지식인이 될 수 있다는 말이 특권화된 지식 권력을 허무는 것처럼 보였지만, 분명히 구분해서 봐야 될 것은 그 전제 조건이었어요. '지식의 부가 가치를 만들어 낼 수만 있다면' 누구나 지식인이 될 수 있다는 거였는데, 이 '누구나 지식인론'에 지식인의 책무를 어디에 둘 것이냐라는 사회철학은 빠져 있었죠.

한 사회에서 지식인이란 존재가 중요하게 생각되어야 한다면 그 이유가 어디에 있을까요. 그건 엄격한 비판 정신과 저항 정신, 그에 토대한 사회적 책임감에 있을 겁니다. 그런데 신지식인론은 그런 지식인의 근본적 의미를 완전히 무시하고 '부가 가치를 생산하는 자'로 만들어 버렸어요. 김대중, 노무현 정부 10년 동안의 외교, 안보, 노동 정책 등에 대한 비판은 많은데 상대적으로 교육 정책, 지식 경제 담론에 대한 비판은 별로 없는 것 같습니다. 정책 비판의 담론 생산자인 지식인들이, 자신이 당사자가 되는 분야에 대해선 비판의 칼을 들지 않기 때문 아닐까요.

같은 기사에서 "학진 체제 아래 지식인들이 신음하고 있다"는

* "[민주화 20년, 지식인의 죽음]1-1. 2007년 한국 지식인의 풍경", 〈경향신문〉, 2007년 4월 23일.

표현도 나와요.* 이 학진 체제를 만든 게 국민의 정부 초대 교육부 장관인 이해찬입니다. 유시민의 책《어떻게 살 것인가》를 보면 당시 이해찬 장관은 대학 연구 지원 예산을 확대하려고 BK21 사업을 계획했고 유시민은 이 학진의 기획실장을 맡아서 구조 개혁을 했다고 나옵니다. 이사장은 박석무 전 민주당 의원이었고요. 당시 대학원생이던 저조차 '학진' 하면 진보적인 연구 지원 단체라 느낄 만큼 진보적 학자, 사회 참여적 교수들의 이름이 함께 많이 거론됐고, 그래서 그게 국가 출연 기관인 줄도 몰랐어요. 아마 김대중 정부의 의도는 — 좋게 생각하면 — 진보적 소장 학자나 신진 연구자들을 육성하려던 것이었겠죠. 처음에는 다들 그렇게 이해했어요. 그런데 당시 '선진화 방안'이라고 도입한, 이 평가를 통한 연구 지원 시스템이 영국과 미국의 전형적인 신자유주의적 대학 통치 수단이었던 거죠. 실제로 어느 순간 보니까 학진 체제 자체가

---

* "한 교수가 말한다. "대학교수에게 중요한 게 두 가지가 있다면 하나는 연구 업적이고 또 하나는 연구비를 따 오는 거예요." 그는 자기 학교에서 우수 교수 평가 기준은 '연구비 수령 건수와 액수'라고 전했다. 이런 현상은 학계의 '빅브라더' 한국학술진흥재단과 관련이 있다. 이른바 '학진'이란 약자로 잘 알려져 있는 이 연구 지원 기관은 학계의 거대한 지배자다. 학진의 힘은 연간 1조 원가량을 쓴다는 사실을 통해 쉽게 알 수 있다. 이 기관의 연구비 지원을 받으려 경쟁하는 체제, 이것이 한국 학술의 레짐(regime, 체제)이다. 프랑스에서 박사 학위를 받아 온 김 모 씨. "전 에세이식 글쓰기를 하는 사람이에요. 그런데 학진 체제 아래서는 빛을 볼 수 없어요. 학진은 정형화된 논문식 글쓰기밖에 요구하지 않기 때문이죠." 이어진 김 씨의 말. "이제 '공부를 한다'는 것은 아무도 읽지 않는 논문 마감 맞추는 걸 가리키는 말이에요. 좋은 평가로 연구비 지원을 받아먹고 사는 '논문 작성 노동자'만 수없이 양산되는 거죠." 그는 "학진 체제 아래 지식인들이 신음하고 있다"고 말했다." - "[민주화 20년, 지식인의 죽음]1-1. 2007년 한국 지식인의 풍경", 〈경향신문〉, 2007년 4월 23일

거대한 학문 권력이 되어 있었어요. 2009년 이명박 정권에서 국제과학기술협력재단과 통합되어 한국연구재단으로 출범한 뒤에는 권력이 더욱 막강해졌습니다. 한 해 예산만 4조 원이 넘어요. 지금 한국은 이 재단이 연구 지원 관리를 통해 학문 세계를 완전히 장악하고 지배하고 있다고 보시면 됩니다. 다들 그걸 알고 있지만 이 체제에 예속되다 보니 누구 하나 제대로 비판할 수 없어요. 거기서 나온 돈이 대학에 그나마 남아 있던 비판적 지식인들에게 치명적 독이 되었고, 그 독이 교수부터 대학원생들까지 흘러들어서 지금처럼 척수부터 말초까지 온 신경이 마비된 대학에 이르렀다고 생각합니다. '민주 정권'을 돕는다는 명목으로 시작된 지식인의 결탁은 이제 경제 권력과도 거부감 없이 친화하며 결탁하고 있지요. 대학은 재벌 총수들에게 명예박사 학위 주기를 영광으로 여기고, 산학 협력이란 이름으로 한 몸이 되고 있습니다. 대기업 연구 용역비를 받는 교수들이 재벌 비판을 어떻게 하겠으며, 재벌 기업 연구소 경력을 자랑삼는 지식인이 어떻게 재벌 개혁을 입 밖에 꺼내겠습니까. 언론계, 법조계만이 아니라 학계에도 이미 '삼성 장학생'들이 넘쳐 나고 있어요.

김대중, 노무현 정부 시기에는 그 어느 정부보다 지식인들의 참여가 많았고 지식인들에 의해 기획된 정책도 많았습니다. 그들은 '위원회 정권'이라고 불리는 노무현 정권에서 주로 비상근 위원장(장관급)직을 맡아 대학에서도 직을 유지한 채 정책 자문 이상의 실질적 권한을 행사한 경우도 많았죠. 대표적인 인물이 김병준 국민대 교수예요. 노무현 대통령의 두터운 신임을 배경으로 '지방분권정부혁신위원회 위원장', '청와대 정책실장', '교육인적자원부 부총리 겸 장관', '청와대 정책기획위원회 위원' 등 숨 돌릴 새 없이 공직에 몸담은 분이죠.* 그랬던 분이 몰락 직전의 박근혜 정권의 부름을 받아 '위기 관리 총리 후보'로 하마평에 오르내렸으니, 이처럼 '민주 정부하의 지식인'의 실체를 잘 보여 주는 사례도 없을 겁니다. 그런데 권력과 지식 엘리트들의 공생체적 결탁이 소위 진보 정권이라 하는 데서 더 경계심 없이 이루어지니 그게 참 문제예요. 박원순 서울시장의 정책에서도 그렇고 다른 진보 교육감 정책들에서도 그렇고 지식인들이 권력을 비판하고 견인하는 역할보다는 그냥 지지자, 봉사자 역할에 만족하고, 그러고도 스스로 진보적 지식인이라고 자가당착적으로 생각하고, 진보 언론은 또 그런 지식인들을 검증도 없이 띄워 주고 있으니. 이 엘리트 집단의 카르텔은 어디서 어떻게 끊어 내야 할까요.

BK21 뒤에 WCU<sup>World Class University</sup>라는 사업도 있었어요. 세계 수준의 대학을 만들자는 사업이에요. 세계 수준의 대학을 만드는 데 여러 가지 방법이 있겠죠. 그런데 이 사업의 핵심은 외국에서 '세계 수준'의 대학교수를 데려오는 거였어요. 석학을 초빙하는 거예요. WCU의 사업 기간이 2009년부터 2013년까지였는데 2013년까지 제대로 하지도 못하고 중도에 흐지부지됐습니다. 초빙한 교수

---

* 〈노무현 정부의 지식인: 등장과 몰락〉(전영평, 《인물과 사상》 2007년 3월호) 참고.

가 한국에서 겨우 한 달 반 있다 가고, 이름만 걸어 놓고 엄청난 금액의 연봉을 받고, 그런 문제들이 계속 밝혀지면서 여론의 비판을 받고 유야무야됐거든요. 여기에 들어간 돈이 8250억이에요. 외국의 유명 교수를 데려오면 한국 대학의 수준이 높아집니까. 어이가 없죠. 8250억은 연구에 지원됐겠습니까. 대부분은 고액 연봉에, 항공료, 숙박비, 체재비, 행사비로 다 들어간 거죠. 근데 이런 사업들을 일반 시민들이 알 수 있나요. 아무도 모르는 사이에 돈이 이렇게 술술 새고 있었던 거예요. 호텔이랑 항공사만 좋은 일 시켜 준 겁니다. 이것도 창조 경제라면 창조 경제겠네요.

BK21 사업은 2012년에 종료됩니다. 그리고 2013년부터 시작된 게 'BK21플러스'예요. 대학 정책은 김대중 정부 때 시작해서 노무현, 이명박, 박근혜 정부까지 참 일관되고 착실하게 이어져 오죠. BK21플러스 홈페이지에 보면 이렇게 써 있습니다. BK21플러스 사업은 "창조 경제를 실현할 석박사급 창의 인재를 양성하고, 창의성에 기반한 새로운 지식과 기술의 창조를 지원하기 위한 사업"이라고요. 또 엄청난 예산이 배정되어 있어요. 그런데 '창조 경제를 실현할 석박사급 창의 인재'는 어떤 사람들일까요? 힌트를 드리자면, 지금 여기 있는 사람은 아무도 아니에요. (웃음)

제가 지금 진행되고 있는 BK21플러스 사업의 연구 지원 리스트를 뽑아 봤어요. 첨단광융합과학사업단, 친환경광전변환소재개발사업단, 뇌인지과학사업단, 융합생명공학, 나노바이오재생의과학, 미래융합에너지리더스……. 대체로 나노, 바이오, 생명, 융합, 유전자 조작, 이런 분야들입니다. 생명 과학이라고 하는 건 뭔가요? 여기에 대한 산업 수요는 대체 어떤 산업 수요인가요? 의료 산업, 생체 산업을 위한 거죠. 윤리적 문제나 위험성이 높은 분야예요. 바이오도 마찬가지입니다. 2016년에 경희대에서 바이오융합학과를 만든다고 했습니다. 그 계획안을 보니까 'GMO 특화'라고 아예 명시해 놨더라고요. '창의 인재'라는 게 전부 그런 거예요. 미래에 우리가 어떻게 살아갈 것인가를 사유하고 그것을 고민하고 연구하는 사람이 아니에요. 자본주의는 다 망했다고 하는데 자본주의의 대안을 찾는 미래는 없어요. 신자유주의의 많은 구조적 병폐들이 나타나고 있는데 이걸 해결하려는 연구도 없어요. 전부 상품 개발과 관련된 연구예요. 미래에 돈이 되는 상품을 개발하기 위한 연구, 이런 연구에는 엄청난 자원과 기술과 인력이 투자돼야 해요. 그 지원으로 기술이 개발돼서 상품화되면 누가 이득을 보나요? 기업이 이득을 볼 거예요. 국가 공공 예산으로 하는 연구 지원 사업을 통해 이런 일들을 하고 있는 거죠. 창조 경제는 누구를 위한 경제인가. 우리를 위한 경제인가. 창의 인재는 누구한테 쓸모 있는 인재인가. 어떤 창의를 요구하는가. 한 번만 생각해 보면 알 수 있어요.

### 연구 윤리의 붕괴

연구 윤리의 문제도 있어요. 잘 알려지지 않았지만 나노 기술 같은 건 굉장히 위험하다고 하거든요. 머리카락 100만분의 1 정도의 작은 소재가 나노 소재인데 지금 그게 안 들어가는 데가 없어요. 마트에 가 보면 나노 치약도 있고 나노 수세미도 있을 정도예요. 그런데 우리가 나노에 대해 압니까. 모릅니다. 나노가 어떤 위험성을 가져올지 모릅니다. 이 나노 기술의 위험성은 가습기 살균제의 위험성과는 비교가 안 되고, 핵 기술에 버금갈 정도로 위험할 수 있다는 경고가 계속 나오는데도 시민들이 아무도 모르는 사이에 연구를 해서 연구의 결과물을 상품화하고 있어요. 치약은 아무것도 아니에요. 2007년 《뉴욕 타임즈》는 '인류를 파멸로 몰고 갈 10대 재앙'을 발표하면서 기후 변화, 유전자 변형 기술과 함께 나노 기술을 지목합니다. 같은 해 미국 환경보호청EPA은 나노 물질이 환경에 미치는 영향과 위험성을 정리하고, 이에 관한 평가와 권고 사항을 제시한 〈나노 기술 백서Nanotechnology White Paper〉를 발간했습니다. 2004년부터 EPA 산하 과학정책위원회SPC에서 논의한 결과를 정리한 것이었어요. 2012년에는 미국 국립연구회의NRC에서 나노 물질의 잠재적 위험성 규명을 위한 새 전략과 시스템이 필요하다는 보고서를 내놓습니다. 나노 물질의 종류와 활용 범위가 급속히 넓어지고 있음에도 불구하고, 이들이 인체와 환경에 어떤 영향을 줄 수 있는지는 아직 불명확하다는 이유예요. 당시 NRC는 나노 물질의 시장 규모가 2015년쯤 3조 달러에 달해 2009년 대비 3,000배가량 폭증할 것으로 예상합니다. 때문에 충분한 관리권과 재정권을 지닌 지휘 시스템을 출범시켜서 다수의 연방 기구를 동원해 포괄적 연구를 시작해야 한다고 주장해요. 이 보고서에 따르면 미국 정부는 향후 5년간 나노 물질의 위험성 관련 연구에 연 1억 2,000달러를 투입할 예정인데, NRC는 이걸로도 부족하다고 경고하고 있어요.* 나노 물질 개발에 대한 제재 기준이나 위험성에 대한 척도 없이 이렇게 나노 기술이 급속도로 상품화되자 국가 차원에서 제동을 건 겁니다. 독일, 프랑스 등 유럽 국가들은 유통되는 나노 물질을 등록하게 하는 등록제를 통해서 나중에 일어날지도 모를 사고에 대비해 최소한 추적 조사라도 가능하도록 장치를 만들어 놓고 있습니다. 만약 국가가 대학에 나노라는 신기술 분야를 연구하도록 지원한다면 이런 연구를 지원해야죠. 시장의 요구, 기업의 요구에 부응할 게 아니라.

하지만 나노 과학이나 신소재 개발 같은 것들을 집중적으로 지원해서 비윤리성에 대한 비판의 칼날을 피해 가고 대학 교육 과정에서 기업이 필요한 신산업 기술 노동자를 육성하는 사업이 BK21플러스입니다. 여기 연구 지원 목록에 스포츠, 문화 융합, 이런 것도 나오더라고요. 스포츠와 문화 산업은 소비 자본주의, 투기 자본주의, 금융 파생 상품과 융합된 대표적인 시장이죠. 가장 많은 자본이 투자되는 시장 영역이 대학에서 가장 많이 지원되는 분야와 일치하고 있습니다. 대학을 공공재로 생각한다면 오히려 국가 예산을 시장성이 없는 분야, 하지만 사회적으로 꼭 필요한 분야에 연구 지원을 해야 하는데 말이죠.

* 정보통신산업진흥원, 〈신성장 동력〉 24호, 2012년 2월.

이런 환경에서 어떤 교수가 힘 있는 교수가 되겠습니까. 프로젝트를 많이 따 오는 교수지요. 기왕이면 1000만 원짜리 말고 1억짜리 따 오는 교수가 더 우대받겠죠. 앞에서 말했잖아요. 프로젝트 수익의 10퍼센트는 학교가 갖는다고. 1000만 원짜리를 따 오면 학교는 100만 원밖에 못 먹지만 1억짜리를 따 오면 학교는 앉아서 1000만 원을 먹거든요. 단가가 달라요. 그런 교수들이 학교 안에서도 정치적으로 입지를 굳히고 더 큰 발언권을 갖게 되는 거죠.

저는 이 '프로젝트'가 대학 사회를 파괴하고 교수들의 영혼을 타락시킨 주범이라고 생각해요. 프로젝트 대학에서 교수들은 파우스트가 되었습니다. 단적으로 프로젝트를 하면 학교에서 법인카드를 줘요. 교수들에게 금권을 주는 겁니다. 그래서 '법인카드 있는 교수'가 학교 안에서 중요한 사람이 되고 뛰어난 사람이 되는 거죠. 저도 받아 봤는데 굉장히 뿌듯해요. 카드에 '경희대학교' 이렇게 써 있거든요. 그런데 일단 예산으로 프로젝트를 하고 연구하는 데 길들여지고 나면 다음부터는 돈이 없으면 움직이지를 못해요. 상상력이 빈곤해지는 거예요. 밥을 한 끼 먹는 것도 어디서 돈이 나와야 하고, 세미나를 하거나 회의를 하더라도 다 예산이 책정돼 있어야 해요. 돈이 안 들어가면 실천이, 연구가, 어떤 결과물도 나오지 않는 양상으로 확산되는 거죠.

이 법인카드를 쓰는 대가, 연구 지원비를 받는 대가는 실로 어마어마합니다. 많은 교수들은 직간접적으로 각종 프로젝트를 쉬지 않고 하고 있고, 가능하면 뭐 하나라도 연구 지원비를 받으려고 하죠. 그렇게 연구 지원비를 받는 게 상시화되면 월급 외 부수입이 가계 수입에서 무시할 수 없을 정도의 비율을 차지하게 됩니다. 가계란 수입의 총액에 맞춰 설정되는 것인데, 이 부수입이 가계의 준고정 수입이 되어 버리면 다시 생활 규모와 수준을 낮추기가 어려워요. 소비의 하방이 생각처럼 쉽지 않거든요. 돈의 노예가 된다는 게 다른 게 아닙니다. 그리고 그런 식으로 돈에 매이게 되면 연구의 자율성을 포기할 수밖에 없어요. 자기가 하고 싶은 연구, 사회적으로 필요한 연구는 뒷전으로 밀리고 프로젝트형 연구들만 계속 하게 되니까 결국은 학자로서 자기 연구의 길, 자기의 언어를 잃어버리게 됩니다. 프로젝트로 들어오는 연구 지원비가 지원이 가장 필요한 사람들에게 가지 않고 전임부터 말단 조교까지 빈익빈 부익부 형태로 배분되는 것도 문제지만, 맨 꼭대기서부터 말단까지 돈에 매여서 연구에 대한 자기 주도성을 상실하게 되는 게 더 큰 문제라고 봐요.

그리고 교수가 프로젝트를 하는 과정에서 계속해서 상품 생산과 서류의 명령을 요구받거든요. 연구 주제에 집중하는 게 아니에요. 내용보다는 겉으로 보이는 형식, 그러니까 심사위원들의 눈에 띄도록 보고서를 쓰는 방식, 예산 집행, 처리, 인적 자원을 어떻게 동원할지, 결과물을 어떻게 그럴싸하게 포장할지, 그리고 어떤 식으로 학교 자원으로 이용할지 등에 집중하게 돼요. 프로젝트는 교수들이 시장의 마인드에 길들여지는 지름길입니다. 단적으로 말하자면 연구를 포장해서 팔아먹는 거예요. '포장 기술'이 실제 내용보다 중요해집니다. 대학의 시장화라는 건 대학 내 성원들이 모두 그런 '상인 정신'에 물든다는 거예요. 그 마인드로 보기 시작하면 학생이 고객, 수입원으로 보여요. 교수, 직원, 업자 중에서 업자의 정체성이 가장 강한 사람으로 남게 되는 거죠. 업자의 정체성이란 게 결국 물건을 팔아먹는 것을 제일 우선하는 상인의 정신이고 시장의 정신인데, 요새는 그걸 '기업가 정신'이란 말로 그럴싸하게 부르잖아요.

더욱이 대학에선 이런 상인 정신이 관료 정신과 일체화됩니다. 사업 규모가 커질수록 프로젝트 수주를 위한 행정 지원이 필요한데 그래서 프로젝트 교수들은 학교 행정과 긴밀하게 얽혀 들어갈 수밖에 없어요. 사실상의 공범 관계가 되는 것이죠. '산학 협력 과정'이란, 교수의 연구 프로젝트와 학교의 수익 추구와 자본의 영리 추구를 더 이상 구분되지 않는 한 몸으로 만들어 주는 공정입니다. 외부적으로는 업자이면서 내부적으로는 관료화되는 거죠. 프로젝트 사업단의 일부, 프로젝트 생산 공정 라인의 일부가 됩니다. 이게 아주 위험해요. 아이히만Otto Adolf Eichmann 같은 식의 변론이 연구자들한테 내면화되거든요. 아이히만은 유태인 학살 계획의 실무자였으면서도 자기 책임을 모두 상관에게 미룬 독일의 나치 전범이죠. 관료화된 대형 사업단에서는 총장이 시켜서, 학장이 시켜서, 교수가 시켜서, 박사 선배가 시켜서 이런 식으로 책임 윤리를 계속 회피하는 구조를 만듭니다. 이 연구가 사회적으로 어떤 결과를 가져올지 전체적 시야를 가질 수 없고, 그런 통찰력이 생기더라도 당장 보고서 마감 기한을 맞추는 게 급선무가 됩니다.

내가 맡은 일을 해내지 못하면 결국 팀 전체에 피해가 돌아간다는 압박 때문에 다른 문제 제기를 할 수가 없어요. 제 경험에 비추어 보면, 보고서를 나눠서 각각 한 부분씩 작업하는 과정에서 그걸 안 해 주거나 내가 맡은 부분을 다른 기조로 쓴다는 건 상상도 할 수 없는 일이에요. 체세포 복제 연구 당시 실험 보고서를 조작한 황우석 교수 연구팀도 그런 시스템 속에서 탄생한 괴물이었고요. 관료화된 연구 조직 내에서 연구자들이 행정가 마인드와 집단의식에 지배당했을 때 가장 치명적인 문제가 연구 윤리의 붕괴입니다.

### 테크노크라시를 해체하라

옥시레킷벤키저(옥시)에서 돈을 받고 옥시 측에 유리하게 보고서를 조작해 써 준 조 모 서울대 수의과대학 교수가 1심 재판에서 징역 2년형을 선고받았습니다.* 그 판결을 보고 피해 유가족들이 막 울더라고요. 옥시 가습기 살균제 때문에 죽은 사람이 몇이

---

* 조 씨는 지난 2016년 9월, 1심에서 2011~2012년 옥시 측 부탁으로 살균제 성분 유해성이 드러나는 실험 내용을 의도적으로 누락해 '가습기 살균제와 폐 손상 사이 인과관계가 명확하지 않다'는 취지의 보고서를 써 준 혐의(증거 위조)가 인정돼 징역 2년의 실형을 받았다. 하지만 2017년 4월 2심에서는, "가습기 살균제의 위해성 여부는 사회적 관심이 집중된 중요 사안이었던 점 등을 고려하면 간질성 폐렴 항목 데이터를 합리적 설명 없이 임의로 누락하는 것은 허용되지 않는 행위였음이 명백하다"고 혐의를 인정했던 1심 재판부 판결을 깨고, 연구비 횡령만을 인정한 채 실험 증거 위조에 대해서는 무죄를 선고했다.

고 지금도 그 고통 속에서 살고 있는 사람이 몇입니까. 폴리페서 polifessor라는 말이 있잖아요. 연구는 뒷전이고 정치권력이라든지 이권에만 관심이 있어서 정치계를 기웃거리는 교수들을 폴리페서라고 하는데 저는 폴리페서보다 '회피의 윤리'를 내면화한 행정 교수들이 훨씬 더 위험한 존재라고 생각해요. 정치 교수들은 어쨌든 행적이 남잖아요. 어느 쪽에 줄을 대고 있는지, 입장이 뭔지. 그래서 입장에 따라 나중에 평가도 받을 수 있고 비판도 받을 수 있는데 이 행정 교수들이 한 일은 오직 방대한 행정 서류로밖에 남지 않아요. 그래서 좀처럼 드러나지 않습니다. 접근하기 힘들고 검토하기 까다로운 행정 서류 속에서 대학이, 학문이 다 망가지고 있어요. 각종 대학 재정 지원 사업의 신청서를 보면 그렇게 어렵고 복잡할 수가 없어요. 행정 용어의 심오함이랄까. 학생들이 검증하기 어려워요. 대학 밖에 있는 사람들이 그걸 찾아내기는 더 어렵고요. 그러니 옥시 교수 같은 수많은 대학의 업자들이 어떻게 보고서를 조작했고, 결과를 부풀렸고, 대학과 사회에 끼친 손실을 이익으로 둔갑시켰는지 아무도 모를 수밖에 없어요.

  그렇기 때문에 교육과 학문에 대한 민주적 통제가 시급합니다. 연구 결과물을 만인이 볼 수 있도록 공개해야 해요. BK21 같은 사업에 정부 예산이 3조 5000억씩 들어갔잖아요. 그럼 그 결과물도 모두의 것이어야죠. 공개하는 것만으로는 안 돼요. 의사들이 차트에 적어 놓은 말을 우리는 봐도 알 수 없는 것처럼 그걸 공개해 봐야 우리는 해독을 못 해요. 그러니까 공공적인 지적 결과물로서 우리가 활용할 수 있게끔 민중의 언어, 시민의 언어, 일반의 언어로 번역하는 과정까지 국가 서비스로 제공해야 돼요. 우리가 그 사람들이 연구해 놓은 걸 보고 이놈이 사기 쳤구나, 거짓말했구나를 판단할 수 있을 정도의 정보를 줘야 한다는 겁니다. 그래야만 테크노크라시technocracy가 해체돼요.

테크노크라시는 정말 대표적인 반민주주의 체제라고 할 수 있어요. 너무 복잡하고 어려우니까 아무도 모르게 만들어 놓은 거잖아요. 나노 기술이나 원자력 기술 같은 것이 대표적이에요. 그걸 감당하고 살아야 하는 우리들은 아무것도 알지 못하는데, 그게 실은 우리의 삶에 가장 크고 치명적인 영향을 미친단 말입니다. 이런 시스템을 통해 계속해서 이권을 얻고 수혜를 누리는 사람들은 '업자가 되어 버린 교수들'입니다. 피해는 만인이 보고 이익은 특정한 사람들이 챙기면서 불상사가 나도 아무도 책임지지 않는 이 테크노크라시를 해체해야 해요. 연구 결과물에 대해서 강력하게 책임을 지도록 요구해야 합니다. 토지나 건물에 대해 등기부등본을 열람할 수 있는 것처럼 연구물에 대해서도 연구자 이름을 확인하고 그 사람의 연구물들을 일별해 볼 수 있는 연구 이력 제도를 만들면 좋겠어요. 누구든지 접근하고 볼 수 있도록 정보를 공개하고요. 그것만으로도 부족하죠. 책임을 져야 해요. 지금은 옥시 보고서 조작 사건처럼 연구 조작으로 인한 피해가 생겨서 누군가가 고소를 해야 민사 재판이 열리잖아요. 그게 아니라 공공의 생명 안전과 직결된 연구에 대해서는 공적 감시와 관리 체제를 만들어야 해요. 그 연구가 미칠 해악과 사회적 피해가 굉장히 크기 때문에 연구 윤리 위반에 대해선 강력한 처벌과 제재 조치를 해야 합니다. 진보적 사회과학 도서를 소지하고 데이터베이스화했다는 이유로 대학 밖의 지식인, 노동자들은 감옥에 보내면서 논문을 표절한 교수는 국회의원도 되고 학위를 위조한 교수는 총장도 될 수 있는 사회는 결코 좋은 사회가 아닙니다. 연구 윤리 위반 행위에 대해서는 이 지식 업자들의 담합을 더 이상 봐주면 안 됩니다. 그래야 지식인들이 사회적으로 필요한 지식인으로서 책무를 다하고, 연구자와 교육자로서의 정체성을 갖는 교수로 다시 돌아올 수 있습니다. 교수들이 권력과 자본보다 민중과 시민들을 더 두려워하는 체제, 그런 사회라야 우리는 좋은 연구자, 훌륭한 학자를 가질 수 있습니다.

그럼 우리가 해야 할 일은 뭘까요. 일단 아무리 좋아 보이는 말이라도 의심하고 또 의심하는 거예요. 지난 시간에 제가 신자유주의의 개념을 운반하는 단어, 키워드에 대해서 설명을 드렸어요. 미래, 창조, 혁신, 융·복합, 통섭 같은 것들이요. 단어 자체는 좋잖아요. 이런 것들이 실제로 어떤 사회적 맥락에 놓여 있는지를 봐야 해요. 다음으로, 사회적 역사성과 총체성의 사유를 훈련하는 겁니다. 이 대학이 내걸고 있는 '후마니타스'도 이념으로서는 굉장히 좋죠. 근데 그 후마니타스칼리지를 갖고 우리가 뭘 만들어 냈는지 봐야 해요. 김대중, 노무현 정부 때 인적 자원을 개발한다면서 BK21, WCU 사업들을 통해 대학을 신자유주의적으로 구조 조정해 내는 근간을 만들었듯이 이 후마니타스칼리지도 이 멋진 이름을 걸고 실제로 하고 있는 내용이 무엇인지, 의심하고 또 의심하면서 진행되는 역사 위에 놓아 보아야 합니다. 마지막으로 연구자 및 연구 결과물에 대한 시민 감시 기관이 필요합니다. 엘리트에 대한 통제를 엘리트 집단 내부에서 수행하도록 하는 건 고양이한테 생선 가게를 맡기는 격이에요. 동업자 카르텔 안에서는 제대로 된 비판과 감시, 견제가 이루어질 수 없어요. 때문에 연구물에 대한 공공 관리, 연구자의 연구 이력에 대한 데이터 축적, 연구 윤리 위반 사실에 대한 공개, 연구의 투명성과 공공성을 요구할 수 있는 시민 영역이 반드시 필요합니다.

5강

# 교육 없는 대학

5.31체제에서 4.16체제까지

다섯 번째 열린 강좌의 주제는 교육 없는 대학입니다. 지난 강의에서 학생 없는 대학, 교수 없는 대학을 살펴봤잖아요. 대학에 학생이 없고 교수가 없는데 교육이 있을 리 만무하죠. 여기서 이루어지고 있는 것이 교육이 아니라면 과연 무엇일까요. 오늘 그걸 물으려고 합니다.

### 대학 교육은 심화 교육

우리는 대학에 왜 가야 하나요? 여러분은 무엇을 배우기 위해 대학에 왔나요? 대학에 와서 무엇을 배웠나요? 대학이 교육의 장소인 한 이 질문에 답하지 않고서는 대학의 존립 이유를 말할 수 없습니다. 초등학교에서의 교육을 초등 교육, 중·고등학교에서의 교육을 중등 교육, 대학에서의 교육을 고등 교육이라고 합니다. 초등 – 중등 – 고등 교육이라고 하는 이 학제는 서양의 근대 교육 체계에서 도입된 것이죠. 읽기와 쓰기, 산술, 공동체에서 살아가기 위한 기본 윤리와 질서의 함양, 몸과 마음을 튼튼하게 길러 건강한 사람으로 자라기 위한 예술 체육 교육을 마치면 중·고등학교에서는 이후 진로와 관련된 본격적인 준비 과정이 시작됩니다.

독일의 경우 초등학교인 '그룬트슐레Grundschule'를 마치고 나면, 학생들은 '레알슐레Realschule'라고 불리는 직업 학교로 가기도 하고, 상급 학교 진학을 위한 중간 과정인 '하우프트슐레Hauptschule', 우리말로 '중학교'에 갑니다. 중급 학교를 마친 후에는 '김나지움Gymnasium'이라는 고등학교에 진학하고, 이후에 대학에 갑니다. 김나지움은 사실 대학을 위한 기초 과정이라고 할 수 있어요. 대학 교육 과정을 수행할 수 있을 만큼의 기초를 닦았다는 인증 시험이 '아비투어Abitur'인데, 이 아비투어는 고교 졸업 시험이자 동시에 대학 진학 자격 시험입니다. 그리고 대학에 진학하면 중등 교육과 질적으로 다른 '고등 교육'이 시작됩니다. 예전에는 이 과정이 신분에 따라 철저히 분리되어 있었어요. 김나지움에 입학할 수 있는 자격에는 '신분'이 필요했죠. 노동자의 자녀들은 대학에 가고 싶어도 김나지움에 들어가지 못했습니다. 김나지움을 졸업하면 국가의 하급 관리나 일반 사무직으로 일할 수 있었고, 대학은 그보다 더 소수의 특권층에게 허락된 곳이었죠.

이 '우니베어지테트Universität', 줄여서 '우니Uni'라고 불리는 대학에선 정신과학Geistwissenschaft을 배웁니다. 문학, 역사, 철학 같은, 오늘날 우리가 '인문학'이라 부르는 것이죠. 대학 교육은 철저하게 사변적이고 이론적인 학문을 중심으로 이루어집니다. '과학'이라 부르는 자연과학Naturwissenschaft도 마찬가지예요. 대학에서의 '과학'이란 실용화, 상품화를 위한 응용과학이 아니라 이론과 가설을 토대로 자연 세계의 질서를 해명하는 기초 과학으로 물리, 화학, 생물학 등입니다. 기억해 주세요. 자연과 인간의 세계를 해석하고 설명하는 일을 교육의 사명으로 삼고 진리의 총체성을 획득하는 장소가 이 우니베어지테트라는 '종합 대학'입니다. 응용 기술 과학을 배울 수 있는 곳은 따로 있어요. 그곳을 '호흐슐레Hochschule'라고 부릅니다. 우리말로는 '고등학교'지만 이 역시 중등 교육 다음 단계인 고등 교육 기관으로서의 대학입니다. 이론과 사변 중심의 대학이 아니라 기술을 더 중시하는 대학이에요.

제가 독일에서 공부할 때 준코라는 일본 학생과 친하게 지냈는데 준코는 호흐슐레에 다니다가 우니로 다시 들어온 친구였어요. 피아노와 작곡을 전공했는데 작곡을 좀 더 공부하려고 우니에 들어온 거였죠. 그런데 들어와서 보니까 라틴어를 필수로 해야 한다는 거예요. 중세 화성법과 대위법에 대한 문헌을 봐야 한다고요. 매일 피아노만 치던 사람이라 라틴어라는 언어도 처음 들어 봤는데 그 언어로 책을 읽어야 한다니 청천벽력 같은 소리였죠. 그때 제가 고전문헌학Philologie을 부전공하고 있다는 이야기를 다른 친구한테서 전해 듣고 도움을 청하러 왔다가 친해진 거였어요. 이를테면 그런 차이예요. 같은 작곡이어도 전문 대학과 일반 대학에서 교육하는 방식이 전혀 다른 것이죠. 한국에서는 일반대의 단과 대학으로서 예술 대학과, 특화되어 있는 독립 단과대나 전문대의 예술 대학 사이에 큰 차이가 없지만요.

어쨌든 유럽 대학의 학제는 이렇게 이론과 사변, 즉 테오리아theoria를 중심으로 하는 고등 교육 기관과 기술·예술을 중심으로 하는 고등 교육 기관이 이원화되어 운영되는 시스템이죠. 유럽의 대학들은 대부분 그런 것 같아요. 직업 준비와 실무 교육을 담당하는 전문 대학과 학문을 위한 교육을 담당하는 일반 대학이 구분되어 있어요. 그런 전문 대학을 독일에선 호호슐레, 프랑스에서는 콜레주$^{Collège}$라고 합니다. 또 위상이 조금 다르기는 하지만 영국에도 폴리텍 대학$^{Polytechnic}$이라고 하는, 옥스퍼드나 캠브리지 같은 대학과 구분되는 과학·기술 전문 학교가 있죠.

이런 학제는 유럽의 대학이 태동할 때부터 있던 '지식의 위계'에 따라 형성된 것이라고 볼 수 있어요. 자유인들을 위한 학예$^{ars\ liberalis}$와 비자유인을 위한 학예$^{ars\ illiberalis}$라고 해서 신학, 철학, 법학같이 머리 쓰는 공부와 건축이나 예술, 기술같이 몸으로 하는 공부를 딱 나누어 놓고 그 사이에 '신분'이라는 넘을 수 없는 벽을 쳐 놓은 것이 오늘날 인문 대학(일반 대학)과 기술 대학으로 구분해 교육하게 된 시초라고 할 수 있습니다. 정신적 학문을 배운 이들은 고급 관리나 지배자가 되었고, 육체적 학문을 배운 이들은 그 아래 중간층 기술직이나 하급 관료가 되었죠. 유럽에서는 1968년의 교육 혁명을 기점으로 이 구분에서 '신분'이라는 입허장이 무력화되고 노동 계급의 자녀들도 일반 대학에 들어가는 것이 가능해졌습니다. 물론 여전히 그런 '사변의 시간'을 대학에서 오래 보낼 수 있는 사람들은 생업과 물질적 필요로부터 자유로운 사람들이었지만요.

직업 학교와 인문 학교를 이렇게 일찍부터 나눠서 진로를 결정해 놓는 게 꼭 좋은 것인지는 모르겠어요. 유럽의 전통이 강하게 남아 있는 학제인 건 분명해요. 아마 한국에서 중등 교육 단계부터 그런 이원화 교육을 한다고 하면 정서적 반감이 클 거예요. 우리도 고등학교 때부터 갈라지긴 하지만요. 아무튼 북유럽 나라들은 왕실 제도나 귀족 집안이 아직 남아 있는 것도 그렇고 의외로 그런 문제에 거부감이 적은 것 같아요. 노동 계급의 정치적 권리가 지속적으로 신장되면서 임금이나 사회적 지위에서 화이트칼라와 블루칼라 노동자들 간의 격차가 많이 줄어들어 굳이 대학에 가서 학위를 통해 특권적 신분을 얻어야 할 필요가 없어진 이유도 있을 겁니다.

보통 대학 교육을 '고등 교육higher education'이라고 하는데 저는 이 표현도 좀 잘못된 것 같아요. 인간의 발달 과정에 따른 학제가 상하고저로 구분되는 이름을 가지면서 신분의 위계를 표현하거든요. '고등 교육은 고등 인간, 신분이 높은 사람들의 것'으로 받아들이게 되니까요. 또는 그런 교육을 받은 사람을 모든 면에서 수준이 높다고 생각하고 그 앞에서 스스로 '낮은 자'가 되지요. 이런 표현을 만든 건 아마도 신분이 높은 분들이었을 거예요. 인문 교양 교육을 '자유인을 위한 학예'라고 부르는 데 거부감이 없었던 사람들도 마찬가지였을 테고요. 하지만 대학 교육은 12학년 다음에 오는 13학년이 아니고요, 고3 위에 있는 고4가 아니에요. 따라서 대학 교육을 '고등 교육'이라 부르는 건 건물의 저층/고층이나 초·중등학교에서의 저학년/고학년과 같은 개념으로 등치될 수 없습니다. 대학 교육의 대중화 시대라고 해도 전문화와 심화라는 교육의 성격으로 보자면 여전히 그 교육은 모든 사람에게 필요한 교육이 아니라 필요한 사람에게만 해당되는 교육이에요.

저는 대학에 아무나 갈 수 있어야 하지만 모두가 갈 필요는 없다고 생각해요. 아무나 갈 수 있어야 한다는 의미는, 돈이 있건 없건 갈 수 있어야 한다는 의미고 자격 기준이 높아질수록 그것을 얻기 위한 자본 투자가 비례하게 되니까 아비투어나 바칼로레아 Baccalauréat 같은 고교 졸업 시험으로 대체하자는 주장이죠. 고등학교 과정을 수료하는 것 자체가 대학에서 공부할 수 있다는 인증이 되어야 하는데 전국적으로 입시를 다시 보는 것이 이상하잖아요. 입학 성적은 대학 교육의 결과가 아닌데 그 성적이 대학 서열화의 기초가 된다는 것도 모순적이고요.

한편 모두가 갈 필요 없다는 의미는, 고교까지의 교육이 정상화되면 굳이 인문 교양 수업을 듣기 위해 대학에 갈 필요가 없다는 것이죠. 입시 교육 때문에 중등학교에서 해야 할 인문 교육, 시민 교육을 대학에 유보시켜 놓고 이제 대학에 왔으니 고등학교 때 못 해 본 공부를 해 보라고 하는 것은 선후를 망각한 처사입니다. 입시 폐지와 고교 교육 정상화를 하고 대학 교육도 본분에 맞는 교육으로 정상화해야죠. 교육을 다음 단계로 자꾸 유보시키는 건 청소년기를 연장시켜 사회 진출 시기를 늦추는 생애 주기 관리와 같은 맥락에서, 교육을 수단으로 한 일종의 생명 통치 전략으로도 볼 수 있습니다. 푸코가 말한 그 생명 통치의 개념 말입니다.

일반적으로 대학 교육을 교육 과정상의 최종 단계라고 본다면 심화나 전문, 또는 최종 학교 — 제도 학교에서는 마지막 코스니까 — 라는 표현이 어떨까요. 정확히 말하자면 대학 교육이란 한편으로는 이론과 사변에서의 심화 학습이고 한편으로는 예술과 기술에서의 심화니까요.

## 대학의 존재 이유

그럼 지금 우리의 대학은 어떤가요. 무엇을 배웁니까. 독일을 비롯한 서구 대학들은 이론과 사변을 중시하는 연구대학 전통이 강하고, 미국의 대학들은 전문가 양성이라는 실용 중심 대학의 전통이 강합니다. 보통 한국 대학이 이념에서 이상적으로 추구하는 건 유럽 대학 전통 같은데 실제 구조나 운영 방식은 미국식에 가깝지요. 진보적 시민 사회는 역시 '유럽 모델'을 좋아하는 것 같고요.

저는 미국식의 실용주의적 전통이 유럽의 대학들에 비해 그렇게 나쁘다고 생각하지 않아요. 초기 미국에서 대학교가 설립되는 과정을 보면, 마을을 만들고 도시를 세우고 시민 공동체가 형성되는 과정에서 사회적 필요에 의해 대학도 만들어지거든요. 귀족 중심적, 국가 주도적인 유럽보다 훨씬 더 대중화된 형태로 탄생했고 지역 사회가 주도권을 쥔 모델이 미국의 대학이라고 할 수 있어요. 다만 맨땅에 대학을 짓다 보니 재벌 또는 지역 사회의 유력 인사들이 모여서 출자한 돈으로 설립하게 되고, 결과적으로는 귀족 학교가 됩니다. 동부 아이비리그 대학들이 대표적으로 그런 학교들이에요. 반면 주립 대학들은 귀족화되는 대학에 반발해서 일반 서민, 중산 계급의 자녀들도 다닐 수 있는 학교를 만들어야 한다는 사회적 요청에 따라 만들어졌어요. 그런 대학들은 또 그 요구를 대학의 책무로 받아들일 수밖에 없지요. 적어도 초기에 지식인과 전문가를 바라보는 미국식 관점, 그러니까 귀족적 탁월성이라는 아우라 없이 사회로부터 위탁받은 전문 기술자, 전문 과학자를 바라보는 그 관점은 지식 계급을 지배 엘리트로 바라보는 관점보다 훨씬 건강하지요. 유럽의 대학들도 1960년대 후반의 대격변기 이후 국·공립화 과정을 거치면서 지식인은 사회의 위탁 전문가이고 시민 사회는 일종의 지적 채권자인 관계로 변모해요. 그건 대학에 대한 책무를 국가와 사회가 공적으로 떠안고 대신 그 지식인과 지적 결과 역시 사회적으로 공공재화하는 '대학 공공성'의 토대 위에서 가능한 것입니다. 대학에서의 배움, 교육이란 것이 전체 사회가 필요로 하는 '심화된 전문 지식' — 그게 이론이든 기술이든, 기초 학문이든 응용 학문이든 — 을 익히는 것이고 대학은 그런 '전문적 지식'을 가진 사람을 양성하는 교육 기관이 되는 거죠.

이런 관점에서는 어떤 사람이 하는 일을, 사회 구성원 모두를 위해 중요한 일이냐 아니냐를 기준으로 판단할 수 있어요. 그런 기준으로 바라보면 라틴어로 된 아우구스티누스의 저서를 번역해 줄 수 있는 학자나 중세식 벽돌 길을 만들 수 있는 벽돌공 장인이나 똑같이 사회적으로 소중한 전문가들이에요. 공공의 생명과 안전을 책임진다는 점에서 소방관이나 의사나 똑같이 사회적 존경을 받아야 하고요. '사회를 위해서'라는 관점에서 보면 유치원 교사에게 대학교수보다 훨씬 더 중요한 사명이 필요하고 그만큼의 대우가 필요하다고도 할 수 있지요.

그 공공성의 원리가 깨어지면 대학 교육은 공동체를 위한 교육이 아니라 개인들이 자신에 대해 '투자'하는 행위가 될 수밖에 없습니다. 그리고 교육의 성과를 개인의 탁월함에 귀속시키고 그로 인한 소득과 지위 또한 그 탁월함에 걸맞게 개인에 귀속시켜야 한다고 생각하게 돼요. 대학교수의 임금이 교사보다 높은 이유를 그들이 그만큼 오랜 교육 기간 동안 금전적, 시간적으로 '투자'했기 때문이라고 정당화할 수 있는 것은, 교육을 공동체 교육이 아닌 개인의 자본 취득 과정으로 이해할 때만 가능하죠. 그래서 더 어려운 걸 배운 사람, 더 오랜 시간 배운 사람, 소위 말해서 '가방끈 긴 사람'한테 그만큼 대접해 줘야 한다고 주장할 수 있는 것이죠.

특히 '고등 교육'이라고 불리는 대학 교육은 그 차등화에서 변별력 있는 기준으로 사용되기에 아주 그럴듯합니다. 되게 어려운 것을 한 거니까요. 사실 한국은 대학에서의 심화 공부가 어려운 게 아니고 대학에 '들어가는 것'이 어려운 거지만 어쨌든 어려운 걸 했다 치고, 성적이 높으면 더 열심히 했다 치고, 시간과 노력에 상응하는 보상을 사회가 해 줘야 한다고 주장하는 겁니다. 그래서 '전문가'를 키우는 대학에서의 교육은 '일반 시민'을 키우는 초·중등 교육과 달리 공동체 교육이라는 관점보다 결국 수혜자가 편익과 특혜를 독점하는 사적 성격으로 바라보는 관점이 점점 우세해지고 있어요.

그건 우리가 한 번도 공적 지식인 또는 민중을 위한 지식인을 가져 보지 못해서이기도 합니다. 그렇잖아요. 경성제국대학을 나온 인간이 나라를 위해 일했나요. 외려 일본 제국의 관리가 되어 제 나라 사람들을 착취하고 핍박하는 데 앞장섰지요. 국립 대학인 서울대 출신은 나라를 위한 인재가 되었던가요. 국비로 유학 보내 가며 공부시킨 장학생들은 그렇게 영어를 잘하고 서양 학문을 많이 배워 와서 이 땅의 가난한 사람들한테 그 빚을 갚은 적이 있던가요. 이 땅의 '고등 학문'이란 언제나 개인의 출세 도구, 지배의 정당성을 위한 수단으로 쓰였고 그게 항상 먼저였어요. 그러니 그 글자에 짓밟힌 가난한 부모들이 한이 맺혀서 자기는 굶어도 자식들은 악착같이 공부시켜 의사 만들고 판사 만들려고 했던 것 아닙니까. 우리가 그런 걸 다 봤단 말입니다. 그러니 부자든 가난한 사람이든, 자본가든 노동자든, 배운 것은 다시 사회로 돌려줘야 할 빚이라 생각하지 않고 다 자기 인생을 구제할 수단이라 여겨요.

그래도 노동의 세계로부터 공동체적 윤리를 익힌 세대는 더 배운 사람일수록 똑바로 살아야 한다는 윤리가 작동했어요. 그것도 대학보다는 민중적 세계에서 배운 것이 더 컸지만요. 어쨌든 지식과 삶의 윤리가 상호 강제하는 부분이 있었는데, '지식 기반 경제' 같은 말이 버젓이 돌아다니는 요즘은 그런 것도 없어졌어요. 엊그제는 어떤 사람이 독서의 필요성을 역설하면서 '앞으로 미래 사회는 지식이 돈이 되는 사회가 될 것이다, 책을 많이 읽은 자가 책을 안 읽은 자들을 지배하게 될 것이다', 그렇게 주장하는 글을 SNS에서 봤는데, 거기에 '좋아요' 수가 얼마나 많던지 한참 가슴을 쓸어내려야 했습니다. 그게 지식의 필요나 책의 존재 이유는 아닌데 말입니다.

고등 교육에서의 공동체적 윤리를 회복해야 합니다. 대학에서의 교육, 특히 석·박사 과정은 전문 연구자를 위한 심화 과정이기 때문에 윤리적 기준이 더욱 엄격하게 적용돼야 해요. 전문가적 지식이란 모든 사람들이 쉽게 알 수 없는 지식이니까요. 이론과 사변의 훈련은 오랜 시간이 필요하고, 단번에 쉽게 도달할 수 없습니다. 고도의 숙련을 요구하는 기술도 그래요. 그래서 '전문성'을 갖게 되는 것이고, 그런 전문가들이 '소수'이기 때문에 소수에 대한 사회적 의존도가 높을 수밖에 없어요. 그건 평평하지 않은, 평평해질 수 없는 지식이죠. 누구나 의사가 될 수 없고 누구나 법관이 될 수 없어요. 로켓 발사에 필요한 난해한 수학 문제를 푸는 것도 그렇고 철학책을 읽고 해석하는 것도 그렇습니다. 철학을 제대로 이해하려면 언어와 개념에 대한 기초 훈련이 되어 있어야 하고, 고대부터 근본적 지식들이 중첩적으로 쌓여 있기 때문에 연구자에게 요구되는 사전 지식도 방대하거든요. 하지만 그런 지식들은 사회를 위해 반드시 필요한 것이니까, 당장의 실용성이 없다고 해도 누군가는 해야 하는 일이죠. 인문학과 기초 과학 분야가 바로 그런 학문인데, 기업이 그런 분야에 투자를 할까요? 민간 연구소들은 대부분 당장 필요한 실용 지식과 응용 학문에 매달릴 수밖에 없어요. 삼성연구소에 이론 경제학을 연구하라고 할 수 있어요? 현대자동차연구소에 기초 과학을 연구하라고 할 수 있어요? 기업 소유가 아닌 연구 재단들도 있지만 역시나 대체로 당면한 사회의 문제들을 연구하지 그 결과가 나오기까지 아주 오랜 시간이 걸리는, 혹은 결과가 나올지 안 나올지조차 모르는 기초 학문에 투자하지 않습니다. 그런 일에 대해서는 공적 지원을 하고, 그 결과물이 모두의 것이 되도록 공적 회수를 해야죠. 그래서 대학의 존재 이유는 아직 있다고 생각해요. 다만 대학 교육이 사회적 책무, 공동체 교육으로서 고등 교육의 의미를 갖지 못하는 순간 정당한 존립의 이유도 함께 잃는다고 봅니다.

### 한없이 얕아지는 전공

그래서 다시 전공 기초 교육의 중요성을 말하고 싶습니다. 그런데 대학 교육의 대중화, 대학 자율화 조치 이후 나타난 경향 중 하나가 '전공 약화, 교양 강화'예요. 한국에서 대학 교육의 대중화는, 유럽처럼 대학 국·공립화를 통해 등록금을 면제하고 시험 기준을 완화해서 누구나 대학에 올 수 있도록 문턱을 낮추는 방식으로 이루어지지 않았어요. 전두환 정부 때 졸업 정원제를 시행해 입학 정원을 늘리고 그 평계로 상대 평가 제도를 도입한 게 이 나라에서 대학 교육이 대중화된 계기입니다. 김영삼 정부 때는 사학 재단 설립 기준을 완화해서 누구나 사립대를 만들 수 있게 하고, 그렇게 해서 또 전체 대학 정원을 늘려요. 그 결과 지금 대학 진학률이 세계 최고 수준이 된 것이죠. 이걸 두고 대학 교육 기회의 확대라고 하지만 실상은 '고등 교육 시장의 확대'였어요. '대학 교육의 대중화'라는 것이 대학 평준화와 교육 기회의 확대가 아니라 '교육 시장의 확대'라는 방식으로 이루어졌기 때문에, 대학에서의 교육 내용 역시 '시장성'과 '상품성'을 최대한 높이는 방식으로 최적화됐습니다.

대학 자본의 입장에서 보면 정원 확대는 곧 수입 증대를 의미해요. 애초에 학문적, 교육적 사명을 가지고 국가와 사회를 위해서 설립한 대학이 거의 없어요. 그런데 학문적 지원과 투자가 가능할까요. 그건 '비용 증가'인데요. 그리고 비용 대비 제일 효과가 없는 곳이 기초 학문, 학부 전공 아닙니까. 그러니까 한국의 대학에서는 법대, 의대같이 '사' 자를 배출하는 몇몇 특수대 빼고는 직업적으로 전문화도 안 되고 학문적 심화는 더욱 안 되는 어정쩡한 상태로 4년을 허비하고 졸업하는 겁니다. 그나마 1980~1990년대에는 학생 공동체나 교수 사회가 일정하게 대학 내 지식 공동체로 작동하면서 학회나 동아리를 중심으로 대학 제도가 담당해야 할 역할을 대체해 주었지만 지금은 그마저 없다고 봐야죠. 대신 대학들은 돈은 적게 들이면서 생색내기 좋은 분야를 찾아냅니다. 그게 '교양 교육 강화'였어요.

2006년에 교양교육학회가 생기고 2011년에 대교협 산하에 한

국교양기초교육원이 설립됩니다. 그러면서 '고등 교육에서의 기초 교양 교육 강화'라는 모순된 화두가 등장해요. 이 시기가 한국 사회에서 인문 교육이 강조되고 여기저기서 인문학 강좌 붐이 일기 시작한 때이기도 합니다. 참 신기한 게, 대학의 기업화와 시장화가 가속화된 시기와도 일치한다는 거죠. 이걸 어떻게 이해해야 할까요. 대학들이 다들 비슷비슷한 모양으로 캠퍼스 재개발을 추진하고, 청소, 관리, 식당, 편의 시설 등 대학 내의 모든 노동과 관리 시스템이 외주화되고, 생협이 사라지고 상업 시설이 곳곳에 들어서는데, 한편에선 교양 교육 강화 정책으로 인문 교양을 강조하니 일시적으로는 대학이 자기 성찰 속에 인문주의를 부활시키는 것으로 보이기도 했어요. 하지만 실제로는 대학 교육의 대중화와 교양 강화를 핑계로 고등 교육 수준이 전반적으로 하향화되는 시대가 열린 겁니다. 더 큰 문제는 그게 비판적, 성찰적 사유의 후퇴로 귀결된다는 거죠. 지금 대학은 '우민화'와 '반지성주의'라는 통치 전략의 기지가 되었습니다. "그저 적당히 알아, 너무 깊이 파고들지 말고." 도처에서 이런 목소리가 들려오는 것 같아요.

  대학 교육에서 전공성의 약화는 심화된 지식의 전수라고 하는 고등 교육의 측면에서 심각한 문제입니다. 그걸 '대중화'라는 말로 통칠 수는 없어요. 아무나 갈 수 있기 때문에 아무나 쉽게 배울 수 있는 수준으로 해라, 이게 말이 되나요. 대학 교육의 대중화와 평준화는 누구나 깊이 있게 공부할 수 있도록 모두에게 교육의 기회를 열라는 의미지 학문 수준을 낮추라는 의미가 아닙니다. '지식인의 시대가 가고 지민의 시대가 왔다', '집단지성의 시대다', 요즘 만연하고 있는 그런 주장도 제가 보기에는 올바른 지식 담론, 지식인론으로 보이지 않습니다. 책무를 다하지 않는 지식인, 전문성을 갖추지 못한 채 지식인연하는 지식인들을 분별하고 비판해야지요. 사회를 위해 어떤 지식인이 필요하고 어떤 지식인상을 확립할 것인가를 고민해야죠. 물론 상식 영역에서는 민중적 집단지성이 소수 전문가의 판단보다 더 믿을 만하다는 데 저도 동의합니다. 그러나 전문성이 반드시 필요한 부분이 있는데 상식과 전문학문의 구분을 그렇게 무화시켜 버리는 건, 오히려 역으로 전문 지식 교육을 밀교密教적인 형태로 만들고 그래서 전문 관료 지배, 즉 테크노크라시를 강화하는 데 기여할 위험이 있습니다.

경희대는 인문 교육의 필요성을 환기시키고 선도한 대학 중 하나였죠. 후마니타스칼리지는 다시 인문형 대학이라는 대학 본연의 가치를 중시하는 대학으로 돌아가는 시도처럼 보였습니다. 인문학이 고사 직전이라고 하는데 '인문학humanitas'이라고 하는 이름을 내건 대학을 탄생시켰으니까요. 그런데 그 인문형 대학이 교양 인문학이었던 거죠. 국문학과, 사학과, 철학과 같은 학부 전공 교육에 대한 지원은 오히려 감소했고, 학교가 국문과와 전자공학과를 합쳐서 '웹툰창작학과'를 만들자는 주장을 할 만큼 기초 인문학은 홀대당하고 있어요. 사학과는 답사 예산을 줄여서 학부 과정에서 필드 연구를 형식적으로 만들어 버렸고, 박물관은 기증받고도 제대로 관리를 못 하고 있는 실정이고요. 제 수업을 들은 국문과 1학년 학생은 입학하자마자 학생 진로 특강 시간에 전과나 복수 전공을 권유해서 기가 막혔다고 하더라고요. 대학에 문학, 역사학, 철학, 정치학, 경제학, 사회학 같은 인문 사회 계열의 전공 분야가 꼭 필요하냐고요? 네, 꼭 필요합니다. 그런 기초 학문들은 세계의 총체성에 대해 묻고 해명하는 공부거든요. 어떤 응용 학문, 융·복합 학문이든 근본은 그런 기초 학문들이에요. 나무로 치면 뿌리와 같은 건데, 지금 대학 교육이 융·복합에만 치중하고 응용 학문에만 매달리는 건 깊은 뿌리를 가진 준목을 다 잘라 내고 가지 접붙이기로 신품종을 개발하는 것처럼 어리석은 일이죠. 그러면 학문 생태계는 다 망가져요.

《영원한 제국》의 작가이자 정유라 입학 부정 사건에 연루된 이인화(본명 류철균) 이화여대 교수의 소속이 디지털미디어학부였던가요. 천혜향, 천리향, 감귤오렌지 같은 신품종들처럼, 지금 대학에는 그런 희한한 이름을 가진 학과들이 많아요. '취업에 도움이 되도록' 최대한 '많이 걸칠 수 있는' 넓은 전공으로 영역 확장을 꾀하는 겁니다. 영역이 넓어진다는 건 깊이에서 그만큼 얕아진다는 거죠. 그건 전공이 아닌 겁니다. 예전에는 정치학을 전공했다고 하면 사람들이 각종 정치적인 것을 물어봤어요. 이번 대선에 대해서 어떻게 생각하냐 같은 질문을 굉장히 많이 받았습니다. 대학생이라도 그랬어요. 그리고 학생 자신도 재미가 있든 없든 전공을 자신의 학문적 정체성 또는 교육적 정체성으로 인식했습니다. 남들보다는 요만큼이라도 더 아는 게 있고 말할 게 있어야 한다는 생각을 한 거죠. 그래서 '각종 정치'에 대해 물어도 뭔가 정치 이론적, 사상적 지식을 가지고 설명할 수 있어야 한다고 생각하고 그러려고 노력했어요. 그에 비하면 오늘날의 '전공'이란 것은 정말 부박해졌습니다. 교양 수업 시간에 전공과 관련해서 학생들에게 질문하면 큰 민폐예요. "정치학과니까 이것 좀 설명해 줄 수 있나요?" 이렇게 물어보면 '어쩌라고요' 하는 반응이랄까. 여러 번 낭패를 보고 나서 이제는 안 물어요.

### 교양 교육의 원래 목적

대학에서 교양 교육의 필요성을 강조할 때 전공 심화에 따른 학문적 분업화, 경직성 극복을 중요한 이유로 꼽아요. 그런데 그게 너무 전공만 파서 생긴 문제인가 싶어요. 전혀 아니거든요. 이미 학부제니 자율전공제니 해서 분과 학문 간 장벽도 허물어지고 복수전공제, 다전공제 등이 도입되면서 전공 이수 학점도 계속 낮아지는 추세이니까요. 학생들의 이야기를 들어 보면, 오히려 '전공은 했지만 그걸 전공했다고 할 만큼 깊이 공부한 것 같지 않아서 전공 정체성의 혼란을 겪는다'고 할 정도니까 분과 학문 간 장벽이 높다는 이야기는 학부 교육 과정에 적용할 수 있는 건 아니죠. 앞서 말했듯 학문적 분업화와 기능화는 학부 교육 과정상의 문제가 아니라 연구자들의 연구 풍토 문제입니다.

그리고 교양이 전공 간 융합의 '접착제' 역할을 할 수 있다는 것도 난센스예요. 대학에서의 교양 교육은 전공 융합이나 학문 융합의 관점에서 보기보다는, 전공 공부를 시작하는 사람들이 '전체에 대한 시야'를 놓치지 않도록 돕기 위한 것이고, 특화되고 전문화된 자기 전공 분야에 갇혀 세계에 대한 총체적 인식을 놓치지 않도록 하기 위한 것이어야 합니다. 저는 그 점에서 대학에서의 교양 교육이 일반 기초 교양하고는 결정적으로 다른 면이 있다고 봐요. 어떤 분들은 그렇게 말씀하시기도 해요. 초·중등 교육 과정이 공동체 시민으로 살아가기 위한 기초 교양 수업이나 마찬가지인데 입시 교육 때문에 중등 교육 과정에서 못 했으니 대학에서 어쩔 수 없이 해 줘야 하는 거라고요. 그럼 고등학교까지의 교육이 정상화되어서 제대로 기초 교양 교육이 이루어지면 그때부터는 대학에서 교양 교육이 필요 없어지는 건가요? 그때는 대학에서 전공 수업만 하면 되나요? 저는 아니라고 생각해요. 대학의 교양 교육은 중등 교육 과정에서 '유보된' 교양 교육을 뒤치다꺼리하는 과정이 아니고 그 자체의 이유를 가지고 있어요.

저는 그것이 '세계 전체를 향한 물음을 던지도록 만드는 것', '세계 전체로부터의 질문 앞에 서도록 만드는 것'이라고 생각해요. 그것이 대학 교양 교육의 목표이자 사명이라고요. 그 과정이 없으면 과학자는 자기가 개발하고 있는 기술에 대해 오직 그 영역 안에서만 협소한 전문가가 돼요. 전문적 지식과 기술을 다루는 사람일수록 전인적 인간holistic man이 되지 않으면 그 지식과 기술이 가져올 사회적 파장을 고려하지 못해 사회를 위험에 빠뜨릴 수 있거든요.

자신이 뭘 하는지도 모르면서 원자폭탄을 만들고 가스실을 설계하고, 그래선 안 되잖아요. 전문적 지성이 분업적으로 수행하는 일들을 총체적, 비판적, 성찰적으로 검토할 수 있는 능력을 키우기 위해 대학에서의 교양 교육이 필요해요.

그런데 지금 우리 교양 교육은 어떤가요. 교양 과정 커리큘럼이 요즘 베스트셀러가 된 《지적 대화를 위한 넓고 얕은 지식》 같은 교양 입문서처럼 되어 버렸어요. 후마니타스칼리지의 교양 필수 과목이라고 할 수 있는 중핵core 교과의 교재도 그런 느낌을 주거든요. '대학생이 알아야 할 교양의 모든 것' 같달까. 대학의 교양 교육 과정이 백화점의 인문 교양 센터와 차별성이 없습니다. 실제로, 내용은 후마니타스칼리지 소속 교수들이 제공하고 외부의 수강 기관과 협약을 맺어 인문 강좌를 진행하는 인문 교양 MOU 사업에 대해서도 사람들이 별로 문제의식이 없어요. 몇몇 교수는 그걸 '인문학 앵벌이' 또는 '인문 용역 사업'이라고 부르며 자조하기도 하는데, 참 뼈아픈 이야기죠. 학교에서 홍보할 때는 그게 인문학 부흥에 일조하는 대학의 사회봉사라고 포장하지만, 사실 그런 현상을 보고 뭔가 잘못됐다는 걸 느끼는 인문학자들도 많았어요. 그런 식으로 인문학 붐이 일어나는 것은 바람직하지 않다고요.

지금도 계속 고민하고 있습니다. 인문학의 대중화는 인문학의 상품화의 다른 이름이다, 다시 말하면 대중성 없는 인문학, 상품성 없는 인문학은 결국 고사하게 될 것이다, 여기저기서 불러 준다고 좋아할 때가 아니다, 우리는 지금 자기 무덤을 파고 있다. 힐링과 치유의 인문학은 인간과 세계의 근본적 문제를 직시하고 아픈 성찰의 과정에 도움이 되기보다 연고를 발라 잠시 통증을 잊게 만드는 마취제일 뿐이다. 달콤한 사탕발림으로 중산층의 지적, 문화적 욕구를 만족시키는 속물주의적 교양으로 전락하고 있는 측면이 분명히 있다……. 그런 게 괴롭고 부끄러운 거지요.

후마니타스칼리지도 이런 흐름을 만드는 데 일조하고 있는 것 아닌가 합니다. 학생들에게 '우리 학교엔 후마니타스칼리지라는 것도 있다'라는 헛된 자부심, 알맹이 없는 자신감을 주고 학교는 기업형으로 변모하고 있는데도 후마니타스칼리지에서 배우는 자유니 정의니 평등이니 하는 이야기는 마치 이 대학이 그것들을 실현하고 있는 것처럼 착각하도록 만드는 것이 아닌가, 계속 고민이 되더라고요.

그런 고민을 하게 된 계기가 있어요. 어느 날 학교 앞 카페에서 옆자리 학생들이 나누는 이야기를 우연히 들었는데, 한 학생이 "우리 학교는 후마니타스칼리지란 게 있어서 그나마 좀 낫지"라고 하더라고요. 그 소리에 귀가 쫑긋해서 들어 봤죠. 그랬더니 자신도 후마타스칼리지에서 배우고 나서 달라진 게 많다면서 "나는 이제 진보 엘리트가 되고 싶어"라고 하는 거예요.

"나는 말이야, 예전에는 진보니 좌파니 하는 사람들에 대해 이미지가 별로 안 좋았어. 진보, 좌파라고 하면 딱 생각나는 게, 똑같은 조끼에 등산 바지 입고 머리에 띠 두른 아저씨들, 투쟁, 단결, 시대

착오적인 사람들, 과격하고 폭력적인 이미지, 이런 거였어. 아무리 주장이 타당해도 일단 거부감이 먼저 생겼지. 그런데 말이야, 경희대에 와서 후마니타스칼리지 수업을 들으면서, 나는 '진보'에 대한 그런 편견을 완전히 깼어. 물론 '좌파'란 말은 아직도 좀 부담스럽지만. 아무튼 그런 진보 말고 또 다른 진보가 있다는 걸 알게 됐지. 어떤 '멋진 진보'를. 이를테면, '진보 엘리트'라고 할까? 너 손석희나 조국 알지? 여자 중에는 공지영 같은 사람도 있고. 그런 사람들 말야. 나도 그런 '진보 엘리트'를 꿈꾸게 되었어. 먹고사는 일에만 매여서 살 게 아니라, 적어도 진보의 이념과 인문학적 가치가 뭔지는 알고 살아야지. 그래서 문학, 음악, 예술, 그런 게 중요한 거야."

 '출세한 진보', '진보 셀럽'이 되고 싶은 건가. 시민교육, 인문학이 그런 식으로 유용해진 건가. 아찔하더라고요. 우리 교육이 어디선가 좌초했다 싶으면서 등줄기가 서늘해지는 거예요. 물론 이 학생이 모든 학생을 대표한다고 말할 수는 없지요. 하지만 분명히 그런 경향성이 있었고, 저도 후마니타스칼리지 수업 시간에 막연하게나마 계속 느끼던 것이었거든요. 특히 '똑똑한 학생들'한테 느꼈던 어떤 이질감 같은 것을 이 학생이 딱 정리해서 말해 준 것이었어요. 그러니 정신이 번쩍 들면서 '아……' 하고 나도 모르게 탄식 소리가 나더라고요. 이후에 후마니타스칼리지 심포지엄에서 '누구를 위한, 무엇을 위한 '후마니타스'인가'라는 제목으로 발표를 하게 됐는데, 그때 이 이야기를 했더니 많은 선생님들이 공감을 했어요. 이렇게 인문학이 저항성과 비판 정신을 잃어버리면 결국 지배 계급의 지배 도구가 되고 말 거라고 생각합니다.

### 교육 아닌 '교육 같은 것'

전공 학과에서는 사실 취업의 압박을 상당히 받고 있어요. 학과별로 졸업생들의 취업률이 집계되니까요. 취업률에 따라서 전공 학과의 서열이 매겨지고, 전공 학문의 가치도 매겨지고요. 저는 대학 학부에선 전공 지식만 가르쳐 주면 되고 그 다음은 학생들이 알아서 할 일이라고 생각하지는 않아요. 교수도 학생과 마찬가지로 대학 이후의 삶을 함께 고민해야죠. 그 또한 중요한 교육적 사명이라고 생각해요. 공부가 삶에서 떨어져 있을 수 없으니까요. 그리고 학생들이 취업 불안을 이렇게 극심한 스트레스로 떠안고 있는 상태에서 4년 동안 제대로 된 전공 공부가 이루어질 리 없잖아요. 수업이 끝나면 도서관에 가서 전부 공무원 시험 문제집을 보고 있는데, 그런 곳이 배움의 전당이 될 수는 없잖아요. 대학을 다시 배움의 장소로 만들기 위해선 교수가 그런 청년의 삶에 뛰어들어 같이 고민하고 또 그런 현실을 바꾸기 위한 학문적, 실천적 노력을 해 나가야죠. 그래야 함께 저항하는 동료 시민이 될 수 있어요. 그냥 '취업시키는' 데에만 열중하면 학교 입장에서 학생들은 어디로든 집어넣어야 할 애물단지들이 되는 거죠. 그걸 못 하는 학과는 학교 전체에 민폐를 끼치는 애물단지가 되고요.

교양 수업은 그런 취업률 압박에서 상대적으로 좀 자유롭죠. 그래서 후마니타스칼리지를 만들 때 교양 대학을 단과대에서 분리해 따로 독립 단과대로 만든 것 아닌가, 처음에는 그렇게 좋게 생각했습니다. 저뿐만 아니라 많은 사람들이 그랬을 거예요. '취업을 위한 대학'으로 변모해 가는 이 대학 안에서 조금은 자유로운 영역이 생기면 소위 말하는 '대학다운 대학'의 특징들을 좀 남길 수 있지 않겠나, 지켜 갈 수 있지 않겠나.

그런데 아니었습니다. 후마니타스칼리지까지 앞장서서 '취업·창업에 도움이 되는 대학'이 되려고 하는 걸 보면서 확실히 알았어요. 2016년 경희대 교과 개편의 가장 큰 문제가 — 126개나 되는 강좌를 폐지했다는 것 자체도 문제지만 — '인문 사회학' 영역의 강좌를 높은 비율로 축소했다는 점이에요. 학교에서는 양적 지표를 내세워서 "없앤 만큼 새로 만든 강좌도 많다, 그래서 절대 강좌 수는 그렇게 줄지 않았다"라고 해명해요. 실제로 세어 보면 60~70개 정도 강좌가 줄어들었습니다. 그리고 사라진 강좌와 신설된 강좌의 성격, 그 질적 차이는 양적 차이보다 더 중요한 의미를 담고 있습니다. 후마니타스칼리지에 취업 스쿨, 창업 강좌가 왜 있어야 하는지, '전략 물자 수출 통제의 이해'나 '부동산학 개론' 같은 수업이 왜 있어야 하는지 저는 정말 모르겠더라고요.

경희대는 2011년 학부교육선도대학ACE: Advancement of College Education 육성 사업에 선정돼 매년 30억씩 4년간 120억 상당을 지원받았습니다. 이 과정에서 후마니타스칼리지가 큰 기여를 했어요. 그런데 2015년 재진입에 탈락했습니다. 그 후폭풍으로 2015년

11월 글쓰기센터의 일부 업무가 중단됩니다.* 학교에서는 글쓰기센터가 2011년 ACE 사업에 선정되면서 지원받은 예산으로 운영되었는데 2015년 지원금이 끊기면서 글을 첨삭해 주는 교수에게 상담비를 지급하기 어렵다고 해명했어요. 소속 교·강사가 네 명이었는데, 글쓰기센터를 정말 교육적 목적에서 운영한 것이라면 학교 자체 예산으로 그 정도 인건비는 지급할 수 있는 것 아닌가요.

'학부 교육 선도'란 무슨 의미일까요? 교육부 관계자의 설명에 따르면 "ACE 사업은 대학의 학부 교육이 기존 전공 중심에서 교양과 비교과 교육 과정 등으로 다양하게 넓혀 갈 것을 유도하는 의미가 있다"고 합니다.** 이 설명에서 보듯이 ACE 사업의 핵심은 '전공 약화, 교양 강화, 비교과 강화'로 요약할 수 있습니다. 전공 약화와 교양 강화의 문제는 앞에서 이야기했고요, '비교과 교육 과정'이란 취업, 창업에 포함되는 진로 교육, 산학 협력, 현장 실습 등입니다.

2013년 지은림 당시 경희대 교육사업추진단장은 "'경희대' 하면 떠올리게 되는 단어들 중의 하나가 '후마니타스칼리지'다. 후마니타스칼리지는 경희대의 ACE 사업 선정에 일조한 주요한 교육이다"라고 말해요. 그리고 "전인 교육 실현을 위한 생활형 몰입형 기숙 교육 프로그램 운영, 평화 정신을 실천하기 위한 세계 봉

---

* "청운관 글쓰기센터, 예산 부족으로 첨삭 업무 '중단'", 〈대학주보〉, 2015년 11월 29일.
** "2015년 ACE 사업 신규 10·재진입 6개大 선정", 〈교수신문〉, 2015년 7월 6일.

사Global Service 참여, 기업이 요구하는 필수 역량 배양을 위한 On-Demand 진로 역량 강화 사업"이 비교과 분야의 핵심 사업이라고 설명합니다.* 그런데 이렇게 중요한 기숙 교육 프로그램을 담당한 국제캠퍼스 후마니타스칼리지 기숙 객원 교수들을 해고하고 강사로 강등하여 발령하는 일이 2014년 벌어졌어요. 그 당시 해고된 교수들은 부당 해고에 반발하여 노동위원회에 구제 신청을 하고 중앙노동위에서 최종 승소 판결을 받았는데, 학교 측에서는 노동위 명령에 불복하고 '행정 심판 소송'을 진행했습니다.

이런 일은 왜 일어나는 걸까요? 학교가 정말 교육적 목적으로 후마니타스칼리지를 만들고 글쓰기센터를 운영하고 기숙 교육 프로그램을 운영했다면, 그 과정에 기여한 교·강사를 해고하고 명성을 만든 교과들을 축소·폐지하는 일은 일어나지 않았을 거예요. 저는 이런 일이, 학교가 교육이 아니라 '교육 같은 것'을 만들려고 하기 때문에 생긴다고 생각해요. '교육 같은 것'이란 '교육 상품'이죠. 그래서 학교 당국은 기업의 상품 개발 부서에서 신제품을 개발하듯 새로운 교육 과정과 모델을 끊임없이 개발하고, 채 자리 잡지도 않은 이전의 교육 과정을 금새 폐기해 버리는 것입니다.

학교에서 갑자기 어떤 일을 맥락도 없이 추진할 때, 왜 저런 일을 벌이는 걸까 도저히 이해가 안 될 때, 교육부의 지원 사업 계획서를 들여다봐요. 그러면 대충 이해가 돼요. 사업 선정 기준 배점

* "['잘 가르치는 대학' ACE 특집] 경희대", 〈대학저널〉, 2013년 3월 4일.

표를 보면 '아, 이 부분에서 점수를 따려고 그걸 만들었구나' 하는 게 보여요. ACE 사업도 그렇고, 프라임 사업도 그렇고요. 학사 구조를 개선하라는 요구가 대학을 향해 계속 나오는데, 그게 학내 구성원들의 요구가 아니라 재정을 지원하는 정부의 요구라는 점이 문제죠. 개혁이 내부로부터의 필요, 아래로부터의 요구에 의해서가 아니라, 외부로부터의 필요, 위로부터의 강제에 의해 추진되는 것이 지금의 대학 구조 개혁이고, 대학 혁신의 가장 큰 문제입니다.

## 교육다운 교육

그럼 '교육 같은 것'이 아니라 '교육다운 교육'은 무엇일까요. 교육을, 아는 사람과 할 줄 아는 사람을 기르는 것이라고 보면, 크게 인식론과 실천론으로 나눌 수 있어요. 인식론은 세계를 이해하는 관점과 방법을 배우는 것이고, 실천론은 그걸 실제로 할 수 있는 방법을 배우는 것이죠. 배운 대로 살 수 있는 것, 그게 교육의 완성이고, 지행합일, 언행일치, 이론과 실천의 통일은 동서고금을 막론하고 부정될 수 없는 교육의 이유였습니다. 그런데 이론과 실천의 문제가 정신과 몸의 교육으로 분리되면서 특히 르네상스 시대 이후로는 인식론의 우위가 분명히 수립되었죠. 어느 시대보다 '정신적 앎', '지적 인식'이 중요해진 것이죠.

그런데 이론과 실천이라는 대항 구도는 근대적인 토대 위에서 생겨난 거예요. 고대적 사유를 보면 앎을 세 가지로 나눌 수 있습니다. 첫째가 '안다', 둘째는 '할 줄 안다', 셋째가 '올바르게 할 줄 안다'예요.

첫 번째 앎은 머리로 아는 것이에요. 계산과 추론, 합리성에 기반한 사유가 여기에 해당됩니다. 수학과 과학이 그런 종류의 인식을 통해 획득할 수 있는 지식이죠. 그리스 말로는 '테오리아theoria'라고 하고, 이 테오리아를 통해 얻은 지식을 '에피스테메episteme'라고 하는데, '사이언스science' 또는 '과학적 지식, 학적 인식scientifical knowledge'이라고 번역합니다. 근데 테오리아는 과학적 또는 사변적 진리로서 에피스테메에 도달하는 인식의 방법이에요. 말하자면 가만히 쳐다보는 거예요. '보다theorein'라는 동사가 테오리아의 원형이거든요. 보는 건데 극장이나 아레나에서 구경하듯이 보는 거예요. 그래서 '관조觀照'라고 번역하죠. '이론theory'이란 말도 여기서 나왔고 '극장theater'이란 말도 여기서 나왔어요. 이성의 눈으로, 머리로 보는 거예요. 플라톤이 이데아idea를 보듯이. 진리를 그렇게 드러내는 방식이 테오리아입니다. 오늘날 지식, 인식, 앎이라고 하면 대부분 이 앎을 생각하죠. 그래서 공부한다고 하면 머리를 사용해서 지식을 획득하는 것이라 여기고요.

그런데 앎에는 그냥 '머리로 안다'만 있는 게 아닙니다. '할 줄 안다'가 있어요. 몸으로 할 줄 아는 거죠. 수영할 줄 안다, 피아노를 칠 줄 안다, 그런 거요. 이론만으로 안 되는 것, 보는 것만으로 안 되는 것, 말이나 글로는 배울 수 없는, 반드시 몸을 사용해서 익혀야 하는 앎이에요. 그리스 말로는 그걸 '테크네techne'라고 하고, 테크네를 알면 할 수 있는 행위를 '포이에시스poiêsis'라고 합니다. 테크네는 '기술technic'이란 말의 어원이고, 이 말이 라틴어로는 '아르스ars-artis-arti-arte', 오늘날 '아트art'의 어원이기도 합니다. 순수 예술fine arts이라는 것이 없던 옛날에는 기술과 예술이 하나의 개념이었고, 테크네는 할 줄 아는 방법지方法知로서의 기술·예술적 앎을 뜻했습니다. 그래서 이런 앎을 통해서는 반드시 무엇인가를 지어 낼 수가 있죠. 포이에시스가 바로 그 '짓다poiein'에서 온 것으로, 작품이든 행위든 무언가를 창조해 내는 것을 의미해요. 이 포이에시스는 고대의 노동 개념 중의 하나이기도 합니다. 테오리아에서는 창작물이 안 나오는데 테크네에서는 창작물이 나와요. 그래서 이 앎이 중요한 겁니다. 세계를 바라보는 테오리아는 단지 세계를 해석할 수 있을 뿐이지만, 테크네는 세계에 개입해 들어가면서 반드시 세계에 변형을 일으키거든요. 그러면 그 변형된 세계가 다시 인간의 삶으로 개입해 들어옵니다. 그래서 도구는 그냥 도구가 아니고 주체가 되는 거예요. 인간이 쓰기에 따라서 좋을 수도 있고 나쁠 수도 있는 중립적 도구가 아니라, 그 쓰임이 한번 발생하면 인간이 도구에 길들도록 사유의 방식을 바꾸는 겁니다. 하이데거는 그래서 테크네, 즉 기술을 인식의 도구나 수단이 아니라 또다른 인식, 앎의 원리로 봐야 한다고 말하지요. 앎의 원리이기 때문에 테크네는 세상을 보는 방식을 근본적으로 변화시켜요. 수영도 마찬가지예요. 수영을 할 줄 아는 사람은 바다를 완전히 다르게 이해하지요. 농사를 지을 줄 아는 사람은 땅을 완전히 다르게 이해하고요. 몸이 인식의 주체라는 것, 테크네는 그것을 설명해요. 그럼 IT 기술 같은 건 어떻게 설명할 수 있을까요? 우리는 기계 기술technology을 종종 테크네와 혼동하는데, 테크네는 '인간의 몸'을 매개로 한 기술이에요. 〈공각기동대〉라는 일본 애니메이션을 보면 인간과 컴퓨터 프로그램의 가장 큰 차이가 몸이 있고 없고죠. 그런데 나중에는 그 차이도 점차 소거되고 기술이 자신의 몸을 갖기 위해 스스로 진화를 해 나갑니다. 상당히 설득력 있어요. 그러니까 언젠가는 컴퓨터 로봇 테크놀로지도 인간과 다른 몸으로 인식의 주체가 될 겁니다. 호미나 쟁기는 인간 몸의 일부로서 연장된 기술적 도구였고 그래서 그 자체로 인식 주체가 될 수는 없었지만 기계 기술은 달라요. 인간과 기계 기술의 인식을 혼합하는 것, 지금 코딩 교육은 그런 사유의 이종 교배 실험이라고 볼 수 있는데, 언젠가는 기술적으로 실현될 거라고 봐요. 그리고 '사유하는 도구'는 주체가 될 겁니다.

그러니까 처음에는 테오리아, 이성적 사유가 인간만의 능력이라고 생각했거든요. 신과 인간이 공유하는 이성의 활동이 테오리아였고 다른 존재는 이 사유 능력을 갖지 못했다고 생각했습니다. 신이 죽고 다른 생명 존재가 양적 사물res extensa로 격하된 이후에는 이성이 인간의 독점물이었죠. 그런데 인간이 아닌 '사유하는 존재'가 출현했어요. '알파고'죠. 아직은 못 따라올 거라고 막연히 생각했는데, 알파고를 계기로 인간과 다른 방식으로 생각하는 이 사유체가 곧 인간의 사유 능력을 뛰어넘겠다는 두려운 예감을 하게 되었어요. 어떤 영역에서는 이미 뛰어넘었고요. 그러니까 다시 '몸'이 중요하다면서 테크네가 인간적 인식의 중요한 특질로 주목을 받아요. 4차 산업 혁명을 대비해 기계가 할 수 없는 일을 하라면서 계속 얘기하는 사례가 다 '창조적, 예술적 활동'이거든요. 그런데 아까 말씀드렸듯이 사유만이 아니라 몸도 기계와 융합되는 시대가 곧 올 겁니다. 이미 왔고요. 서로 다른 몸의 사용법을 익히게 될 거예요.

세 번째 앎이 되게 중요한데, 우리가 이 앎에서 지금껏 치명적으로 실수하고 있어요. 그게 뭐냐면 '제대로 할 줄 안다'예요. '제대로'란 기능의 숙련이 아니라 '올바르게'라고 하는 윤리적 의미를 말해요. '할 줄 안다'를 넘어 '바르게 할 줄 안다'는 거죠. 그게 뭘까요. 이를테면 사랑 같은 게 그렇죠. 물론 '할 줄 안다'에 사랑할 줄 안다도 있거든요. 우리가 연애학 개론을 열심히 공부하면 연애가 잘 안 되잖아요. 그럼 어떻게 해야 돼요? 사귀어 봐야 아는 거죠. 안아 봐야, 손잡아 봐야 저 사람이 나를 좋아하는지, 얼마큼 다가가도 되는지에 대한 판단이 생기는 거죠. 그런데 이건 '할 줄 안다'만 갖고 되는 게 아니에요. 뽀뽀를 아무리 잘해도 아무 때나, 아무한테나 하면 안 되잖아요. 언제 해야 할지, 어떻게 해야 할지, 누구와 해야 할지, 그걸 판단하는 것이 제대로 할 줄 아는 것이고, 그래서 이게 굉장히 중요한 앎입니다. 첫 번째와 두 번째 앎을 종합한 앎이라고 할 수 있어요. 그리스 말로는 '프로네시스phronesis'

라고 부릅니다. 정치적, 윤리적 판단력이라고 부르죠. 정치 공동체polis와 공동체적 윤리ethos를 통해서 배울 수 있는 것이 이 앎이에요. 그리고 이 앎으로부터 '프락시스praxis'가 가능합니다. 프락시스는 정치적·윤리적 실천, 올바르게 행동하는 것이에요. PC 운동도 이 말에서 나온 거예요. '정치적 올바름Political Correctness'이란 이론도, 기술도 아닌 '삶'이 필요한 인식과 실천이죠. 정치적으로 올바른 판단과 행동을 위해서는 시간과 공간의 연속성이 있어야 하고, 그래서 단편적으로는 배울 수 없고, 공동체 없이는 배울 수 없는 것이 바로 이 앎입니다.

'우리 교육의 결정적 실패는 몸을 무력화한 것이다.' 세월호 참사를 겪으면서 저는 확신했어요. 감각적 인식, 직관력, 몸의 판단, 어떻게 해야 할지 바로 아는 인식 능력. 그걸 퇴화시켜 버린 것이 근대의 지식 중심, 머리 중심의 학교 교육이었다고요. 몸을 쓰는 것조차 기계·기술적으로 되어 버렸어요. 악보 없이 연주할 수 없는 악기, 규칙 없이 뛸 수 없는 스포츠, 안무 없이 출 수 없는 춤 같은 거죠. 반대로 인간의 몸이 기계화되는 동안 기계는 즉흥성의 능력을 키우고 있고요. 어쨌든 동물성, 생명력, 혹은 영성이라 표현하는 '아니마anima'를 꺼뜨리고 자연과의 교감과 일체화 능력을 잃어버리게 만든 것, 그게 치명적이었어요. 생태교육은 반드시 그런 관점에서 수립되어야 하고 어떤 방식으로든 교육 현장으로 들어와야 한다고 생각합니다. 교육 현장의 과도한 이성 중심주의, 몸 쓰는 일, 육체노동에 대한 지식계의 경시와 격하가 인간을 이렇게 모지리로 만들었어요.

그중에 대학이 제일 심각하죠. 이걸 안 하는 게 대학 공부고 고등 교육이라고 생각하니까요. 하지만 저는 대학 교육에서 반드시 이 테오리아와 테크네의 통합이 이루어져야 한다고 생각해요. 그게 되어야만 '올바르게 할 줄 아는' 프로네시스가 가능해지니까요.

### 행동 먼저, 생각은 나중에

앞으로 우리가 어떻게 싸워 나가야 할지, 우리가 타고 있는 이 배를 어떻게 멈춰야 할지, 또는 좌표를 어떤 방향으로 바꿔야 할지에 대해서 '아는' 사람들은 되게 많아요. 그런데 '할 줄 안다'부터는 사람들이 안 보여요.

세월호가 가라앉고 1년이 지난 뒤에 '대안 사회 구상하기'라는 수업에서 학생들에게 물어본 적이 있어요. '지금 우리가 탄 배가 곧 암초에 부딪혀 침몰하려고 합니다. 어떻게 하시겠습니까?' 절체절명의 순간인데, 학생들은 토론해서 정해지는 방법을 실행하자 하고는 계속 토론을 하더라고요. "정말 그래도 될까요?"라고 묻는데 유일하게 한 학생이 그러면 안 된다고 했어요. 당장 배를 세워야 한다고요. 학생들이 또 배를 세우는 방법에 대해 토론하기 시작하니까 "배를 왜 못 세우냐. 엔진에 신발이라도 던지자. 그럼 배가 멈출 거 아니냐"라고 하더라고요.

우리가 지금 어디에 있나요. 이 배에 타고 있잖아요. 다 같이 살려 내고 살아 내야 하는 자리에 서 있는 사람들이 마치 저 위에서 바둑판을 내려다보듯 시뮬레이션을 하고 있어요. 근데 우리는 사실 그럴 처지가 아니거든요. 죽느냐 사느냐의 기로에 있고 그렇게 시뮬레이션을 하고 있는 순간에도 배는 암초를 향해 계속 나아가고 있어요. 어쩌면 우리 모두 그렇게 믿고 있는지 몰라요. '큰일이 나겠어?' '이 배가 쉽게 가라앉겠어?' '나 사는 동안은 그래도 버틸 거야.' 대한민국은 얼마나 큰 배입니까. 아무리 큰 배도 뒤집히는 건 순식간이거든요. 우리가 이미 목격했잖아요.

그 수업을 한 날 제가 칠판에 이렇게 썼어요. "행동 먼저, 생각은 나중에." 행동을 하면 생각이 반드시 따라와요. 하지만 생각한다고 행동이 반드시 따라오지는 않습니다. 우리는 항상 '생각하고 행동해라', '답을 알고 나서 움직여라'라고 배웠는데 그게 잘못된 것 같아요. 일단 행동을 하세요. 행동을 잘못할 수 있어요. 그런데 잘못하면 수정도 할 수 있어요. 우리가 경찰 차벽을 넘어가면 밀릴 수도 있죠. 그럼 우린 가만있나요. 또 반격하면 되죠. 그렇게 행동한 다음에 또 다른 어떤 행동들이 나올 수 있고요, 거기에 정답이란 없어요. 우리가 머릿속에 그려 놓은 시나리오는 생각일 뿐이에요. 사회의 관계라는 것은 우연과 역동적인 맥락과 변주 속에서 움직이는 거지 그 설계도대로 되는 게 아니거든요. 그런데 지금 계속해서 각자의 설계도를 내고 이게 옳은지 저게 옳은지, 이 길이 빠른지 저 길이 빠른지, 경로 찾기만 하고 있어요. 계속해서 해 봐야 어떻게 하는 것이 지금 바른 판단인지에 대한 기준이 생깁니다.

그건 혼자 하는 게 아니라 전체 속에서, 사회 안에서 자기 행동이 벌어졌을 때 그것에 대한 평가와 판단, 실제로 일어나는 결과, 그것을 감당하는 책임, 이후의 행보들을 가지고 수렴되어 가는 거예요. 그걸 '이건 이런 문제가 있을 거 같애', '저런 문제가 있을 거 같애'라는 생각으로 계속해서 막는 순간 우린 한 발짝도 움직일 수 없게 돼요.

'행동 먼저, 생각은 나중에'라는 말을 다시 한 번 강조하고 싶어요. 행동은 반드시 생각을 촉구합니다. 행동에는 생각이 따라갈 수밖에 없어요. 하지만 생각만 하고 있으면, 생각을 하면 할수록 행동은 느려져요. 지금은 긴박하게 행동을 해야 할 때입니다. 그 행동을 통해서 우리 몸에 새겨진 나쁜 교육의 흔적들을 지워 낼 수 있습니다.

6강

# 정치 없는 대학

누구의 편에 설 것인가

학생, 교수, 교육 등 대학에 있어야 함에도 없어지고 있는 것들에 대해 계속 이야기하고 있습니다. 오늘 같이 이야기 나눌 주제는 '정치 없는 대학'이에요. 교수나 학생에 대해서는 '그것 없이 어떻게 대학이 되겠나. 교수 없는 대학, 학생 없는 대학은 문제야'라고 당연하게 생각했을 텐데 '정치 없는 대학'이라고 하면 거꾸로 '대학에서 무슨 정치를 해'라며 의아해할지도 모르겠어요. 대학은 가르치고 배우는 곳, 공부하고 연구하는 곳이지 정치하는 곳은 아니라고 생각할 수 있으니까요. 사실 많은 분들이 그렇게 생각하고 있죠.

그런데 대학은 정치의 장소가 맞아요. 역사적으로 대학은 가장 중요한 정치적 장소였고, 또 여전히 그래야 하는 이유를 가진 곳입니다. 우리가 한동안 토요일마다 광장에서, 거리에서 '박근혜 퇴진'을 외쳤잖아요. 지금이야 광화문에서도 정치 집회를 열 수 있지만, 예전에는 대학이 그런 목소리를 낼 수 있는 '광장'이었어요.

말이 나왔으니 하나만 짚고 넘어갑시다. 촛불 집회에서 초기에 광장의 구호가 된 '하야'라는 말에 대한 것인데요, 사실 하야는 정치적 용어가 아니에요. 하야의 '야野' 자가 들판을 의미하거든요. 그 말은 예전에 고관대작들이 성에서 살다가 논밭, 들판으로 낙향해서 돌아가는 것을 이르던 말이에요. '야'라는 말은 '들, 들판, 백성, 촌스럽다, 거칠다' 등의 뜻을 가지고 있는데, 하야라는 건 성안에서 나와서, 높은 자리에서 내려와서 촌스러운 백성들 틈에서 거친 밥 먹고 살라고 하는, 일종의 귀족들에 대한 '사회적 형벌'이거든요. 백성들과 함께 사는 게 불명예요, 사회적 귀양살이가 된다는 건 백성의 자리를 그만큼 낮게 보고, 그 자체가 명예의 상실과 형벌이 되었던 봉건 시대적 발상이죠. '하야하라'는 형식적으로는 명령어처럼 보여도 실제 내용은 귀족들에게 '하야해 주십시오'라고 읍소하는 말이거든요. 그건 시민, 주권자로서의 품위와 존엄에는 어울리지 않는 말입니다. '이승만 대통령 하야'라는 말은 왕조의 잔재와 양반 지배의 잔재가 남아 있던 그 시대 시민 의식의 수준을 반영한 말이라고 해도, 지금 그 말을 쓰면 안 되죠. 사퇴하라, 탄핵하라, 파면하라, 체포·구속하라라고 하는 것이 옳아요.

어쨌든 사람들이 무언가 행위를 할 때는 그 행위의 장이 필요합니다. 이를테면 옛날부터 '광장'이 그런 곳이죠. 광장을 뜻하는 '아고라agora'라는 말 아시죠? 아고라는 광장이기도 하고 시장이기도 해요. 많은 사람들이 모이는 곳이고, 말과 말이 만나는 장이라 소문 박람회 같은 곳인데, 그래서 '담론장'이라고도 하지요. '아고라'는 원래 '아그로스agros'라는 말에서 나왔는데, 이 아그로스는 들판, 넓은 공터를 의미합니다. 지금은 마을의 행사가 있거나 함께 모여 의논을 하려면 시청 강당이나 마을회관에 가지만 옛날에는 동네에 있는 너른 마당에 함께 모였어요. 시장이 상설화되어 있지 않으니 이런 공터가 장날엔 장터가 되고, 형을 집행할 땐 재판정이 되고, 방을 공표하거나 곡식을 나누어 주는 공공 장소도 되는 거지요. 사람들이 모이는 곳엔 자연히 말도 모이고 시선도 모여요. 그래서 하고 싶은 말이 있는 사람들은 장날에 장터로 나갔습니다. 듣고 싶은 사람들도 마찬가지고요. 그래서 아고라는 회의 장소가 되기도 하고, 토론장이 되기도 하고, 여론 수렴장이 되기도 했어요. 아주 정치적인 장소죠. 술 한잔 걸치고 음식도 먹으면서 함께 모여 떠드는 그런 행위를 그리스인들은 '심포지온symposion'이라 불렀어요. 그래서 소크라테스의 대화편 중 〈향연〉은 '함께-마신다sym-pinō'라는 동사에서 나온 '심포지온'을 번역한 말이고요. 아고라와 같은 장소를 로마인들은 '포럼forum'이라고 불렀습니다. 중세 자유도시의 대학은 '장터의 대학'이었죠. 왜냐면 성직자와 관료-귀족들을 양성하는 제도권 대학들이 대부분 산속의 수도원에 있었던 반면에, 그 성스러운 캠퍼스를 박차고 나와서 철학과 법학 같은 '세속의 학문'을 커리큘럼으로 삼고 자유학예를 중심으로 가르치는 대학들은 도시의 거리와 장터 광장 옆에 자리 잡았거든요. 아고라, 심포지엄, 포럼은 그런 의미에서 대학 고유의 역할이기도 하고 대학이 담보해 내야 하는 사회적 의무이기도 합니다. 대학이란 공간은 사회의 아고라, 포럼 역할을 해야 하는 곳이에요. 그런 거 만날 하는 데가 대학 아니냐고요? 그렇죠, 물론 많이 하고 있죠. 그런데 원래의 의미, 즉 '정치적 장소'로서의 의미를 다 잃어버리고 지금은 학계의 사교장으로만 남아 있어요. 사회적 담론을 생산하는 공론장의 역할은 전혀 못 하고 사회로부터 유리되고 고립된 '전문가들의 향연'이 되어 버렸어요. 저는 대학의 이 '정치성의 상실'이 학문적 후퇴와도 밀접한 연관이 있다고 봅니다.

앞서 우리가 이 대학은 학생의 것이고 교수의 것이고 또 이 대학을 존립시키기 위해 이 안에서 노동하는 사람들 모두의 것이라고 했잖아요. 그럼 대학 안에서 중요한 일들을 해 나갈 때, 역시 마찬가지로 대학 구성원들 전체가 의견을 모으고 이 대학이 나아갈 좌표를 함께 결정하고, 결정한 것을 함께 나누어서 해 나가야 합니다. 그 과정이 정치예요. 나라의 일이 왕의 명령에 의해서, 아니면 어떤 높은 분의 결심에 의해서, 시혜에 의해서 이루어지면 안 되듯이 대학도 마찬가지죠. 대통령을 왕으로, 관료들을 지배자로 착각해선 안 되듯이 총장을 왕으로, 보직 교수들을 통치 집단으로 착각해서는 곤란하죠. 그런 건 왕의 지배지 정치도 아니고 공화국도 아니에요. 민주 공화국은 모두의 일인 공공 사안을 민주적으로 처리하는 곳입니다. 그러니까 이 대학에는 반드시 정치가 있어야 해요.

누군가는 '대학에 있는 인간들이 만날 정치하던데'라고 할 수도 있어요. 내부에서 교수들도 끼리끼리 정치하고, 교수직을 정치적 자산으로 삼아서 정치권으로 나가는 사람도 있잖아요. 그러니까 대학에 정치가 있는 것 같기도 하죠. 그런데 거기서 말하는 '정치'는 야로가 있는 거 같고 불쾌한 느낌도 들고 그렇습니다. 총장파/반총장파, 전총장파/현총장파, 영문과 라인/국문과 라인, 본교 출신/타교 출신 같은 식으로 나뉘잖아요. 박근혜-최순실 국정 농단 사건이 나니 사람들이 여기도 최순실이 있고 우병우가 있고 십상시가 있다고 하더라고요. 많은 사립 대학들에 존재하는 수많은 파당들과 그 세력들 간의 알력 싸움을 두고 학내 정치라고들 하는데 그런 정치를 정치라고 할 수 있을까요? 우리가 이른바 '교내 정치inner-politics'라는 것을 보고 눈살을 찌푸리고 기분이 나쁜 건, 그게 학교라는 폴리스를 몇몇 유력 인사들의 전유물로 사유화하는 사적 정치의 장으로 만들기 때문이에요. '사적 정치'라는 것은 사실 '사적 공공성private publicity'만큼이나 형용 모순적인 말이죠. 이너-폴리틱스라는 건 그냥 유력한 개인들의 이권 다툼일 뿐이에요. 대학이 최순실 판인 거죠. 이 나라만큼이나 대학도 그렇게 되었어요. 대학에서 진짜 정치는 실종되고 사회적 광장으로서의 역할을 하지 못하고 있는 거죠.

대학이 탈정치화되고 있습니다. 다른 건 몰라도 정치 얘기만은 하지 말자는 거예요. 공론장에서 정치 이야기를 금지하는 건 공론장의 의미 자체에 반하는 거예요. '정치는 밀실에서, 정치 빼고 나머지는 광장에서' 이렇게 되는 순간 정치가 타락하는데 지금 대학의 정치는 전형적으로 밀실화되고 있어요. 수업 시간에 우리가 정치 얘기를 자유롭게 할 수 있나요? 교수에 따라 달라요. 정치의식이 있어서 탈정치화된 대학을 열심히 정치의 장으로 되돌리려고 하는 수업 현장에서는 허용되지만 그렇지 않은 경우에는 '왜 교실에서 정치 얘기를 하느냐'는 비판이 나오기도 해요. 엄격하게 금지되어 있지는 않지만 자유롭게 하는 분위기도 아니에요. 하더라도 굉장히 조심해야 해요. 여러 사람들과 우호적인 친분 관계를 유지하려면 정치 얘기는 안 하는 게 좋다는 게 한국 사회의 통념이기도 하지요. 사실 다른 장소에서는 어렵더라도 대학에서만큼은 이 나라의 정치를 얘기하고 이 학교 안에서의 정치를 얘기하고, 무엇이 옳고 그른가에 대해서 생각하고 판단하고 행동해야 하는데 오히려 여기서 그것이 더 이루어지지 않아요. 통치govern가 어느새 정치politics를 대체하기 시작했기 때문입니다. 지금 우리가 생각하는 정치라는 이념의 9할은 실은 통치의 이념입니다.

## 통치와 정치

통치와 정치는 많이 혼동되지요. 한끝 차이인데 어떤 차이일까요. 통치는 주인이 합니다. 정치는 누가 합니까. 시민이 합니다. 통치권dominium은 집에 대한 지배권을 의미합니다. '집'은 라틴어로는 '도무스domus', 희랍어로는 '오이코스oikos'라고 합니다. 형태만 다르지 똑같은 말이에요. 집들이 모여 함께 사는 촌락, 부락, 촌락민, 부락민을 라틴어로는 '우이쿠스uikus', 희랍어로는 '데모스demos'라고 해요. 말하자면 집과 집이 모여 만든 좀 더 큰 집이 되겠지요. 이 집에 대한 통치를 희랍어로는 '오이코노미아oikonomia'라고 하고, 로마 시대의 사람들이 쓰던 라틴어로 번역하면 '구베르노guverno', 오늘날 통치를 의미하는 '거번govern'이지요. 무슨 말이냐면, 통치는 오이코스라는 공동체에 대한 행위라는 거에요. 그럼 정치 공동체인 폴리스는 뭐냐. 폴리스가 곧 오이코스는 아니거든요. 그런데 국가, 정치 공동체 폴리스도 그 구성원들의 생존, 생활에 대한 공동 책임을 지고 오이코스에 대한 관리를 합니다. 그걸 '나라 살림'이라고 하지요. 아리스토텔레스의《경제학oikonomica》을 보면, 경제(살림)의 종류를 왕의 경제, 영주의 경제, 개인의 경제, 도시의 경제로 구분해 놓았는데 이 '도시의 경제oikonomikē politikē'가 지금 같으면 '국가 경제'이지요. 현대어로 옮기면 그대로 '정치경제학political economy'이 됩니다. '오이코노미아'를 흔히 '살림 경제'라고 번역하는데, 이때 살림에는 개인의 집안 살림도 있고, 데모스라는 자치 공동체의 살림도 있고, 폴리스라는 나라 살림도 있고, 가장 크게는 우주 전체를 관할하는 신의 살림도 있습니다. 그래서 살림은 경제적이면서 정치적인 용어예요. 원래 경제학이란 말이 나오기 전에 그런 사회적 경제나 나라 살림을 일컫는 말이 '정치경제학'이었는데, 바로 그런 의미죠. 그래서 우리도 보통 나라 살림을 곧 국가 통치라고 여기고 때로는 그걸 정치라고 생각하기도 합니다.

하지만 그래서 '통치가 곧 정치다'라고 할 수는 없는 거죠. 어떻게 보면 통치는 정치의 필수 요소라고 할 수 있는데, 그 통치의 주체와 방식을 놓고 다시 경합하는 영역이 정치의 영역이라고 할 수 있습니다. 누가 어떤 방식으로 통치를 하느냐에 따라서 그 나라는 왕의 나라가 될 수도 있고, 귀족과 제후의 나라가 될 수도 있고, 시민의 나라가 될 수도 있지요. 또는 노동자의 나라가 될 수도 있고 기업가의 나라가 될 수도 있습니다. 거기서 '정치적 적대와 경합'이라는 요소가 등장합니다. 적대적 세력 간의 경합 결과 어느 쪽의 힘이 우위에 서느냐에 따라 정체politeia의 성격이 결정되는 거죠. 왕의 힘이 압도적으로 세면 왕이 통치를 하고 왕정이라고 합니다. 제후나 영주, 귀족들의 힘이 강하면 그들은 자기 영토에서는 왕처럼 집안을 통치하고, 더 큰 나라에선 합종연횡을 통해 세력 관리를 하게 되지요. 반면에 데모스, 민중들이 가장 큰 정치 세력이 되면 나라를 통치하는 방식도 데모스의 방식을 따르게 됩니다. 앞에서 나라 살림도 품앗이를 하듯 똑같이 나누어 돌아가면서 하자는 게 '이소노미아'라고 하지 않았습니까. 오늘은 내가 통치하고, 내일은 네가 통치한다는 원리, 통치해 본 사람이 통치받을 수 있고 통치받아 본 사람이 통치할 수 있다는 '피지배의 지배' 원리가 바로 이 이소노미아의 원리인데, 이런 식의 통치 방식은 데모스의 지배demokratia인 민주정에서만 가능한 것이죠.

정치적 힘의 우위라고 할 때 그 힘은 무력이나 위력, 금력만을 의미하지 않아요. 도덕과 윤리와 사상과 철학과 예술의 종합적 우위를 획득하는 겁니다. 그걸 통틀어 통치 이념, 또는 지배 이데올로기라고 합니다. 고대 사회에서 왕은 신과 동격이거나 신과 소통할 수 있는 능력을 가진 존재라고 자기를 규정하고, 그것을 지배의 근거로 삼지요. 그 지배 체제가 안정적일 때나 다른 세력들의 불만이 비교적 적을 때는 그런 상징체계가 잘 작동해요. 그런데 내외적 요인들에 의해 지배 체제가 흔들릴 때는 지배의 상징체계도 함께 흔들리게 되지요. 불만을 품은 다른 세력들은 끊임없이 그 지배 이념에 의문을 제기하고 흔들어서 무너뜨립니다. 귀족들이 왕의 제사장 권력을 그야말로 상징으로 한정해 버리고, 정치적 실권을 귀족들이 갖게 되면 그때부터 귀족정이 시작되는 거지요. 민주정 이전의 고대 아테네는 귀족들의 힘이 세니까 아가멤논 같은 귀족 집단의 수장들이 왕이라는 명칭을 함께 사용해요. 민주정 이후에는 왕을 의미하는 단어 '바실레우스$^{basileus}$'가 공공 제사장이라는 공직의 이름이 되거든요. 스파르타에서는 귀족들의 대표인 두 명의 왕이 각각 내치와 외치를 담당합니다. 하지만 당시 페르시아에는 왕이 한 사람뿐이고 절대적인 권력을 갖고 있었지요. 그런데 일상적으로 이런 정치적 경합이 일어날 수 있는 곳은 사실 민주정밖에 없어요. 그 정치적 경합을 '아곤$^{agon}$'이라고 합니다. 갈등, 경쟁, 상대에 대한 비판, 입장의 대립과 경합, 그런 것은 민주정에서만 가능하니까요. 그 세력들 간의 적대성 또는 대항성이야말로 '정치적인 것'의 본질이라고 할 수 있어요.

   정치는 이 대립으로부터 생겨나요. 그 정치적 경합을 통해 폴리스의 정의를 수립하는 것이 정치의 요체요, 핵심적인 정치술$^{politikē}$이라 할 수 있습니다. 그것을 부정해 버리면 통치밖에 남지 않아요. 그래서 랑시에르 같은 철학자는 "민주주의만 정치"라고 말하기도 하지요. 다른 정체에서는 이 계급적, 정파적 적대성들이 억압되거나 말살됩니다. 독재나 과두정에서는 정치라는 것이 사실상 불가능해지지요. 통치 행위만 가능할 뿐이에요. 즉, 정치는 실종되어도 통치는 계속됩니다. 아까 오이코노미아라는 살림 경제에는 우주를 관할하는 신의 살림도 있다고 말씀드렸는데, 신은 통치하지만 정치를 하지는 않지요. '왕은 군림하나 통치하지 않는다'라는 원칙은 영국에서 귀족과 젠트리 세력이 왕권을 무력화한 후에 성립된 거예요. 그럼 누가 통치하나요? 힘의 우위를 점한 귀족과 젠트리 계급에게로 통치권이 넘어갔죠. 이제 통치권은 귀족과 젠트리 계급의 연합체인 의회를 통해서만 법적 정당성을 갖게 됩니다. 그게 명예혁명이죠. 그 다음부터 부르주아의 도덕, 부르주아의 철학, 부르주아의 미학이 지배적인 것이 되고 부르주아의 통치 이념이 국가의 통치 이념이 되지요. 나폴레옹은 다시 여기에 '정치적' 반격을 가했고, 20세기의 혁명사는 민중의 정치, 노동자의 정치, 프롤레타리아의 정치가 부르주아적 통치 이념과 지배 이데올로기에 저항한 역사였습니다.

## 정치는 민원이 아니다

그렇기 때문에 왕도 정치를 하고, 대통령도 정치를 하고, 총장도 정치를 합니다. 정치적 기반 없이는 통치도 안 되거든요. 왕이 정치를 할 때는 지배자의 통치 행위가 되는데 우리 같은 사람들이 정치의 주체가 될 때, 그 정치는 민주 정치가 되는 거죠. 통치에 참여하는 것, 거버넌스governance 같은 게 정치가 될 수는 없어요. 통치는 문제가 생겼을 때 해결책을 찾는 거예요. 예를 들자면 그런 겁니다. 학교에서 '강의실에 문제가 있는데 해결해 주세요'라고 행정실에 얘기를 해요. 집에서 '우리 아파트에 이런 문제가 있어요'라고 관리사무소나 경비실에 얘기를 해요. 그럼 그 문제를 담당자가 해결해 줘요. 개별적인 차원에서 통치자에게 또는 행정 관리자에게 얘기를 하는 거죠. 행정 관리자는 사실 통치자의 권위를 위임받아 대표하고 있는 사람이에요. 반면 정치는 해결을 통치자에게 위임하는 것이 아니라 자기의 입장을 내놓고 스스로 해결하려고 하는 겁니다.

지금 경희대는 학기 초 수강 신청 시기마다 대란이 일어나요. 전쟁터가 따로 없습니다. 강의마다 몇 초도 안 돼서 정원이 다 차 버리니까 들을 수업이 없어요. 오죽하면 학생들끼리 강의를 거래하기도 해서 뉴스거리가 되기도 하잖아요. 이럴 때 통치의 방식으로 접근하면 그냥 행정실에 요청해야겠죠. '수강 신청을 하기 힘드니까 수업 정원을 늘려 주세요'라고. 그런데 지금도 수업당 학생 수가 70~80명씩 되거든요. 수업에 들어가 보면 강의실에 자리가 모자라서 끼여 앉아요. 정원을 늘리면 당장 수강 신청은 할 수 있겠지만, 장기적으로 우리의 수업권이나 교육권을 생각할 때 올바른 해결 방식은 아닌 거죠.

그럼 이 문제를 어떻게 해결해야 할까요. '왜 우리가 중·고등학교 때도 앉아 보지 않은 콩나물 교실에서 수업을 들어야 하나. 원인이 뭔가. 어떻게 해결해야 하는가'를 근본적으로 물어보고 스스로 판단한 다음에 요구하고 행동해야 해요. 어떤 식으로든 해결해라가 아니라 이런 식으로 해결해라, 이 차이죠. 그 과정에서 옳고 그름에 대한 가치 판단이 일어나고, 나는 누구의 입장에서 생각할 것인가 하는 정치적 당파성이 길러지는 것이 정치적 학습이고 훈련이죠.

정치의 시작은, 해결할 수 있는 권위자에게 답을 구하기 전에 우리가 먼저 머리를 맞대고 동그랗게 앉아서 이야기하는 거예요. 모여서 원인이 뭔지 찾아보고 우리 공동체 전체를 생각할 때 어떤 식으로 접근하고 해결하는 것이 올바른 해결책인지 토론하는 것, 그리고 그것을 집행할 수 있는 단위, 기관, 책임자에게 요구하고 조율하고 결정을 이끌어 내는 것, 이게 정치인 거죠. '해 주세요'라고 통치자한테 그냥 부탁하는 것이 아니라 '이렇게 해야 한다'라는 자기 안을 가지고 옆의 학생들에게, 교수들에게, 대학 본부에, 교육부에, 시민 사회에 우리 목소리를 전하는 거지요.

확인해 보니 수강 신청 대란이 일어나고 콩나물 강의실이 된 건 강좌 수가 너무 줄었기 때문이래요. 강좌 수를 줄인 이유는 전임 교원의 강의 비율을 높이기 위해서라고 합니다. 대학 평가에 전임 교원 강의 담당 비율 지표가 반영되거든요. 사라진 강의가 대부분 시간 강사의 강의였던 것도 그 때문이죠. 그런데 그건 학생 수업권, 대학의 교육권, 교수의 노동권 모든 면에서 옳지 않아요. 그럼 어떻게 해야 할까요. 강좌당 수강 정원을 몇 명 이내로 제한하고 그에 따라 적정한 강좌 수를 산출해야 해요. 그리고 개설 강좌 중 일정 비율을 전업 강사에게 할당하라고 요구할 수 있죠. 물론 학교에서는 택도 없는 소리라 하겠죠. 그럼 대학은 지출이 늘고, 대학 평가에서 해당 항목의 점수를 못 딸 테니까요. 여기서 '정치적 경합'이 생기는 겁니다. 전체 공동체를 생각할 때 누구의 말이 더 타당하냐를 가지고 싸우는 것이죠. 그게 통치가 아닌 정치의 관점에서 정치적으로 문제를 해결하는 방식이에요.

그 과정에서 사적 이익은 공적 가치와 충돌하기도 하지요. 지금 경희대에서 많은 교양 강의를 온라인 강의로 바꾸고 있습니다. 강의실에서 하는 강의는 수강 정원을 늘리는 데 한계가 있잖아요. 그런데 온라인 강의로 전환하면 강의당 150명까지 들을 수 있대요. 정원이 쉰 명인 강의 세 개를 합친 규모죠. 강의 세 개를 합쳐서 하나로 만드니까 강사 두 사람에 대한 인건비도 줄어들겠죠. 학생들한테도 좋은가요? 학교에 안 나와도 되니까 좋다고 생각할 수 있죠. 교수들 중에서도 그렇게 생각하는 사람들이 있을 수 있어요. 매주 정해진 시간에 오지 않고 시간 날 때 서버에 들어가서 관리하면 되니까 편하다고요. 그런 식으로 생각하면 학생도 편하고 교수도 편한데, 아까 보니까 한 학생이 청운관 앞 광장에서 유인물을 나눠 주며 온라인 강의 확대를 반대한다고 목이 터져라 외치고 있더라고요. 그 학생은 왜 그렇게 생각했을까요.

정치적 결정은 공동체를 생각하면서 하는 거예요. 행위도 마찬가지입니다. 나뿐만 아니라 모두에게 좋은 것인지, 공동체에 좋은지를 같이 고민하면서 결정하는 거예요. 시장 주체로서의 합리적 선택과 정치적 주체로서의 공동체적 선택 사이의 결정적 차이가 바로 여기에 있습니다. 내가 이 정책을 지지해서 온라인 강좌를 개설하겠다고 신청할 때 내 동료 두 명이 해고될 수도 있고, 내 학생들은 나와 서로 이름도 모르는 채, 대화도 한번 못 나눠 본 채 한 학기를 끝낼 수도 있어요. 대학 교육이 이런 방향으로 가는 게 과연 옳을까요. 이것을 같이 고민하면서 판단하는 것이 '합리적 선택'과는 다른 '정치적 판단'이에요. 그래서 정치에서는 합리적 개인이 아니라 '정치 공동체의 구성원으로서' 판단의 주체, 결정의 주체가 되고, 행위의 주체가 되는 것이 중요합니다.

### 실천 행위로서의 정치

정치를 고대 그리스 말로 '폴리티케politikē'라고 합니다. 그런데 '폴리티케'의 '케-kē'가 행위를 말하는 거거든요. 음악을 뜻하는 '무지케musikē', 미술(회화)을 뜻하는 '그라피케graphikē'의 뒤에 붙어 있는 그 '케-kē'와 똑같은 의미예요. '케-kē'는 기술-예술을 뜻하는 '테크네technē'가 들어간 행위에 붙는 접미사죠. 추상적인 의미의 정치는 없어요. 정치는 정치할 수 있는 기술이고 예술이에요. 할 줄 아는 것으로서의 정치, 예술, 기술은 반드시 '행위'를 수반해요. 그 정치 행위를 할 수 있는 자격이 우리 같은 평범한 사람한테도 주어지는 정치 체제가 민주주의 정치 체제예요. '우리들은 개돼지가 아니다', '판단하고 결정하고 행동할 수 있다'라고 하는 그 자격권이 참정권이에요. 그래서 청소년도 참정권을 가져야 해요. 그래야만 정치적 주체가 될 수 있어요. 그때부터 이 나라의 주인처럼 생각하고 행동할 수 있어요. 그런데 우리는 대학에서 내라는 대로 등록금 내고, 들으라는 학점만큼 수업을 들으면서 살아왔어요. 지금처럼 학교가 강의를 온라인 강의로 바꾼다고 발표할 때 '그럼 온라인 강의는 어떻게 빨리 신청할까'라고 생각하면 그 순간 이 대학에 정치는 없어지고 정치적 주체로서의 자기도 상실해요. 모든 구성원을 이해 당사자 개인으로 환원시켜 버리는 것, 바로 그게 탈정치화의 의미입니다. 대학이 민주 공화국이 아니라 누군가의 사적 소유물이 되어 버리는 거예요. 때문에 우리는 통치를 거부하고 정치를 회복해야 합니다.

그런데 우리가 통치는 되게 자연스럽게 받아들이면서 정치 주체로서 행위하려고 할 때는 왜 이렇게 움찔거릴까요. 내면에 어떤 자기 검열, 자기 통제가 배어 있기 때문입니다. 지금 강의하고 있는 곳 주변에도 여러 개의 선이 그어져 있잖아요. 이 선을 넘어가면 될까요, 안 될까요? 되죠. 근데 사람들은 앞에 선이 있으면 그 선을 넘지 못해요. 지금은 우리가 여기 잔디를 자연스럽게 뭉개고 앉아 있지만 처음 여기에 들어올 때는 이 선을 넘기가 굉장히 힘들었어요. 여기 철조망이 있는 것도 아니고 콘크리트 장벽이 있어서 부수고 넘어가야 하는 것도 아닌데, 이 선을 넘어서 잔디밭에 들어오는 것이 우리한테 그토록 어려웠습니다. 학생들도 그랬어요. "잔디밭에 들어가면 안 되잖아요." "지금까지 여기 들어가서 뭘 하는 사람을 못 봤는데 학교에서 뭐라고 하지 않을까요?" 강사들이 해고된 후에 후마니타스칼리지 강의가 대부분 열리는 경희대 청운관 앞에서 1인 시위를 하려고 할 때도 학생들이 저한테 물어봤어요. "여기서 1인 시위 해도 되나요?" 학내에서 1인 시위를 하면 불법입니까? 아닙니다. 1인 시위는 불법이 아닙니다. 그랬더니 두 명이 설 때 또 물어보더라고요. "1인 시위는 괜찮은데, 두 명이서 이렇게 하는 것도 괜찮을까요?" 괜찮습니다. 그리고 '불법 시위' 해도 됩니다. 안 평화적인 시위, 해도 됩니다. 무조건 된다는 것이 아니라 규칙을 어기는 것을 감행해야 할 때도 있다는 거죠.

정치적 올바름은 맥락 위에 성립하는 거예요. 어떤 때 어떤 곳에서는 안 되는 것이 다른 맥락에서는 허용될 수 있습니다. 비상사태와 예외 상태를 정상적 일상으로 돌리는 과정은 대부분 일상의 규칙들에 따르지 않음으로써 실현되는 경우가 많아요. 재난의 현장이 대표적인 경우고요. 그때 판단해야 할 정치적으로 올바른 것은 평온한 일상의 시기에 내리는 판단과 다를 수밖에 없죠. 쉬운 예로 도둑질은 나쁜 거라고 배우죠. 절도하면 안 되잖아요. 그런데 어떤 때는 해도 돼요. 예를 들어 도둑질한 걸 도둑질할 때요. 우리가 잘 아는 인물 중에도 있어요. '로빈 후드'라고. (웃음) 도둑들에게서 물건을 빼앗아 오니 영웅이 되지 않았습니까. 그러니까 도둑도 도둑 나름인 거죠. 또는 정황과 맥락상 행위가 사회적으로 용인되는 경우도 있습니다. 스페인에는 마트에서 계산도 않고서 물건을 잔뜩 갖고 나왔는데 오히려 칭송받은 사람도 있습니다. 후안 마누엘 산체스 고르디요Juan Manuel Sanchez Gordillo는 스페인 마리날레다시의 시장인데, 대형 마트에서 쇼핑 카트를 밀고 유유히 계산대를 빠져나와 물건을 가난한 사람들에게 직접 나눠 줬습니다.* 일종의 '긴급 경제'를 실시한 거죠. 먹을 게 없어서 굶고 있는 사람에게는 지금 당장 빵이 필요하니까요. 업체에 손해가 되지 않을 만큼 기부를 강제한 것이라고 이해하면 되지 않을까요. 예전에 농촌 사회에서 관용적으로 용인되었던 '서리' 같은 것도 그런 종류의 '허용된 절도'라고 할 수 있겠지요. 동네 아이들이나 가난한 사람들에게 밭 주인이 눈감고 나눠 주는 거예요. 밀레의 〈이삭 줍기〉라는 유명한 그림에 나오는 장면도 마찬가지입니다. 사람들이 이삭을 줍고 있는 그 땅이 남의 땅이거든요. 중세 전통에서도 수확을 할 때 이삭은 주워 가도록 남겨 둔 거지요. 우리도 예전의 문학 작품들을 보면 여성들이 남의 배추밭에서 주워 온 배추 잎사귀로 국 끓이고 김치 담고 하잖아요. 지금으로 치면 절도 행위죠. 그런데 중세 유럽의 〈마그나카르타Magna Carta, 대헌장〉 당시 민중들이 요구한 〈삼림헌장Charter of the Forest〉을 보면, 오히려 지주의 밭에서 추수하고 남은 것을 가져갈 수 있는 권리를 정당한 취득권으로 요구하는 부분이 있습니다(8강 〈대학의 탈환〉 편 참조).

폭력에 대해서도 마찬가지로 적용할 수 있어요. 폭력을 쓰고 남을 때리는 건 나쁘다고 생각하죠. 그런데 어떤 때는 때려도 돼요. 아니 꼭 폭력을 써야 할 때도 있습니다. 길에서 깡패가 사람을 막 때리고 있어요. 그걸 보면서 '난 평화주의자니까' 하고 가만히 지

* 댄 핸콕스, 《우리는 이상한 마을에 산다》, 윤길순 옮김, 위즈덤하우스, 2014.

나가는 시민이 좋은 시민입니까, 아니면 "야 이 ××야" 하고 달려들어 구해 주는 시민이 좋은 시민입니까. 그때그때 다르죠. 그걸 판단하는 건 굉장히 종합적인 사고예요. 이건 해도 된다, 안 된다를 가르는 절대적인 기준을 제시할 수 없어요.

이렇게 정치적 진리는 수학적 진리, 과학적 진리와 다릅니다. '1 더하기 1은 1'이라는 명제가 참인가요, 거짓인가요? 수학적으로는 '1 더하기 1은 2'가 참입니다. 수학적 세계에서 이 진리를 교란시키면 얘기가 안 돼요. "너한테는 1 더하기 1이 2지만 나는 1이라고 하겠어"라고 하면 그 다음부터는 대화가 안 돼요. 수학적 세계에서의 합의가 있고, 그것에 합당한 방법이 있고, 그것의 옳음을 판단할 수 있는 기준이 있는 거거든요. 그런데 정치의 세계는 그렇지 않아요. '1 더하기 1은 1'이 성립하는 게 정치의 세계, 인간의 세계예요. 언제 '1 더하기 1은 1'이 되죠? 친구랑 둘이서 한번 안아 보세요. '1 더하기 1은 1'이 되고, '1 더하기 1 더하기 1도 1'이 돼요. 100만도 하나가 될 수 있는 게 정치의 셈법이에요. 그 셈법은 그때그때 달라요. 절대적인 건 없어요. 어떤 관점과 어떤 세계에서는 옳지 않은 것이 정치적으로는 옳은 경우가 있거든요.

성적을 기준으로 사람을 선발할 때 80점 맞은 사람과 70점 맞은 사람이 있으면 누구를 선발해야 합니까? 80점 맞은 사람을 선발하는 게 일반적으로 옳다고 생각하죠. 법적인 옳음이에요. 그런데 70점을 뽑아 주는 게 옳을 때가 있어요. 그게 미국에서 시작된 PC 운동이에요. '정치적 올바름 Political Correctness'이라고 해서, 70점과 80점 중에 70점을 뽑는 것을 옳은 것으로 승인해 주는 원리예요. 기울어진 운동장에서 소수자, 여성, 흑인 들에게 똑같은 잣대를 들이대면 그들이 절대 같은 출발선에 설 수 없잖아요. 그것을 바로잡기 위해서 사회가 합의한 올바름의 원칙이에요. 그것이 PC의 기원이고 철학이에요. 그런데 그조차도 절대화된 기준이 될 때는 프로네시스, 정치적인 지혜를 가지고 옳고 그름을 판별하는 힘을 잃어버리게 돼요. 그건 절대적 기준이 아니에요. 그래서 시행착오도 하고 실수도 하면서 계속해서 찾아가야 합니다. 그리고 정치적 옳고 그름을 합의하고 그 옳음을 세워 내기 위해서는 개인이 아니라 반드시 정치 공동체가 필요해요.

### 시민은 거부할 수 있는 존재

우리는 이 선을 넘는 게 왜 이렇게 힘들까요. 이게 휴전선도 아닌데. 예전에는 휴전선을 넘은 사람도 있었어요. 그럼으로써 이 분단의 선이 모순된 선이며 아무것도 아니라는 걸 몸으로 보여 줬어요. 그런데 우리는 오늘날 이 선을 넘지 못합니다. 촛불 집회에서도 우리가 못 넘은 선이 있어요. 폴리스라인. 그게 큰 장벽도 아니고 넘어간다고 총 맞아 죽는 것도 아닌데 우리는 그 선을 넘지 못합니다. 이렇게 물리적 강제력이 큰 위협으로 다가오기도 전에 우리가 넘어가려고 하면 스스로 움찔하게 되는 선들이 있어요. 무엇이 우리로 하여금 내면에 우리 각자에게 넘을 수 없는 선의 높이를 만들어 내게 하는가, 무엇이 그 선을 우리에게 금지의 선으로 강제하는가 물어봐야 돼요.

저는 시민교육이 다 망쳤다고 생각해요. '착한 시민'들이 그 선을 넘지 못해요. 우리가 '시민, 시민' 얘기하는데 사실 그 시민, 이 시민, 저 시민이 다 다르거든요. 시민은 이래야 한다라고 하는 모습이 있어요. 예를 들어 여기 보면 흡연 구역 선도 있어요. 예전에 후마니타스칼리지 시민교육 프로젝트를 하는 한 팀에서 프로젝트의 일환으로 건물 앞 바닥에 흡연 구역 선을 딱 그려 놨어요. 이미 교내에선 흡연 구역에서만 담배를 필 수 있도록 하고 있었지만 그냥 표지판만 세워 놓으니까 어디부터 어디까지가 흡연 구역인지 알 수 없어서 잘 안 지켜진다고, 흡연 구역 선을 딱 그려 줬어요. 선이 있어야, 기준이 있어야 지키고 살 거라는 거예요. 그런데 과연 그게 시민이 되기 위한, 시민으로 살기 위한 시민교육 프로젝트라고 할 수 있을까요. 또 다른 선들도 있어요. 정지선이 있고, 횡단보도 선이 있고, 우측 보행 선도 있고······. 사실 도처가 선이에요. 선들의 세계거든요. 타인의 통행을 방해하지 않기 위해 도시 생활의 규칙들을 잘 지켜야 된다고 생각하고 그 선들을 다 지키는 동안 그 행동의 규칙들이 내 몸에 새겨져요. 우리가 그 선들의 규제에 익숙해질수록 정치적 주체로서 자유롭게 행동할 수 있는 시민성은 오히려 제약되는 것이죠.

우리가 똑같이 '시민市民'이란 말로 부르고 있지만 그런 '시민'은 사실 도시 거주자의 의미로서의 '도시민都市民'이에요. 그렇지 않아요? 횡단보도 선을 지키고 정지선을 지키고 잔디밭 선을 넘어가지 않는 건, 너무 많은 사람들이 모여 사는 이 도시, 모르는 사람들로 가득 찬 이 복잡한 도시에서 서로를 불쾌하게 만들지 말자고 합의한 공중도덕이잖아요. 그걸 지키는 게 시민입니까? 저는 도시민이 아니에요. 시골의 읍에 사는 읍민이거든요. (웃음) 우리 인제 사람들은 주차선에 그렇게 민감하지 않아요. 왜 그렇죠? 환경이 다르니까요. 차도 적고 빈 공간이 많으니까 아무데나 차를 대도 남한테 피해를 안 주거든요. 그런 곳에서 주차선을 안 지킨 주민을 보고 '아 정말 개념 없어, 시민 의식이 없어' 그렇게 얘기할 수 있나요? 없죠. 대도시에서는 지켜야 돼요. 그런데 도시 생활 규칙으로서의 시민 의식, 공중도덕, 에티켓이, 정치적 주체로서의 시민 의식, 시민으로서 공적 삶을 위한 시민 의식으로 대체될 수는 없다는 겁니다. 정치적 주체로서의 시민은 언제 선을 넘어가야 할지, 어떤 선을 넘어가야 할지를 판단하고 반드시 넘어갑니다. 그게 정치적 주체로서의 시민이에요. 그 판단은 통치자, 행정 관리자, 경찰서장이 하는 게 아니에요. 그 자리에 있는 우리들 자신이 행동의 주체로서, 주권자로서, 행위자로서 판단하고 감행합니다. 그러니까 항상 생각해야 해요. 지금 이 선을 넘어갈 것인가. 어떻게 넘어갈 것인가. 언제나 생각하고 결정하고 행위하는 주체가 돼야 합니다.

제가 학교에서 학생들한테 '시민은 어떤 사람입니까' 물어보면 대체로 납세와 국방의 의무를 다하는 사람이라는 답이 많이 나옵니다. 납세와 국방의 의무를 다하지 않으면 시민이 아닌가요? 그건 국민의 의무이고 규정이에요. 국민은 호명된 존재입니다. 여기 태어나서 주민등록증을 받고 세금으로 혜택을 받고 그래서 세금을 내야 하는 존재. 그래야 국가라는 이 덩어리가 굴러갈 수 있으니까요. 그런데 시민은 그렇지 않아요. 불려진 존재가 아니라 스스로를 호명하는 존재입니다. 국민은 정치적 존재가 아니지만 시민은 정치적 존재입니다. 그래서 시민은 거부권이 있어요. 저항권이 있어요. 앞서 말씀드렸듯이 정치 공동체 안에서 정치적으로 경합하는 주체니까요. 국가가 국방의 의무를 요구하지만 난 불의한 전쟁에 나가지 않겠다라고 거부할 수 있는 건 우리가 시민이기 때문이에요. 국민은 납세의 의무를 가지고 있죠. 시민은 납세 거부의 권리를 가지고 있습니다. 왕의 백성에게는 거부의 권리가 없지요. 도망가서 도적떼가 되든지, 유민이 되는 수밖에 없어요. 하지만 시민은 '거부의 권리'를 가진 자입니다. 노동을 거부하고 파업을 할 수 있듯이 납세 거부 투쟁도 할 수 있어요. '내가 이런 나라의 국민이 되려고 이때까지 뼈 빠지게 일해서 세금 낸 거 아니다'라고 하면서. 그렇게 보면 대학생들은 등록금 거부 투쟁도 할 수 있죠. '내가 이런 대학에 다니려고 이때까지 외상 한번 한 적 없이 꼬박꼬박 등록금 낸 거 아니다'라고 할 수 있는 거예요. 국민에게 애를 낳으라고 하는데 시민은 거부할 수 있어요. 그 거부권이야말로 시민의 큰 힘입니다. 국민은 시민과 등치될 수 없고, 시민은 국민으로 환원될 수 없습니다.

학생들에게 시민에 대해 물었을 때 그 다음으로 많이 나오는 답이, 시민은 착한 사람들이라는 거예요. 주위에서 시민들을 봤냐고 하면 동네를 청소하는 분, 또는 사회봉사를 열심히 하는 분, 이웃과 마을에 관심을 가지고 애쓰는 분처럼 성실하게 살아가는 착한 사람들을 이야기하거든요. 그런데 착한 사람이 시민인 것은 아니에요. 착하다는 게 시민의 규정력이 될 순 없습니다. 아주 아주 착한 사람인데 시민으로서는 정말 나쁜 시민인 경우가 많아요. 회사에서 성실하게 일하는 유능한 직원이고 집에서도 훌륭한 부모이자 배우자이자 자식인데 시민으로선 아주 나쁜 시민. 우리나라 일제 시대에 일본 순사로 일하면서도 집에 들어가서는 부모님 봉양하고 자식들 잘 돌보고 이웃한테도 잘 베풀면서, 개인적인 차원에서 좋은 삶을 살아가는 사람들이 많았어요. 그런데 정치적 주체로서의 시민은 반드시 정치 공동체를 생각하면서 결정하고 행동하는 사람이라고 했잖아요. '우리'라고 하는 이 공화국 안에서 내가 어떻게 행동할 것인지, 누구의 편에 서고 누구와 함께 살아갈 것인지를 결정하고 그 기준에 따라서 살아가는 사람이에요. 개인적인 차원에서 착한 사람도 정치 공동체에는 무지 해로울 수 있어요. 그리고 대개 '착하다'는 건 순응을 잘한다는 것인데 그건 '거부할 수 있는 존재'인 시민이 가져야 할 품성하고는 정말 어울리지 않아요. 시민은 언제나 '왜'라고 물으면서 자기 결정에 의해 행동하는 사람이지 갈등을 일으키는 것을 두려워하면서 사교적으로 살아가는 사람들이 아니거든요.

마지막으로 시민은 신민臣民이 아닙니다. 신민은 왕의 백성이잖아요. 왕의 백성은 절대 시민이 될 수 없어요. 그런데 민주 국가에서도 신민처럼 살아가는 사람이 많아요. 대통령을 잘 뽑으면 된다고 얘기하는 건 신민적 태도예요. 훌륭한 지도자를 만나서 그의 통치 밑에서 걱정 안 하고 살아가겠다라고 하는 건 신민의 태도예요. 간혹 좋은 왕을 만날 수도 있고 좋은 대통령을 뽑을 수도 있겠죠. 그런데 아무리 좋은 주인을 만나서 좋은 옷 입고 배 안 곯고 살아도 노예는 노예인 거예요. 신민은 시민이 될 수 없어요. 통치자를 잘 뽑아서 그에게 의탁하고 그 그늘 아래서 등 따시게 잘 살자라고 하는 순간 우리는 신민으로 전락하고 맙니다. 주인은 우리고 대통령이 신하예요. 대표자도 아니고 대리인도 아니에요. 그들은 우리 종이에요. 공복公僕이란 말입니다. 공무원들, 국회의원들 전부 시민들의 공복입니다. 생업에 종사해야 하는 시민들 대신 공무를 보라고 월급 주며 공직에 앉혀 놓은 사람들이거든요. 우리가 주인이에요. 시민은 반드시 스스로가 주인인 자여야 합니다. 대통령제라고 해도 우리가 대통령을 왕처럼 대하는 마음을 갖는 순간 바로 신민으로 고꾸라져요. 구원의 대상으로 바라볼 때도 마찬가지예요. 박정희, 박근혜를 왕가의 혈족인 양 여기면서 그 앞에서 절하는 사람들을 보고 비웃지만 김대중, 노무현 등에 대한 열광도 크게 다르지 않습니다. 정치 엘리트 집단을 구원자로 보는 곳에서 민주주의는 결코 가능하지 않아요. 정치 엘리트들을 시민의 힘 아래에 복속시킬 수 있는 곳에서만 민주 정치는 가능합니다.

### 누구의 편에 설 것인가

 시민이 된다는 것, 정치적 주체가 된다는 것은 누구의 편이 될 것인가를 결정하는 일이기도 합니다. 개인으로서는 절대 정치적 주체가 될 수 없어요. 정치적 주체가 된다는 것은 정당한 정파, 뜻을 같이하는 정치적 집단 속에 있는 사람으로서 주인이 되는 거거든요. 나 홀로 주인이 되겠다는 건 그냥 정신 승리예요. 그건 소비자 권리 의식에밖에 미치지 못해요. '나는 주인 의식으로 경희대 문제를 살펴본 다음에 이걸 지적하겠다'라고 개인적 차원에서 결단하는 건 정치적 주체로서, 시민으로서의 나를 만들어 낼 수 없어요. 반드시 뜻을 같이하는 정치적 집단 속에서 정치적 세력으로서 움직여야 해요. 정치적 세력이라는 것은 쉽게 말하면 '편'입니다. 반드시 편에 서야 해요. 가운데 서면 안 되고 밖에 서도 안 돼요. 이 공동체 안에 여러 정치적 집단들이 있는데 누구의 편이 될 것인가를 결정해야 해요. 총장의 편이 될 것인가 아니면 학생의 편이 될 것인가, 노동자의 편이 될 것인가 사용자의 편이 될 것인가. 자기가 누구 편인지를 항상 고민하고 결정한 뒤 그 편에 서서 같은 편으로서 행동하고 발언해야 하는 거예요. 어떤 편에 선다는 것은 그 사람들의 입장을 자기의 입장으로 갖는 것이고, 그게 바로 '정치적 입장'입니다. 그런데 우리는 거꾸로 생각하죠. 입장을 지키는 것이 아니라 정치적 중립을 지키는 것이 포용력 있는 거라고 생각합니다. 다양성을 인정하라고 얘기하고 여러 사람의 의견을 듣는 것이 민주주의라고 얘기해요. 아닙니다. 그것은 절대 민주주의가 아니에요. 민주주의는 다원주의와는 완전히 다른 거예요. 데모크라티아는 데모스의 편에 서는 거예요. 민중의 편에 서서 민중이 지배자, 이 나라의 주인이 되게 하는 겁니다.

중립은 절대 민주주의가 아니에요. 아테네에서 민주정이 처음 탄생할 때 솔론이라는 사람이 민중의 요구를 받아서 정리한 개혁안이 있어요. 그 혁명법안에 보면, 내란이 있었을 때 어느 편에도 가담하지 않고 중립을 지킨 사람은 시민권을 박탈한다는 규정이 있습니다.* 이 이야기는 《플루타르코스 영웅전》 솔론편에 나옵니다. 당시 민중들이 왜 그런 요구를 했겠습니까. 중립을 지킨다는 건 지켜보다가 이기는 놈의 편을 들겠다는 거예요. 아주 기회주의적인 태도죠. 아테네의 민중들은 정치 공동체 폴리스에 가장 나쁜 태도가 왕의 편이나 귀족의 편을 드는 것이 아니라 누구의 편도 안 드는 거라고 생각했던 거예요. 그들이 자신들에게도 가장 해로운 사람들이란 걸 알았죠. 항상 그 사람들이 나중에 민중을 배신하니까요. 그 경험 때문에 중립을 표하는 자, 입장을 내지 않는 자는 시민권을 박탈하겠다고 한 겁니다. 구경꾼이 아니라 나라의 주

---

* "솔론이 세운 법률 중 내란에 대한 것은 좀 특이하다. 내란이 있었을 때 어느 편에도 가담하지 않고 중립을 지킨 사람은 시민권을 박탈한다고 한 규정이 그것이다. 조국이 겪고 있는 괴로움을 외면하는 것은 비겁한 행동이라고 생각했기 때문이었다. 또 그는 옳은 일을 하는 사람들의 편이 되어 위험을 같이하고 도움을 주어야 한다고 했으며, 어느 편이 이기는가를 주시하며 위험을 피하는 것은 옳지 못하다고 했다." - 플루타르코스, 《플루타르코스 영웅전 전집 상》, 이성규 옮김, 현대지성, 2016, 176쪽

인이 되라는 요구죠. 이익만 누리지 말고 책임을 지라는 요구죠. 이 나라가 누구의 나라가 될 것인지를, 어느 편에 서서 누구와 함께 살아갈 것인지를 결정하고 그것에 따라서 국가의 방향을 설정하라는 요구입니다. 아주 중요한 거예요. 정치적 주체로서 주인이 된다는 건 내가 설 편을 결정하는 겁니다. 그건 편향이 아니에요. 입장을 결정하는 것이고 내가 이 폴리스 안에서 책임감 있는 태도로 살아가는 겁니다.

이 대학 안에도 입장을 제출하지 않는 사람들, 시민권을 박탈당할 사람들이 아주 많이 있습니다. 중립에 서겠다고 하는 사람과는 친구 하지 마세요. 결정을 내리기 위해서 우선 얘기를 들어 보겠다는 태도는 괜찮지만 수시로 중립의 위치에 자기를 놓는 사람이 있어요. 그들은 모두의 친구라고 하지만 그건 누구의 친구도 아니고, 언제든 적이 될 수 있는 사람입니다. 정의와 불의에 따라 행동하는 사람이 아니라 이익과 손해에 따라 행동하는 사람입니다. 아테네의 중립파였던 해안파, 무역항을 거점으로 했던 상인들처럼 말입니다. 솔론은 바로 그 정파에 속했고, 민중파가 정권을 잡은 후에 그 자신도 아테네를 떠났습니다.

### 정치를 회복할 편 꾸리기

이제 정치와 통치는 다르다는 것을 아셨나요? 정치는 어떤 입장에 서서 결정을 내리는 일이고, 내가 그 결정에 책임지고 행동하는 일이에요. 통치는 결정을 요구하는 일이고 결정된 것에 따라서 관리하는 '절차'예요. 결정 후의 일이죠. 그런데 요즘 '결정 과정'에 참여하는 것으로 착각하게 만드는 이상한 개념이 하나 있지요. 바로 거버넌스예요. 거버넌스는 결정 과정에 참여하는 것이 아니라 결정된 것을 집행하는 과정에 참여하는 거예요. 만약 그게 결정 절차를 대신하게 된다면 그건 반민주주의적인 겁니다. 그런데도 요새 거버넌스를 하면 민주적으로 대학을 운영한다고 생각해요. 거버넌스는 결정의 분점이 아니라 통치의 분점이에요. 통치의 독점을 완화하는 장치란 말입니다. 통치 행위는 정치가 전제돼 있어야 하는데 정치 없는 통치는 기계적 시스템밖에 안 됩니다. 정치가 사라진 곳에 통치만 남게 되면 그건 필연적으로 행정의 독재를 가져올 수밖에 없어요.

'협의회'나 '위원회'가 대표적인 거버넌스 체제예요. 7장 〈주인 없는 대학〉 편에서 더 자세히 살피겠지만 경희대에도 각종 위원회가 많습니다. 그런데 이 위원회가 왜 문제일까요? 앞서 '정치적 주체는 개인이 아니고 반드시 집단적 주체'라고 했잖아요. 대학에서는 학생회가 주체고 교수회가 주체고 노조가 정치적 주체의 실체인 거죠. 노사 협상 테이블에 앉은 노동자나 등록금심의위원회에 참가한 학생은 개인의 자격으로서 그 자리에 있는 게 아니라 학내의 중요한 정치 세력으로서, 집단을 대표하는 공적 대리인으로서 그 자리에 있는 거예요. 학생회가 중요한 학생 자치 조직이고 정치 세력이려면 학생회는 학교의 운영, 즉 통치에 대한 자기의 정치적 입장을 제출하고 그 입장을 학생 대중들로부터 인정받고 그것에 따라 행동하고 목소리를 내야 해요. 그런데 거버넌스라는 시스템은 학생 중의 한 명, 교수 중의 한 명, 직원 중의 한 명, 이런 식으로 불러 모아서 얘기하도록 한단 말이죠. 그런 식의 거버넌스 시스템을 도입하면 학교는 편해요. 모든 구성원들과 소통했다는 형식적 알리바이를 만들 수 있으니까요.

저는 학생들이 그런 식으로 학교와 거버넌스 하는 것을 경계해야 한다고 생각합니다. 물론 학교에 대한 감시를 위해서, 학교와의 소통을 위해서 들어간다고 말할 수 있겠죠. 하지만 감시자가 함께 의사 결정 기구에 들어가서 어떻게 감시를 하나요? 공동의 책임을 져야 하는데. 게다가 학생회란 학생의 목소리를 학교에 전달하고 학교의 목소리를 학생들에게 전하는 목소리 전달자가 아니에요. 자기의 목소리를 갖고 있어야 해요. 정치적 주체라고 하는 건 이 대학에 대한, 이 사회에 대한 입장을 갖고 있는 집단이거든요. 그런데 "들어 보고 판단하겠다", "알아보고 결정하겠다" 하는 건 그 판단의 기준이 자신의 입장이 아니라 상대가 내미는 협상 카드에 있다는 말과 다를 바 없어요. "이렇다고 하면 이렇게 하겠다", "이런 안이라면 동의하겠다" 이렇게 말해야 하는 거지요. 지금 대학에선 입장의 상실, 서로 다른 입장들이 경합하면서 전체로서 목소리를 모아 가는 정치적 과정의 상실, 이런 걱정스러운 징후들이 포착됩니다. 거버넌스는 다양성, 투명성, 참여 보장, 아래에서 위로의 조직 방식 등을 강조하지만 실제로는 광장을 필요 없게 만들고 밀실의 정치를 정당화하는 세련된 통치 기법이 아닌가 하는 생각도 들어요. 밀실이 많을수록 비선秘線도 많아지는 거 아니겠습니까.

광장에 나가서 '이런 식으로 정치하지 맙시다'라고 외치는 건, 몇몇 사람들만 바꾸자는 요구가 아니잖아요. 우리가 개돼지처럼, 또는 왕의 백성으로 살아왔던 이 체제를 자기 삶터에서부터 바꾸어 나가서 우리가 주인으로 살 수 있는 나라를 만들겠다는 것 아닙니까. 그럼 이 대학에서도 정치적 주체가 되었던 단위들, 될 수 있는 집단들을 다시 구성해야 돼요. 우리 역시 개인으로 파편화되어 있던 대학 사회를 정치적인 주체들로 재구성해 내야 하는 거죠. 그 주체들이 형성될 때 이 대학이 정치적 장소가 될 수 있습니다. 먼저 사람들이 정치적 주체로서 서야 하는데 그걸 못 하게 하는 요소가 너무 많아요. 우리가 못나서, 우리가 비겁해서, 생각이 없어서 그런 게 아니고요, 이 대학의 질서와 공간과 제도들이 우리로 하여금 뜻 맞는 사람들끼리 뭉쳐서 대학의 주인으로서 행위하도록 하는 데 장애물들을 놓고 있거든요. 이 공간 자체도 그래요. 우리가 이 잔디밭에 들어와서 점유하는 순간 여기는 정치적 장소로 탄생했어요. 지금이야 여기 둘러앉아서 이야기를 나누는 게 자연스럽고 사람들도 이 모습을 보면서 '이게 대학이구나', '대학은 이래야지'라고 생각하지만, 우리가 여기 난입하기 전까지 이 잔디밭은 침입하면 안 되는 '경관지'였어요. 인간이 경관에 귀속되는 셈이죠.

공간에 대해 공간이 지시하는 것이 있잖아요. 예를 들어 이 잔디는 '풍경으로서의 용도'를 지시합니다. 경관을 위한 공간이니 바라보기만 하라는 거죠. 지금은 공간의 기능적 용도에 따른 분할과 통치가 너무 심한 것 같아요. 공간의 규격력을 벗어나 그것 아닌 다른 용도로 쓰는 것이 사실상 금지된 상태라고 할까요. 식당에선 밥만 먹어야 하고, 강의실에선 강의만 해야 하고, 운동은 운동장에서만 해야 하고, 팀플은 카페에서 합니다. 대학의 공간도 다 선이 지배하는 공간이고 그 공간의 정치학이 또한 우리로 하여금 그 선을 넘지 못하게 하고 있지요. 예전에는 그냥 빈 강의실이 있으면 들어가서 세미나도 하고 같이 토론도 하고 공부도 했어요. 그런데 어느 순간 강의실 대여 신청 절차가 생기더니 그 절차도 갈수록 까다로워지고 있습니다. 작년까지는 행정실에 전화만 하면 어렵지 않게 쓸 수 있었거든요. 이름, 소속, 연락처, 목적, 사용 시간, 사용 인원만 밝히면 됐어요. 그런데 이제 강의실을 사용하려면 공문을 보내야 해요. 그냥 개인으로서는 신청이 안 된다는 거예요. 기관장 직인을 받아서 내야 하고요. 행정 통치의 관점에서 보면 굉장히 효율적으로 공간과 사람을 관리할 수 있지만, 정치적 주체가 되고자 하는 입장에서 보면 그건 아주 나쁜 통제 수단인 거죠. 그냥 들어가서 사용하면 되잖아요. 빈 강의실에 들어가서 세미나 좀 했다고 무단침입죄로 경찰이 와서 잡아간답니까. 그런데 학생들이 못 해요. 이미 간이 쪼그라져 있는 거예요. 아니 입학할 때부터 그랬으니까 원래부터 그런 줄 아는 거예요. 원래 있는 규정이라고 해서 이유를 묻지 않고 지키기만 하면, 자기 자신도 스스로를 정치적 주체가 아니라 통치받는 관리 대상으로 인식하게 됩니다.

## 함께 선을 넘자

우리에게 허락되지 않는 선들을 단 한 발짝도 못 넘어가는 현실이 우리가 기존에 가지고 있던 정치의 장소조차도 계속 박탈하는 일들을 만들어 내고 있습니다. 계속 이 선들을 교란시키고 어지럽히고 의식적으로 무너뜨려야 해요. 지금 둘러보면 학교가 전반적으로 되게 깨끗해졌는데 정치적 장소로 재구성되려면 좀 더 시끄럽고 더러워질 필요가 있습니다. (웃음)

우리가 머리로 그렇게 생각하더라도 선이 보이면 움찔하는 게, 몸에 딱 배겨져 있어서 그렇거든요. 예전에 어떤 강의에서 누가 구체적인 실천론을 물어보셨어요. 여기서 어떻게 해야 스스로를 해방시킬 수 있느냐고요. 사소한 범법 행위를 하는 게 중요해요. 가령 넘지 말라는 게 법이면 한번 넘어가 보는 거죠. 인류학자이자 정치학자인 제임스 스콧은 그것을 '아나키스트식 유연 체조'라고 부르더군요. "합당하지 않은 사소한 법들을 매일 어기도록 하세요. 어떤 법이 정의롭고 합리적인 것인지 아닌지 자신의 머리를 사용해서 직접 판단해 보세요. 그렇게 하다 보면 여러분은 날렵하고 민첩한 정신 자세를 유지하게 될 겁니다."[*] 이런 것부터 시작해서 자

---

[*] 제임스 C. 스콧, 《우리는 모두 아나키스트다》, 김훈 옮김, 여름언덕, 2014, 40쪽.

기에게 놓인 선들을 넘고 해체시키고 지워 버리는 연습을 일상에서 끊임없이 해야 해요. 그래야 어떤 거대한 선이 장벽처럼 앞을 가로막아도 그 앞에서 꼼짝 못 하는 게 아니라 '이건 어떻게 넘어가 볼까' 하는 자세로 바뀌어요.

지금 사라지는 정치의 장소들이 많아요. 경희대도 운동장이 사라졌어요. 노천극장도 사라졌죠. 모여서 얘기할 수 있으려면 곳곳에 공간이 있어야 하는데 그렇게 모일 수 있는 공간, 작당할 수 있는 공간들이 대학에서, 도시에서 계속 사라지고 있어요. 물리적으로 사라진 정치의 장소를 회복하는 것도 굉장히 중요한 일이에요. 공간이 딱 주어져 있는 것만도 아니거든요. 정치적 주체는 지금 이 자리처럼 공간을 재창조해 내는 힘도 갖고 있어요. 우리가 정치적 주체로서 그런 의제를 가지고 이 자리에 모일 때는 장소의 성격이 완전히 바뀌어요. 어떤 한 장소가 소풍 나오는 장소도 될 수 있고 대학 경관의 하나도 될 수 있지만, 여기서 정치적 목소리가 터져 나오고 우리가 정치적 행위를 하는 순간 이 장소가 곧 정치적 장소가 되는 것이죠. 그래서 원래 있던 정치적 장소, 우리에게서 뺏어간 공간을 계속해서 탈환해야 하고, 동시에 용도에 따라 분할해 놓은 공간들에 난입해서 우리 것으로 만드는 활동이 필요해요. 우리가 주인이니까 규칙은 우리가 만드는 것이죠.

스스로 믿음을 가져야 해요. 이걸 해도 큰일 나지 않아요. 강의실이 엉망진창 되지 않아요. 우리에겐 자치와 자율의 능력이 있어요. 우리로 하여금 선을 넘지 못하게 하는 것은, 우리 자신의 두려움도 있지만 지배자의 두려움이 더 커요. 선을 넘어가서 그들이 만들어 놓은 질서가 무너지는 순간 혼란이 올 것 같지만 그렇지 않거든요. 민중들이 놀라운 자치 역량을 발휘합니다. 그것을 저들도 보게 되고 우리 스스로도 확인하게 돼요. 그럼 우리가 자기에 대한 긍지를 갖게 되죠. 사실 지배자들은 혼란 속에서 질서를 창조해 내는 민중의 힘이 두려운 거예요. 그것을 막기 위해 우리한테 선을 넘지 말라고 하는 것이죠. 우리 한번 넘어가 봐요. 잘못될 수도 있죠. 그런데 다시 수정할 수 있는 역량도 우리한테 있어요. 이렇게 단 몇 명이라도 정치적 주체로서 행위를 하는 순간 어떤 공간이든 공간의 정치적 의미가 재탄생할 수 있어요. 광장은 어디서든 가능합니다.

'편偏'과 '선線', 이 두 가지만 기억해 주세요. 정치적 주체로 시민이 된다는 것은 누구의 편이 될 것인가를 결정하는 일이라는 것. 생각하고 행동할 때 그냥 멀리 떨어져서 남의 일을 보듯이 하지 말고, TV 화면을 통해서 사건 현장을 바라보는 시청자의 관점에 서지 말고, 자기를 사건 속에 놓아두고 그 사건 속에서 어느 편에 설지를 반드시 결정해야 해요. 그 '편'이라고 하는 것이 입장이고 주체적인 의식이고 시민 의식이라는 것을 꼭 기억해 주시기 바랍니다. 그리고 그 편과 함께 선을 넘어야 합니다. 선을 못 넘으면 끝까지 정치적 주체가 될 수 없어요. 신민이 아니라 시민이 되고자 한다면, 진짜로 우리가 빼앗긴 주권을 되찾아서 이 나라를 공화국으로 만들고자 한다면, 앞으로 그런 나라에서 살고자 한다면, 제일 먼저 해야 할 시민으로서의 행동 준칙은 어디서나 선을 넘는 것입니다. 개별자로서 선을 넘으면 그냥 잡범이 되지만 편과 함께 어깨를 걸고 선을 넘어가면 정치범이 됩니다. 역사의 주인공이 됩니다. 저항하는 시민이 됩시다.

7강

# 주인 없는 대학

대학을 탐하는 자 누구인가

오늘 주제는 '주인 없는 대학'입니다. 사실 대학에 정치가 없다는 말은 주인이 없다는 말이기도 해요. 중요한 것은 주인이 없는 대학이 어떻게 통치, 운영되는가입니다. 그 가운데 이 대학을 호시탐탐 노리는 자들이 있거든요.

지난 12월에 경희대 청소 노동자들이 총장실을 점거한 사건으로 이야기를 시작해 보죠. 경희대 청소 노동자들은 2012년부터 직접 고용을 요구하면서 노조를 만들고 싸운 끝에 2015년 학교로부터 고용 안정에 대한 약속을 받아 냈습니다. 희망제작소 사다리 포럼이 만든 중재안을 노사 양측이 수용함으로써 성립된 이 조정안은 '노사 대타협'의 사례로 신문에도 나고 대학 청소 노동자 문제를 푸는 하나의 해법으로 제시되면서 '경희 모델'이라고까지 불렸어요. 조정안의 내용은, 학교 법인의 출자로 자회사를 만들어서 청소 노동자들을 고용하겠다는 거였습니다. 직접 사용자인 대학에서 대학 직원으로 고용하는 게 아니라 또다시 용역 계약 형태로 간접 고용 하는 방식이긴 하지만 그래도 대학과 같은 법인 소속의 사업체니까 대학이 나 몰라라 할 수는 없을 것이고, 법인에서 100퍼센트 출자한 자회사의 정규직이라면 안심하고 일할 수 있겠다 싶어서 노조도 받아들인 거죠. 당시 그걸 '책임 고용'이라는 애매한 용어로 불렀습니다. 책임 고용이란 법적 강제력 없이 고용주의 책임감에 맡기는 것 아닙니까. 그래도 '대학'이란 곳은 일반 사기업처럼 영리만 추구하는 기관은 아니니까, 사회적 위신상 함부로 해고하지 못할 거라 생각해서 그 '책임 고용'이라는 말을 믿었던 것이죠. 하지만 기존 청소 용역 업체와의 계약이 만료되는 시점(2016년 12월 31일)이 한 달 앞으로 다가와도 학교는 여전히 약속을 이행하지 않았어요. 그러자 12월 2일, 참다못한 청소 노동자들이 학생들과 함께 총장실을 점거했습니다. 2016년 경희대의 마지막 이사회가 열리는 날이었는데 이 문제가 이사회 안건으로 상정조차 되지 않았던 거예요. 이사회 결정 소식을 함께 모여서 기다리던 청소 노동자들은 그 사실을 알고 "약속을 이행해라", "대학 구성원으로서의 청소 노동자들에 대한 약속을 지켜라"라고 요구하면서 총장실에 갔어요. 마침 그날 저도 청소 노동자분들에게 교육을 부탁받고 대학 민주주의에 대해 강의를 하고 있던 터라 함께 대학 본관으로 갔지요.

  학교 쪽에서 나온 사람들은 하나같이 "힘이 없다"고 말하더라고요. 직원은 나와서 "제가 직원인데 무슨 힘이 있겠습니까. 결정할 권한이 없습니다"라고 해요. 심지어 총장님도 힘이 없대요. 총장이라고 대학을 좌지우지할 수 있는 게 아니고 이사회에서 결정하면 그걸 따르는 거라고 합니다. 행정 직원이 "대학은 총장 한 사람의 것이 아닙니다"라고 얘기를 하는데 웃음이 나더군요. 그 얘긴, 총장은 아무 힘도 없으니 여기 와서 이래 봐야 소용없다는 뜻이잖아요.

그럼 어디로 가야 할까요? 결정은 이사회에서 하는 것이랍니다. 그래도 청소 노동자들은 앉은 자리에서 꿈쩍도 않더라고요. 이 대학 안에서 누가 제일 힘이 센지, 법적 권한 운운하며 설명하지 않아도 다 알고 있는 거예요. 그래서 자신의 운명을 결정할 수 있는 실질적 힘이 있는 자리, 총장실에서 한 발도 떼지 않은 거지요. 아니나 다를까, "그럼 이사장실로 갈까요?" 되받아 물으니, 그 교직원이 이사장도 힘이 없답니다. 이사장은 그냥 이사회의 대표일 뿐이랍니다. 이사회에서 못 한다고 결정하면 이사장도 어쩔 수 없다고요. 그럼 왜 이사회에서 안건 상정도 안 했느냐 물으니 '법적 검토'가 아직 안 끝났답니다. "총장님의 의지는 있으나 법이 없어서" 난감하다는 겁니다. 아무리 자회사라도 법인 출자 회사와 대학이 단독으로 수의 계약을 할 수 없다는 거예요. 말인즉슨 자회사의 정규직이 되어도 그 회사가 대학과 청소 용역 계약을 못 하면 청소 노동자들은 대학에서 더 이상 일할 수 없게 된다는 것이죠. 그런데 학교 법인 사이트를 찾아보니까 서울사업부 관할로 이미 (주)경희매니지먼트컴퍼니(KMC)라는 법인 사업체가 있더라고요. KMC는 경희 학교 법인이 100퍼센트 투자해서 설립한 회사로 학교 전산 시스템 구축 관리, 교내 커피 매장 운영, 부동산 사업, 인력 공급업 등을 하고 있는데요, 경희초등학교, 경희여자중학교, 경희중학교, 경희여자고등학교, 경희고등학교, 경희사이버대학교, 경희의료원, 강동경희대학교병원 등 경희학원 소속의 다른 '사업장들'과 청소, 경비 용역 계약을 체결한 곳이에요. 그런데 지금까지 직고용을 요구하며 싸워 온 민주노총 소속 청소 노동자들을 원래 있는 법인 출자 회사로 승계 고용하지 않고 왜 별도의 자회사를 만들어서 따로 계약하겠다는 것인지 좀 의아했습니다. 학교에서는 "더 좋은 임금 조건과 노동 조건을 보장하기 위해서"라고 하더군요. 실제로 민주노총 조합원들은 그동안 단체 협약을 통해 지속적으로 노동 조건을 개선해왔으니까요. 그럼 이 노동자들이 쟁취한 임금 기준과 노동 조건을 다른 비조합원 노동자들에게 똑같이 적용할 수 없다는 말일까요. 혹시 학교에서 별도의 업체를 만드는 번거로움을 감수하는 이유가 그것인가 하는 생각이 들더라고요. 그래 봤자 100만 원도 못 받다가 이제 150만 원 받게 된 정도인데 말이죠. 이사들한테는 여전히 이분들이 '구성원'이 아니라 '비용'이구나 하는 생각이 들었습니다.

### 이사회라는 이름의 과두정

경희대는 총장이 전권을 가지고 학교를 운영하는 것이 아니고 '책임 부총장제'라는 것을 운영해서 부총장단에 업무 분담을 한답니다. 단과대도 자율 경영이라 단과대 문제는 각 단과대 학장들에게 일임하고 있다고 하고요. 상당히 민주적인 것 같지요? 그런데 사실 그런 시스템은 '무책임의 구조'의 전형이기도 합니다. 청소 노동자 고용 문제에서도 여실히 드러났듯이 말입니다. 어쨌든 대학 부총장들 가운데 이런 문제를 담당하는 사람은 '대외 협력 부총장'이라 그분이 학교 대표로 나와서 상황 설명을 했습니다.

총장도 힘이 없는데 부총장이 힘이 있겠습니까. 처음부터 끝까지 '힘은 없으나' 최선을 다하겠다는 맥 빠진 소리뿐이라 몇 마디 하지 않아도 그분이 질 수 있는 책임이란 고작 '방패의 책임'밖에 없다는 걸 알겠더라고요. 그런데 청소 노동자들은 기다렸단 말입니다. 학교의 '높으신 분'들이 된다고 해서, 많이 배운 교수님들이 이렇게 하는 방안이 좋다고 해서, 변호사가 그런 법이 가능하다고 해서 그 말을 믿고 1년을 기다렸어요. 그런데 아무것도 이루어지지 않은 채 1년이 가고 다시 계약 해지의 벼랑 끝에 섰습니다. '계약 해지'라는 건 사 측 입장이 담긴 용어이고 그 말을 노동의 관점으로 바꾸면 '해고'인 거죠. 해고의 벼랑 끝에 섰습니다. 총장도 힘이 없고 이사장도 힘이 없으면 학교의 중요한 사안을 결정하고 추진해 갈 수 있는 힘은 도대체 어디서 갖고 있는 걸까요.

학교 관계자는 이렇게 얘기하더군요. "대학 일이라고 대학 마음대로 할 수 없다. 재단이 최고 결정 기구이고 경희대는 그 재단에서 설립한 여러 병설 학교 중의 하나다." 고황재단에는 경희유치원부터 경희초등학교, 경희여중·고, 경희중·고, 경희대까지 여러 학교가 있습니다. 경희대도 그중 하나에 불과하다는 거예요. 과연 그럴까요? 경희대는 중학교, 고등학교, 유치원, 초등학교하고는 급이 달라요. 그중에 1년 예산이 5300억씩이나 되는 학교가 대학 말고 또 있습니까. 어떻게 그런 학교가 '일개 학교에 지나지 않'을 수 있습니까. 말이 안 되죠. 그런데 법적으로는 이사회가 권한을 갖고 있고 법인이 결정하기 때문에 학교는 권한이 없다고 하더라고요. 실제로 〈사립학교법〉을 보면 이사회가 최고 의결 기구로 규정되어 있습니다. 권한도 어마어마해요.

> **제16조(이사회의 기능)** ① 이사회는 다음 각 호의 사항을 심의·의결한다.
> 1. 학교 법인의 예산·결산·차입금 및 재산의 취득·처분과 관리에 관한 사항
> 2. 정관의 변경에 관한 사항
> 3. 학교 법인의 합병 또는 해산에 관한 사항
> 4. 임원의 임면에 관한 사항
> 5. 학교 법인이 설치한 사립 학교의 장 및 교원의 임용에 관한 사항
> 6. 학교 법인이 설치한 사립 학교의 경영에 관한 중요 사항
> 7. 수익 사업에 관한 사항
> 8. 기타 법령이나 정관에 의하여 그 권한에 속하는 사항

학교의 최고 의결 기구라 고용, 학사 운영, 교육 개혁, 구조 조정 등 중요한 문제들을 다 여기서 다룹니다. 그래서 총장도 학장도 다 힘이 없다고 했나 봅니다. 그래서 그 막강한 이사회가 어떻게 구성돼 있는가 이사회 명단을 들여다봤어요. 학교와 별 상관없는 외부인들이 그렇게 많아요. 현재 경희대 이사회는 두 명의 영구 이사와 감사를 포함, 총 열다섯 명으로 구성되어 있습니다.

| 이름 | 직위 | 임기 | 주요 경력 |
|---|---|---|---|
| 공영일 | 이사장 | 2015. 10. 11.<br>~ 2019. 3. 31. | 현 경희대학교 미원조영식박사기념사업회 위원장<br>전 경희대학교 총장<br>밝은사회국제클럽 한국본부 총재 |
| Javier Perez de Cuellar | 세계 평화 명예 이사 | 영구 이사 | 전 유엔 사무총장(1982~1991) |
| Boutros Boutros-Ghali | 세계 평화 명예 이사 | 영구 이사 | 전 유엔 사무총장(1992~1996) |
| 조인원 | 이사 | 2014. 5. 2.<br>~ 2018. 5. 1. | 현 경희대학교 총장<br>현 경희사이버대학교 총장 |
| 조여원 | 상임 이사 | 2015. 10. 8.<br>~ 2018. 5. 1. | 전 경희대학교 동서의학대학원 교수<br>전 경희대 부설 임상영양연구소 소장 |
| 조재호 | 이사 | 2016. 2. 12.<br>~ 2020. 2. 11. | 전 뉴욕시립대학교 바루크대학 교수<br>전 펜실베이니아대학교 와튼스쿨 객원 연구원<br>현 서울대학교 경영대학 교수 |
| 이동욱 | 이사 | 2015. 9. 2.<br>~ 2019. 9. 1. | 전 단국대학교 사회과학대학 교수<br>현 (사)인간과학연구소 이사장<br>현 비전-마이스터 아카데미 원장 |
| 이건수 | 이사 | 2014. 5. 2.<br>~ 2018. 5. 1. | 재단 법인 육사발전기금 명예 이사<br>육군협회 부회장<br>국토해양부 명예 고문<br>대한민국 ROTC 중앙회 명예 회장 |
| 장현수 | 이사 | 2015. 3. 11.<br>~ 2019. 3. 10. | 재단 법인 육사발전기금 명예 이사<br>서울특별시 재향경우회 자문위원장<br>전 감리교신학대학 재단 이사<br>재단 법인 덕수장학재단 이사<br>전 CBS 재단 이사 |
| 유명철 | 이사 | 2015. 10. 1.<br>~ 2019. 9. 30. | 전 경희대학교 의학전문대학원 석좌 교수<br>전 경희대학교 의무부 총장 겸 경희의료원장<br>현 (재)한국인체조직기증원 이사장 |
| 박찬법 | 이사 | 2015. 10. 1.<br>~ 2019. 9. 30. | 아시아나항공(주) 대표 이사 부회장<br>금호아시아나그룹 회장<br>아시아나항공(주) 상근 고문 |
| 박인국 | 이사 | 2016. 3. 9.<br>~ 2020. 3. 8. | 전 주 쿠웨이트 대사<br>전 외교부 정책실장<br>전 주 유엔 대사<br>현 한국고등교육재단 사무총장 |

| 이름 | 직위 | 임기 | 주요 경력 |
|---|---|---|---|
| 윤석인 | 개방 이사 | 2014. 3. 10.<br>~ 2018. 3. 9. | 희망제작소 상임 이사<br>전 민족통일민중운동연합 정책실 간사<br>전 기독교사회문제연구원 연구 간사 |
| 손재식 | 개방 이사 | 2015. 10. 1.<br>~ 2019. 9. 30. | 전 통일부 장관<br>전 한국전력공사 이사장<br>전 경희대학교 평화복지대학원장<br>현 밝은사회한국본부 이사, 민족통일중앙협의회 명예 의장 |
| 편호범 | 개방 감사 | 2015. 4. 1.<br>~ 2018. 3. 31. | 전 감사원 감사위원<br>현 수원대학교 석좌 교수, 한국원가공학회 회장 |

경희학원 이사회 명단(출처: 학교 법인 경희학원 홈페이지)

 이 이사들은 과연 무슨 자격으로 이 중대한 결정을 내릴 수 있는 권한, 몫을 가지고 있지요? 제가 사는 인제군은, 경희대와 인구는 비슷하고 1년 예산 규모는 그보다 더 적은 3200억 정도인 지방 자치 단체예요. 그런데 만약 인제군의 중요한 결정을 12인의 의사 결정 단위가 다 한다고 하면 사람들이 그걸 받아들일 수 있을까요? 있을 수 없는 일이죠. 물론 지자체와 대학은 다르다고 얘기할 수도 있겠습니다. 하지만 대학은 일반 기업과도 다르죠. 대학이 적어도 '자치체'로서의 자기 위상을 버리지 않았다면 기업의 지배 방식과는 다른 의사 결정 구조와 지배 구조를 가져야죠. 열두 명의 이사회 경영진을 최고 의사 결정 기구로 하는 이런 지배 구조는 너무나 기업적인 지배 구조corporation governance 방식입니다.
 실제로 사립 대학 이사회가 갖는 조직적 위상, 권한, 그리고 운영 방식 등은 상법의 적용을 받는 기업적 질서를 그대로 구현하고 있습니다. 어떤 의미에서는 일반 사기업보다 못해요. 보통 일반 기업체를 보면 이사회와 별도로 주주 총회(株主總會)가 있지요. 주식회사의 주인은 '주주'라고 법적으로 인정하고 있고요. 기업의 소유와 지배 구조를 정치적 관점에서 보면, 주주 총회와 이사회의 관계는 민주정과 과두정의 관계와 같습니다. 주주 총회의 권력이 강하면 회사 내의 지배 구조도 보다 민주적으로 되고 이사회의 권력이 강하면 소수의 지배에 가까운 형태가 되겠죠.

보다 근본적인 관점에서, 회사 주식을 언제든지 사고팔 수 있는 투자자들이 회사의 주인으로 결정권과 지배권을 행사하는 기업 구조 자체에 문제를 제기하는 사람들도 있어요.《기업은 누구의 것인가》,《경제민주주의에 관하여》,《기업은 어떻게 인간이 되었는가》같은 책들을 보면 주주 자본주의와 법인 자본주의를 비판하면서, 지금 우리가 대학은 누구의 것인가를 묻고 있듯이 기업은 누구의 것인가에 대해서 묻고 있습니다. 기업의 공공재적 성격을 강조하는 사람들은 기업조차 민주적으로 운영되어야 하고, 단순히 개인의 사유 재산private wealth이나 상품으로 취급되어선 안 된다고 주장합니다. 급진적인 생각처럼 보이지만 실은 자본주의 초기 단계에도 기업은 사주와 종업원들의 공동 재산이었고, 말로만 가족이 아니라 실제로 사원들을 가족처럼 책임지는 형태였습니다. 기업에 대한 공유 개념은 국가가 운영하는 공기업뿐 아니라 일반 사기업에 대해서도 있었다고요. 막스 베버가 완성하지 못한《경제와 사회》라는 책이 있는데, 거기서 베버는 가정 경영체에서 자본주의적 기업으로의 발전 과정을 추적하려고 했지요. 미완의 작업으로 남기는 했지만,《프로테스탄티즘의 윤리와 자본주의 정신》과 함께 읽어 보면 초기 자본주의 단계의 기업, 회사란 것이 현재와 얼마나 다른지 알 수 있습니다.

어쨌든 현재의 기업 형태인 주식회사에서도 주주들은 이론적으로는 — 물론 실제 주인은 주식 지분을 최대화할 수 있는 대주주고, 재벌 그룹의 기업들은 상호 출자란 형식을 통해 적은 지분으로도 지배력을 행사할 수 있지만 — 투자한 만큼의 몫을 갖습니다. 돈을 낸 만큼 몫을 가지잖아요. 회사에 이익이 나면 그만큼 자신도 이익을 얻고 회사가 손해를 보면 자기도 그만큼 손해를 봅니다. 그런데 현재 경희대 이사회 구성을 보면 학교가 잘 되든 못 되든 아무 책임도 지지 않는 외부 이사가 내부 이사보다 월등히 많습니다. 조인원 총장 말고는 현직 교수가 한 사람도 없어요. 학생, 직원은 당연히 한 명도 없습니다. 개방 이사는 단 세 명으로 이사 정원의 4분의 1 이상이라는 기준을 채우지 못하고 있고요. 서울대학교 이사회 명단을 보니까 열다섯 명 중 일곱 명이 서울대 교수더군요. 서울대 학생들은 교수가 3분의 1 이상을 차지하는 것에 대해 직원, 학생, 노동계, 시민 단체 등 다양한 목소리를 배제하고 있다고 비판합니다.* 그나마 '국립 대학 법인'이라 그렇습니다. 사립 대학들은 대부분 총장 한 사람이 '교육 관련 이사'로, 당연직

---

* "서울대학교 이사회, 보이지 않는 수상한 손",〈서울대저널〉. 2015년 3월 21일.

으로 이사회에 들어가 있을 뿐입니다. 경희학원 이사회에는 세계 평화 명예 이사라는 '투명 이사'까지 있어요. 하비에르 페레스 데 케야르는 페루, 부트로스 부트로스-갈리는 이집트 분입니다. 게다가 부트로스-갈리 전 유엔 사무총장은 지난 2016년 2월에 작고하셨어요. 왜 책임도 안 지는 사람들이 이렇게 막강한 결정권을 갖습니까.

물론 이 이사회조차 형식적인 의결 기구고 실제로는 한 사람의 실권자 — 보통은 이사장이나 총장 — 에게 권력이 집중된다는 것이 진실이죠. 대학의 주인이 따로 있다는 이야기입니다. 많은 사학재단들의 경우 설립자인 오너 일가가 이사회를 장악하고 이 이사회를 통해서 대학을 장악하는 구조로 되어 있습니다. 본래 사외이사제도는 이런 내부 이사회의 내적 결탁과 부패, 전횡을 방지하기 위해 도입한 것인데 지금 현실을 보면 '외부자 이사회'는 실제 주인의 거수기가 되거나, 외부자라 해도 그 출신이 친親사학, 친親기업적 성향의 인사들로 구성되어 편향성의 문제가 심각합니다. 지배구조만 보면 정말 이런 독재 국가, 과두 지배 체제가 없어요. 그런데 결정과 책임의 구조는 이 지배 구조와 완전히 불일치하죠. 삼성의 이재용은 에버랜드 주식으로 삼성 그룹 전체에 대한 지배력을 획득한 것에 대해 엄청난 사회적 비난을 받습니다. 그런데 대학은 그런 사회적 감시와 비판으로부터도 자유로워요.

이사회의 선출 방식도 문제예요. 주식회사에서는 주주들이 일상적으로 경영에 참여할 수 없으니까 수탁 관리자 형태로 회사의 업무 집행을 위한 이사회를 두고 있는 거고, 그 이사들은 주주 총회를 통해 선임됩니다. 심지어 '주식회사'에서도 그런데 사학 재단은 이사의 선임을 이사회에서 합니다. 교수회도 학생회도 이사 추천권이 없어요. 이사회에서 추천하고 이사회에서 선임하는 겁니다. 단 〈사립학교법〉 제14조에 따르면 이사 정수의 4분의 1 이상을 개방 이사로 해야 하는데, 이 개방 이사에 한해서 외부 추천권이 있습니다. 하지만 대학평의원회에서 2배수로 개방 이사를 추천하면 최종 선임은 또 이사회에서 하게 됩니다. 이사가 계속 이사를 선임하는 폐쇄적인 자기 선출 방식이죠. 우리는 어떤 사람들이 어떤 근거로 이사가 되었는지 모릅니다. 이런 대학 이사회에 대해서는 그동안 지속적인 문제 제기가 있어 왔죠. 대학에 기여한 바도 없으면서 권한은 지나치게 크고, 학내 구성원을 대표하지도 않고, 그렇다고 국민의 공적 대표성을 갖는 것도 아니고, 이사 개인의 전문성이 공개적으로 검증된 것도 아니고, 선임 과정도 불투명합니다. 그 대표성과 정당성이 확보되지 않은 이사회가, 청소 노동자들의 고용부터 시작해서 교수 임용, 예산 집행과 재산 관리, 중요한 경영상의 결정, 정관의 변경을 통한 학칙 개정까지, 전체 구성원의 삶에 영향을 끼치는 결정을 모두 합니다. 공공 기관으로서의 사립 대학 이사회는 그 구성에서부터 대표성과 공공성을 담보해야 합니다.

또 대학 본래의 자치 기구인 교수회와 학생회가 학교의 주인 노릇을 해야 하는데 — 안 되면 견제 역할이라도 해야 하는데 — 지금 교수회는 사실상 이사회에 종속되어 있고, 학생회의 감시·견제도 이사회의 전횡에 제동을 걸기 힘든 상태예요. 교원, 학생, 직원, 동문이 참여하는 '대학평의원회'가 있다고 해도, 대학 정관을 보면 학교의 경영에 참여할 수 있는 권한을 가졌다고 말하기 힘듭니다. 평의원회의 유무 역시 대학 평가에 반영되기 때문에 형식적으로 만들어 놓은 것에 불과해요.

> 〈학교 법인 경희학원 정관〉
>
> **제31조의5(평의원회의 구성)** ① 평의원회는 교원·직원·학생을 대표하는 자 및 동문·대학 발전에 도움을 줄 수 있는 자 등으로 다음과 같이 구성하며 당해 대학교 총장이 위촉한다.
>   1. 경희대학교 대학평의원회
>      가. 교원: 8명
>      나. 직원: 5명
>      다. 학생: 4명
>      라. 동문·대학 발전에 도움을 줄 수 있는 자: 4명
>
> **제31조의7(평의원회의 기능)** 평의원회는 다음 각 호의 사항을 심의한다. 다만 제3호 내지 제5호의 경우는 자문에 한한다.
>   1. 대학의 발전 계획에 관한 사항
>   2. 학칙의 제정 또는 개정에 관한 사항
>   3. 대학헌장의 제정 또는 개정에 관한 사항
>   4. 대학 교육 과정의 운영에 관한 사항
>   5. 대학의 예산 및 결산에 관한 사항
>   6. 추천위원회 위원 추천에 관한 사항
>   7. 그 밖의 교육에 관한 중요 사항으로서 총장이 부의하는 사항

교원과 직원, 동문과 대학 발전에 도움을 줄 수 있는 자가 열일

곱 명인 데 비해 학생이 고작 네 명입니다. 그마저 총장이 위촉하도록 되어 있고요. 게다가 가장 중요한 대학헌장 개정이나 대학 교육 과정 운영, 예결산 문제에 대해서는 심의할 수 없고 '자문만' 할 수 있습니다. 이사회의 막강한 권한에 비하면 너무 초라하죠. 그런 평의원회는 실권 없는 들러리 기구일 뿐입니다.

### 위원회 천국이 된 대학

그런데 대학 지배 구조에서 이사회가 결정권을 갖고 있다 하더라도 모든 결정 과정까지 다 담당하는 것은 아니죠. 이사회는 심의하고 의결합니다. 그럼 이사회 회의까지 학교의 정책 결정 사항을 만들어서 올려 보내고 또 그걸 집행하는 단위가 있겠죠. 실질적인 추진 단위 말입니다. 이 구조도 굉장히 문제가 많습니다. 독일이나 프랑스 같은 유럽의 대학을 보면, 우리가 학교 본부라고 부르는 이사회, 경영진의 대항對抗 위치에 교수회나 학생회가 있어요. 여기로 치면 교수회의, 총학생회가 학교 경영에 이사회와 동급으로 참여해서 경합하고 조율하면서 정책 수렴을 해 나가야 하는 것이거든요. 그런데 지금 한국 대학은 그런 상시적이고 공적인 구성원 대표체가 사실상 무력화되고 대부분의 학교 정책을 행정 조직에서 입안하고 집행해요. 그 대표적인 형태가 '위원회'입니다. 경희대 홈페이지에 들어가서 대학 본부 조직도를 보면 각종 위원회들이 있어요. 미래정책원이라든가 21세기대학혁신위원회처럼 아예 그 이름부터 학교 정책을 입안하고 추진하는 기구라는 걸 공공연히 표방하는 조직도 있죠.

경희대 후마니타스칼리지에서 2016년도에 폐지된 강좌가 126개라고 앞서 말씀드렸죠. 강좌를 이렇게 많이 폐지하기까지 교양 과목의 구조와 교육 방향을 도대체 어디서 논의했을까요. 회의록을 보면 교수 몇 명으로 구성된 교육과정운영위원회(교과운영위)에서 결정했어요. 교수 몇 사람이 천여 개가 넘는 강좌를 어떻게 일일이 검토할 수 있었을까요. 근거와 가이드라인은 미리 TF에서 검토해서 넘겨준 거였죠. 행정적 지원을 받지 않으면 불가능한 일입니다. 교수 집단이 힘이 없으면 결정권이 있다고 해도 거수기 역할을 할 수밖에 없어요. 위에서 '줄여라' 하면 줄이는 수밖에요.

게다가 위원회는 상설 기구가 아니라 특별 기구잖아요. 해당 목적으로만 소집되는 기구니까 거시적인 계획과 관점을 갖고 활동하기 힘든 구조거든요. 소집되어서 할 일만 하고 그 일을 마치고 나면 해소되는 거예요. TF도 마찬가지입니다. 한정적이고 특수한 목적을 위해서 만들어진 특별 기구예요. 이 위원회에 소집된 사람들이 결정을 하고 해당 사업이 착수되고 나면 TF는 해소되어 버립니다. 그럼 책임질 수 있는 사람이 없어져요. 한시적인 일은 그렇게 할 수도 있다고 봅니다. 하지만 교육 과정에 대한 사무는 그런 특수 업무가 아니죠. 반드시 공적인 대표체를 통해서 해야 해요. 그런데 대학의 수많은 중요한 결정들이 위원회 시스템으로 이루어집니다. 이건 책임 주체가 없는 대학 구조로 가고 있다는 걸 보여 줘요. 2016년 후마니타스칼리지 교과 개편 과정에서도 공식 결정 기구인 후마니타스칼리지 학생위원회나 교수회의 같은 곳들은 전혀 작동하지 않았어요. 이 결정을 한 교과운영위도 TF도 지금은 없습니다. 임무가 끝났으니 해소됐겠죠. 다음에 다시 교과 개편을 할 때는 새로운 TF가 꾸려지고 다른 멤버로 교과운영위가 구성되겠죠. 126개의 강좌가 폐지됨으로써 거기서 일하던 예순일곱 명의 — 나중에 마흔다섯 명으로 줄었는데 — 강사들이 해고됐고 학생들은 수업을 잃어버렸는데 책임지는 단위는 없는 거예요. 그럼 학장이 책임져야 하지만 학장은 본부 지시라고 하겠죠. 대학 본부는 "우리 대학은 자율 경영이 원칙"이라면서 교과 개편은 학장의 권한이라고 하더군요. 그렇게 질문하는 자들을 뫼비우스의 띠 위에 세워 끝없이 걷다가 지치게 만드는 겁니다.

이건 민주주의라는 관점에서 봐도 되게 안 좋은 구조예요. 학교 안에는 이미 교무회의라는 공식적인 의결 기구가 있어요. 교무회의에는 각 단과 대학 학장들과 주요 부서의 기관장들이 들어와서 전체 학교를 어떻게 운영할 것인지를 결정도 하고 조율도 해요. 단과 대학별로 이해관계가 다를 수도 있고 상황도 공유해야 하니까 교무회의가 있는 거예요. 학생들은 대표성을 갖는 학생 대표 기구, 학생회가 있어요. 학생회장은 투표로 뽑잖아요. 그런데 TF나 위원회에 들어가 있는 학생위원회는 어떤 대표성이 없습니다. 그냥 임의로 뽑힌 학생들이 몇 명 들어가 있는 거예요. 대표라고 할 수가 없죠. 그런데 그렇게 해 놓고 학생들의 의견을 수렴했다고 얘기해요. 이런 식으로 위원회 라인이 강화되고 위원회에서 모든 결정이 이루어지면 공식 의결 기구가 약화돼요. 거수기로 전락하는 거죠. 밀실 행정, 탁상 행정, 비밀의 나라가 되는 것입니다. 그렇게 되도록 만드는 것이 이 위원회의 문제예요. 대학이라는 이 나라는 지배 구조만 보면 여전히 박근혜의 나라고, 전두환의 나라고, 박정희의 나라인 거예요. 그럼 이사장이 제왕적 통치자냐. 아니거든요. 이사장이 힘이 없다 하지 않았습니까. 그럼 누가 통치하고 누가 주인인가요? 수많은 위원회들과 행정 관료들이 그의 통치를 대신하죠. "왕은 군림하나 통치하지 않는다"고나 할까요. 밖에서 보면 총장직이든 이사장직이든 마치 '비어 있는 왕좌'처럼 보여요. 군림은 상징적 의미만 가지는 것이고, 실제 권력은 행정을 통해 행사되고 있지요. 행정 권력의 지배. 그게 《생명관리정치의 탄생》에서 푸코가 이야기한 신자유주의적 통치성gouvermentalite이고, 아감벤이 《왕국과 영광》에서 '오이코노미아'라는 개념으로 규정한 것이죠.

　이 위원회 중심의 구조가 신자유주의적인 행정 통치를 실현하는 방식입니다. 푸코가 《안전, 영토, 인구》에서 말한 '관리 행정 국가'의 전형이죠. 문제가 생기면 책임질 사람도 없고 해결할 생각도 없어요. 다만 '문제가 안 되도록' '문제를 관리하는' 데만 몰두할 뿐이죠. 갈등이 생기면 원인을 찾아서 해결하는 것이 아니라 봉합하거나 무마하는 식으로 해결하려 하고요. 예를 들어 자살률이 높아지면 사람들이 왜 죽는가 원인을 찾아서 해결하는 것이 아니라 자살률을 적당한 수준 이하로 관리하는 것을 국가의 목표로 삼는 거예요. 출산율, 취업률, 실업률 다 그래요. 극단만 막으면 된다는 게 통치의 목표가 되어 버렸어요. '대안은 없다'라는 대처리즘의 표어가 어떤 식으로 현실성을 갖게 되었는지 보이죠. 저는 서구 문명과 서구의 지식 사회 전체가 전망을 잃어버렸다고 생각해요. 슈펭글러가 두려움을 느끼며 예견한 《서구의 몰락》이 시대의 정조가 되었다고요. 한국도 지금 그런 것 같아요. '대안은 없다', '다른 길은 없다'라는 생각이 뼛속 깊이 스며 있어요. 그래서 정당, 정파, 정치인들 모두 자기 전망을 찾아 대안을 제시하는 건 일찌감치 포기해 버리고 상대적 비교 우위만 갖고 경쟁하고 있고요.

   그런 식의 통치 이념이 '거버넌스'라는 형태로, 관리형 모델로 사회 어디든 유입되지 않은 데가 없어요. 대학도 비켜 갈 수 없습니다. 경희대 청소 노동자 문제가 대표적이죠. 후마니타스칼리지 강사 해고 문제도 마찬가지고요. 뭔가 문제가 심각해질 것 같으면 일단 대화하는 시늉을 하다가, 조금 누그러지면 한도 끝도 없이 미룹니다. 해결책이 아니라 봉합책만 찾는 거예요. 대학 구성원들도 '대안은 없다'라는 정신적 공허nihilism에 총체적으로 빠져 있어서 다들 '어차피 해결 안 돼'라면서 조금 누그러뜨리거나 다른 문제로 시선을 돌려요. 하지만 그건 썩은 살 위에 연고만 바르는 짓이에요. 결국에는 뼛속까지 썩어서 어떻게도 손쓸 수 없는 상태가 되고 말 겁니다. 언제까지 대증 요법으로 견딜 수 있겠어요. 세월호가 그걸 보여 준 중요한 시그널이었는데, 그래도 바뀌지 않고 눈가

림으로 아웅 하고 있어요. 그때도 그랬고, 지금도 그렇고, 이 대학도 그렇고, 이 나라 전체도 그렇습니다.

참 재밌는 것이, 영국에서는 대처 정부 이후에 우후죽순 생겨난 위원회들이 한국에서는 김대중, 노무현 정부 이후에 그렇게 생겨났다는 거예요. 요즘은 위원회도 아니고 '센터'라는 이름이 많더라고요. 얼핏 보면 정부 기관인지도 모르겠는 정부 조직들이 상당히 많아요. 저는 진보 정권이, 이전 정부의 권력 실세들이 여전히 포진해 있는 행정 조직을 완전히 장악하지 못하니까 정책을 추진하기 위해 어쩔 수 없이 그런 조직들을 만든 거라 생각했거든요. 그런데 지나고 보니까 아니더라고요. 특히 교육 정책 부분은 김영삼 정부 때 민영화, 시장화로 완전히 틀을 바꾼 5.31교육개혁의 정책 기조에서 거의 벗어나지 않았어요. 국민의 정부든 참여정부든 다 '교육 개혁'이란 이름의 민영화 기조는 거의 승계를 했습니다.

### 행정 독재의 서막

그럼 이 위원회 구조가 어떤 식으로 작동하는지 경희대 사례를 통해서 한번 살펴보죠. 경희대 21세기대학혁신위원회(혁신위원회) 홈페이지를 보면 "대학 혁신 사업"이 이 기구의 임무예요. 재무처는 재무 관리, 회계처는 회계 관리, 교무처는 학사 지원 관리 업무라는 아주 구체적인 자기 업무 영역이 있습니다. 그런 게 '행정' 시스템이죠. 그런데 이 위원회는 '대학 혁신'을 자기 업무로 하고 있다고 합니다. 일단 혁신위원회에서 하고 있는 교육 혁신의 주요 사업들을 한번 볼까요.

| | | |
|---|---|---|
| 교육실천 위원회 | 학생 지원 체계 혁신 | 학생 지원 체계의 합리화, 효율화(정책 과제 결과 보고서 검토 필요)<br>학생지원처, 학생 동아리, GSC(지구사회봉사단) 활동의 실태 파악 및 연계 협력<br>독립 연구를 통한 펠로우십 교육 및 실천 활동 활성화<br>장학 제도 전면 개선: 성적 우수 장학 단계적 축소 등<br>창조적 기획과 실천적 교육 활동(개인/그룹/펠로우십) 지원 정착 및 확대<br>수강 신청 방식 개선 및 학사 제도, 구조 혁신 |
| | 학생 혁신 운동 | 대화, 소통, 토론, 합의 문화의 정착(예: 미래협약)<br>건강한 학생 교육 문화 정착(강좌 사고 팔기 등): 학생들의 자정 운동<br>학습에 지장을 주는 학생들의 애로 사항 해소 방안 마련(가칭 경희나눔은행 발족) |
| | 종합적 사회 진출 프로그램 | 취/창업을 포함한 사회 진출 다양화 프로그램<br>삶(사회 진출)의 기획력과 실천력 함양 교육<br>현장(세상) 경험 교육 및 실천 활동 활성화<br>다양한 형태의 창업 프로그램 체계화 |
| 학술진흥 위원회 | 교육/연구 풍토 정립 | 바람직한 스승상 정립: 학자적 교육자적 양심과 사명감<br>펠로우십 활동(교과, 비교과)을 통한 학생 지도의 일상화(교육적 측면)<br>펠로우십 등 학생 지도 활동의 인사 제도 평가 비율 강화(제도적 측면)<br>학생 지도와 관련한 우수 교수(스승) 개념의 재정립<br>연구/교육 풍토 쇄신: 인사 제도, 충원 방식(예: 겸직 발령), 인센티브 등<br>관산학 협력 모델 개발 및 지원: 홍릉밸리, R&D 등 |
| | 학문 단위 재조정 | 교양과 전공의 연계<br>학과 중심의 폐쇄적 전공 교육 지양, 개방형 전공 도입 및 선택 폭 확대<br>문명전환스쿨(가칭) 또는 인류문명클러스터스쿨/아카데미(가칭) 창설<br>5대 연계 협력 클러스터: 연계 협력 강화로 학술, 실천력 제고 |
| | GEI(Global Eminence Index) index 개발 및 미래대학론 도출 | 바람직한 미래 대학을 위한 지표 개발<br>대학의 사회적 참여와 공공성 제고 포함<br>국내외 유관 기관과 연계 협력 |
| 기획 위원회 | 기획위원회 | 대학혁신위원회의 전반적 운영에 대한 기획과 조정<br>교혁실천위원회, 학술진흥위원회의 안건 제안 및 혁신 과제의 조정<br>대학 혁신 추진 사업의 대내외 홍보와 구성원 소통<br>학생 혁신기획단의 운영과 지원 |

| | | |
|---|---|---|
| 행·재정<br>혁신<br>지원단 | 거버넌스 | 유관 부서 통합(유사 기능 수행 부서 및 조직, 인력 슬림화)<br>학부 및 유관 대학원 통합<br>학부 및 대학원 행정실 통합(계열별 통합 행정실)<br>양 캠퍼스 공동 기구 확대(캠퍼스 간 통합)<br>책임형 부총장제 시행, 총장실 및 부총장실 기능 조정 |
| | 인사 제도<br>(교원, 직원) | 연도별 적정 채용 인원 산출(중장기 수급 계획 포함)<br>비전임, 비정규직 인력 운영 개선<br>성과 중심의 직원 인사 제도 개선<br>업적 평가 중심의 교원 인사 제도 개선<br>인센티브 제도 및 패널티 제도 |
| | 학사 및 학생<br>지원 제도 | 전임 교원 책임 시수 및 보직 교원 시수 감면, 연구년 등 개선<br>각종 강의 지원금 제도 개선(영어 강의 지원금 등)<br>학업 성취 향상 중심의 학사 제도 개선(재수강, 학점 포기 등)<br>적정 강좌 규모<br>취업률 강화 및 장학 제도 개선 |

경희대 21세기대학혁신위원회의 구성과 주요 사업(출처: 혁신위원회 홈페이지)

언급하는 것 하나하나가 교육 과정의 근간, 골조를 건드리는 사안들이에요. 학점, 수업, 학기 제도를 바꾸는 이런 엄청난 구조 조정을 위원회에서 다룹니다. 이 위원회의 구성원이 누구며 그들이 어떤 대표성을 갖는지 모르겠어요. 혁신위원회가 추진하는 각종 혁신들에 대해 심지어 교수회의에서도 반대 의견을 내고 학생회에서도 소통 없는 모르쇠 혁신이라고 문제 제기를 하는 상황이니, 과연 어떤 집단의 이해와 요구를 담은 혁신인지 알 수가 없죠.

학술진흥위원회가 하는 '학문 단위 재조정'은 교육부가 열심히 추진하고 있는 정책으로 학과, 단과대를 허물어 학문 단위를 대형화하는 거예요. 그래야 관산학 연구 협력 체계나 R&D를 원활하게 해 나갈 수 있거든요. 그 학과나 단과대 수준을 넘는 '큰 학문 단위'를 '클러스터'라는 어려운 이름을 붙여서 이야기하는데, 학문 단위의 대형화에 대한 우려와 비판은 3강 〈학생 없는 대학〉 편에서 자세히 다루기도 했죠.

행·재정혁신지원단이라는 곳은 하는 일들로 미루어 보면 경희대 구조 조정 본부예요. 행정과 재정을 간소화하고 효율화한다는 건 결국 경비를 절감한다는 이야기거든요. 행·재정 혁신 중의 하나로 '인력 슬림화'를 꼽고 있는데, 결국 부서를 통폐합하고 인원을 감축하겠다는 이야기입니다.

이런 어마어마한 일들을 추진하고 있지만 혁신위원회에 대한 말은 학내에 많지 않아요. 이런 위원회가 있는지, 어떤 일을 하는지 사람들이 잘 모르기 때문이에요. 앞서 위원회가 강화되고 공식 의결 기구가 약해지면 비밀의 나라가 된다고 말씀드렸는데, 그 모습을 단적으로 보여 주는 곳이 있습니다. 혁신위원회 사이트에 가면 '혁신 제안을 받습니다'라는 게시판이 있어요.* 게시판에는 "경희대학교를 더욱 좋게 만들 혁신 아이디어를 제안해 주세요"라고 써 있습니다. 올라온 글들의 제목은 이런 것들이에요. '직원연구제 및 장기 근속 포상을 통합한 직원 연구월 제도 신설 제안', '대학 재정 확대 및 경희학원 구성원을 위한 제주 타운하우스 개발(안)', '경희 제2외국어 온라인 강좌 개설 제안(최저 비용, 최고 효율, 최고 가치 추구)', '다전공 제도 개선 및 자율적 연합 전공 제도 제안', '수강 신청 시스템 인터페이스 개선', '전임 교원 논문 게재 실적 예측 방

* innovation21.khu.ac.kr/index/s3/s3_2.php?&page=2&page=1

안'……. 어떤 내용인지 궁금한데 게시판에 올라온 모든 게시물들은 전부 첨부 파일이 있는 비밀 글이라 볼 수가 없습니다. 이럴 거면 게시판을 왜 운영하나요. 그 게시판에 올라오는 제안들을 보고 대학 구성원들이 '이 혁신 제안은 좋다', '나는 이 안에 반대한다' 댓글도 달고 토론을 해야 할 거 아닙니까.

외적으로는 대학 구성원들이 올린 아이디어를 받아서 정책으로 현실화하는 것 같은 모양새를 취하고 있지만, 올라온 내용을 보면 하나같이 혁신위원회의 주요 사업과 관련된 거예요. 이 글들을 대체 누가 올린 걸까요. 혁신위원회의 직원들이겠죠. 그래 놓고 나중에는 게시판을 통해서 학내 구성원과 소통하고 구성원들로부터 올라오는 제안을 받아서 이런 정책들을 추진했다고 할 거예요.

사실 '혁신'이라든가 '쇄신'이라는 말에는 어떤 가치 지향이나 정치적 입장이 없어요. 그러니 항상 물어봐야 해요. 무엇을 위한 혁신인지, 누구를 위한 혁신인지. 그냥 혁신요? 그건 백이면 백 자본을 위한 혁신이지 노동자 민중을 위한 혁신은 아닐 겁니다. '진보'와 '보수', '좌파'와 '우파'는 그 단어 속에 세계에 대한 해석과 철학을 담고 있어요. 그러면 우리가 듣고서 분별할 수 있거든요. 그런데 무색무취의 용어들이 항상 문제예요. 이를 테면 '발전'이라든가 '원조' 같은 말들. 사실 그 말들도 어떤 이념을 내포하고 있는 용어들인데 그걸 교묘하게 숨기죠. '발전'이란 말은 트루먼 독트린에서 사용된 이후 서구 자본주의식 발전을 전 세계가 따라가야 할 발전 모델로 만들었고, '원조'는 수혜국에 대한 원조국의 자원 착취를 감추는 용어였죠. 그러면서 이런 용어들은 원조를 통해 저발전 국가의 발전을 돕는다는 프레임으로 제국주의적 수탈을 '휴머니즘'으로 기막히게 둔갑시켰습니다. 신자유주의 시대의 용어인 '굿 거버넌스good governance'도 마찬가지예요. '거버넌스'도 뭔지 잘 모르겠는데 굿 거버넌스라니, 정말 애매모호합니다. 용어 자체만 보면 뭔가 좋은 거 같아요. 세계은행이 못사는 나라들한테 돈을 빌려 주면서 대신에 굿 거버넌스를 구축하라고 하죠. 굿 거버넌스는 "효율적인 행정 시스템, 효과적인 사회 경제적 운영 및 지원 체계, 국정 운영에 대한 행정적 권한 및 투명성, 책임성 및 대응성"을 확보하는 것이라고 해요. 하지만 이 말의 실제 의미는 경제 사회 시스템을 그렇게 구조 조정 하라는 겁니다. 어떻게? 안전하게 투자할 수 있는 시스템으로. 그래야 금융 자본이 들어올 수 있으니까요. 그 환경을 만들라는 거죠. 굿 거버넌스는 돈을 주고 한 나라의 사회 경제 시스템을 신자유주의적 세계 질서로 편입시키는 프로젝트였어요. 전혀 '굿'이 아니죠. 저는 지금 '혁신'이란 단어도 그와 다를 바 없는 방식, 즉 '언어의 배신'이라는 방식으로 쓰이고 있습니다. 실제 의도는 감춰져 있고 단어가 그 내용을 포장하는 역할을 하는 거죠.

조지 오웰의 《1984》를 보면 지금 우리 시대의 이상한 언어 사용을 이해시켜 줄 수 있는 예가 나옵니다. '이중사고doublethink'라는 개념이죠. '전쟁은 평화', '자유는 예속', '무지는 힘'이라는 당의 슬로건이 대표적인 것이죠. 개념의 실제 내용을 정반대의 단어로 표현한다는 점에서 발전이라든가 원조라든가 혁신이라든가 하는 오늘날의 개념 사용법과 유사합니다. 주인공인 윈스턴 스미스가 일하는 부서인 '진리성'도 이 이중사고식의 이름이죠. 이름은 진리성이지만 실제로 하는 일은 사실을 날조, 조작하는 것이에요. '평화성'이란 이름의 부서에서 하는 일은 전쟁이고요. '애정부'에서 하는 일은 감금과 고문, 살인이고, '풍요성'이란 곳에서는 경제 통계를 조작해서 풍요로운 경제 성장을 자랑하죠. 그러고 보니 '녹색 성장'도, '창조 경제'도 다 그런 거였네요.

  흥미로운 점은, 《1984》를 비롯해 미래 사회를 그린 대부분의 작품에서 사회가 행정의 통치하에 놓여 있다는 거예요. 막강한 권력 집중이 독재 국가의 독재자처럼 인격화된 권력으로 나타나는 게 아니라 시스템화된 권력으로 나타나고 있어요. 행정 체계에 편재되어 있어서 누가 권력의 실체인지 알 수 없고 싸울 수도 없는 거예요. 그런 사회에선 이 시스템이 어떻게 작동하는지 잘 아는 사람이 가장 큰 권력자가 되지요. 그걸 저는 '행정 독재'의 위험성이라고 봅니다. 기술 공학적 국가와 행정 독재는 밀접하게 연관되어 있습니다. 정치적 행위의 가능성 자체를 차단하는 데 이만한 장치가 없어요. 그런데 지금 우리 사회, 우리 대학도 어쩌면 그 문턱, 아니 이미 그 단계로 깊숙이 진입한 거 같습니다. 혹시 〈미래 소년 코난〉이라는 만화영화 아세요? 거기 '인더스트리아'라는 곳이 나오는데, 일종의 행정 수도입니다. 그 인더스트리아를 통치하는 독재자 레프카의 직위는 총통도 아니고 대통령도 아니고 행정국장이에요. 《멋진 신세계》나 《기억 전달자》 같은 SF 소설들을 봐도, 엄청난 힘을 독점하고 전횡을 휘두르는 독재적 권력이 아니라 행정 권력을 관리하는 행정가가 지배의 실권을 쥐는 사회 시스템이 등장해요. 힘이 집중되어 있는 것이 아니라 분산되어 있어요. 아무도 주인이 아니도록 만들어 놓은 체제예요. 분권화라고 부르면서 사실상은 파편화, 개별화, 무력화하는 거예요. 그럼 어떤 책임 있는 집단과 상대해서 싸울 수가 없어요. 대화 창구가 어딘지 알아야 협상을 하든 투쟁을 하든 할 텐데 도대체 누구를 상대해야 하는지 알 수가 없는 거예요. 이 비인격화된 권력의 보이지 않는 실체는 접해 보기 전에는 그 위력을 알기가 힘들어요. 지금 대학 사회에도 그런 행정 통치 시스템이 들어와 있다는 걸 혁신위원회의 사례를 통해 확인할 수 있습니다.

## 누가 대학을 탐하는가

이렇게 학생도 빠지고 교수도 빠지고, 구성원들이 모조리 객이 된 이 무주공산의 대학에서 누가 주인이 되겠습니까. 일단 교육부가 있죠. 교육부가 정말 '갑'입니다. (웃음) 지금까지 '대학 자율화'란 이름으로 대학의 자치와 자율 전통을 모조리 파괴하고 영리 대학으로 선도한 장본인이 바로 교육부입니다. 총장직선제도 폐지시켰죠. 아직까지 국·공립 대학 일곱 곳의 총장 자리가 공석이에요. 심지어 2년이 넘도록 총장이 없는 대학도 있고요. 총장을 뽑아서 올려도 교육부에서 승인을 안 해 주는 거예요. 이게 말이 됩니까.

총장직선제는 1987년 민주화의 흐름과 함께 각 대학에 자치 열기가 거세지면서 도입되었습니다. 대학 구성원들이 총장을 직접 선출하는 총장직선제는 학원 자율화, 대학 민주화의 상징 그 자체였죠. 1994년까지 대부분의 국립대와 일부 사립대가 직선제로 전환해서 자리를 잡는 듯이 보였어요. 그런데 2012년 교육부는 국립대 선진화 방안이란 것을 통해 직선제를 폐지하도록 만들었습니다. 명분은 총장 선거를 하면 돈도 많이 들고 학내 파벌도 만들어지고 비리도 생기는 등 여러 가지로 잡음이 많다는 거였어요. '선거 때문에 문제가 생기니 선거를 하지 말자'는 논리라면 대통령 직선제도 하지 말고 국회의원 선거도 하지 말아야죠. 하지만 실상은, 직선제를 통해 당시 정부가 추진하던 '국립대 법인화'에 반대하는 총장들이 많이 당선되니까 그걸 막으려 했던 거예요. 그리고 치사하게 CK나 ACE 같은 정부 지원 사업의 평가 항목에 총장직선제 폐지 유무를 넣어요. 지원금을 받으려는 대학들이 자발적으로 직선제를 폐지하도록 압박을 한 겁니다.

일례로 2012년에는 대학교육역량강화 사업을 하면서 교육부가 각 국립대에 총장직선제 폐지를 학칙으로 넣으라고 요구하고, 그 약속을 이행하도록 MOU 체결까지 강요했어요. 당시에 경북대는 교수회가 강력하게 반대해서 MOU를 체결하지 않았는데, 그 결과 해당 사업에서 탈락하고 60억 정도의 재정 지원이 삭감됐습니다. 2014년 ACE 사업 선정 때는 기준이 더 강화되어서 총장직선제를 폐지하지 않은 대학은 지원금의 50퍼센트를 삭감하거나 환수 조치 하겠다고 했어요. 직선제를 유지하면 이미 준 지원금도 도로 토해 내게 하겠다는 거였죠. 실제로 부산대가 그렇게 피해를 입었어요. 2015년 부산대가 재정 압박 때문에 계속 간선제 개정을 시도하자 고현철 교수가 직선제 폐지를 반대한다는 유서를 남기고 스스로 목숨을 끊으면서 대학의 죽음을 알립니다. 그런데도 교육부는 직선제를 유지하면 CK, ACE 사업에 예정되어 있던 지원액을 삭감하겠다고 했어요. 그러자 교수 1,190명이 1인당 120만 원씩을 내서 재정 지원 삭감액 18억여 원을 채우기로 하고 총장직선제를 고수했습니다. 정부가 이래도 되는 겁니까? 그 대학의 주인은 교육부 장관도 아니고, 정권의 입맛에 따라 대학 정책을 만들고 지원 사업으로 그것을 관철시키는 교육부의 관료들도 아닙니다. 그런데 교육부는 도대체 누구의 이해와 요구를 대변하고 있나요.

혹시 '계약학과'라고 들어 보셨나요? 요즘 사회가 다 계약으로 이루어지니까 그런 걸 연구하는 곳일까요? 아닙니다. 계약학과는 비상설 학과인데 일종의 기업 주문형 학과예요. 주문자는 기업이 아니라 정부나 지자체가 될 수도 있지만 어쨌든 특정 산업에 필요한 인력을 제공하기 위한 특수 목적의 학과입니다. 크게 채용 조건형과 재교육형, 두 종류가 있어요. 채용 조건형은 대학에서 신입생이나 편입생을 선발해 주문 계약자가 요구하는 학과 커리큘럼을 이수하도록 하고 산업형 인재를 육성한 뒤 졸업 후 계약 업체에 채용시키는 방식이고요, 재교육형은 계약을 맺은 산업체의 직원들이 대학에서 재교육을 받는 형태예요. 가장 유명한 계약학과가 국방부와 계약을 맺은 고려대 사이버국방학과, 그리고 삼성전자와 계약을 맺은 성균관대 반도체시스템공학과입니다. 성균관대 반도체시스템공학과는 삼성의 지원으로 2006년에 신설되었는데 입학생 전원에게 4년간 전액 장학금을 지원하고, 졸업생들은 삼성전자, 삼성디스플레이 등 대기업에 취업합니다. 수업 내용을 보면 2학년 때부터 본격적으로 반도체 이론 수업을 진행하고, 4학년 때는 산학 협동 프로젝트, 인턴십 등을 통해 실무 경험을 쌓도록 하고 있어요. 2016년에는 수시 모집으로 총 70명을 선발했습니다.

교육부는 왜 이런 학과의 개설을 허용하고 심지어 지원하는 걸까요? 2015년 '정부 3.0' — 그게 뭔지는 지금도 모르겠지만 — 을 한다면서 교육부가 발표한 〈사회 수요 맞춤형 인력 양성을 위한 '계약학과 운영 효율화 방안'〉을 보면 "대학의 계약학과는 산업체의 요구에 따라 특별 교육 과정을 설치·운영하고 있는 학과로서, 2015년 4월 기준 143개 대학, 636개 계약학과에 15,776명이 재학 중에 있다"라고 설명합니다. 그러면서 "이번 '계약학과 효율적인 운영 방안'은 계약학과의 양적 확대를 기반으로 정부 3.0 정신에 따라 관계 기관 협업 및 규제 개선 차원에서 마련되었다"고 밝히고 있어요. '정부 3.0 정신'에 빠짐없이 등장하는 말이 '규제 완화'입니다. 이 계약학과는 그 허가 자체가 이미 대학 교육이라는 사회적 합의의 규제를 한참 벗어난 것 같은데 또 무슨 규제를 완화해 준다는 걸까요. 예전에는 산업체가 대학에 학과 개설을 하려면

'지역 사회 산업체'로, 대학과 같은 광역 행정 구역에 있거나 반경 100킬로미터 이내에 위치해 있어야 했거든요. 그런데 그냥 한국에 있는 기업체면 한국에 있는 대학 어디에나 학과를 만들 수 있게 그 권역 제한을 없앴어요. 그럼 수원에 있는 산업체가 부산에 있는 대학에 학과를 개설할 수도 있겠죠. 하지만 거리가 멀면 교류가 현실적으로 어렵잖아요. 그러니까 대학에서 수업을 하도록 한 기존 원칙을 바꿔 산업체 임대 건물에서도 수업을 할 수 있게 허용해 줍니다. 학생들이 사실상 기업에 출근하면서 대학 졸업장을 따는 거죠. 그뿐만 아니라 대학별 계약학과운영위원회에 산업체 관계자를 당연직으로 포함시켜 교육 과정 개발에 참여할 수 있도록 해 줍니다. 커리큘럼도 해당 업체가 알아서 짤 수 있게 해 준 것이죠. 게다가 산업체 부담을 완화해 준다는 명목으로 산업체 부담금 중 현물(기자재·설비) 부담 비율을 상향 조정해 줍니다. 무슨 말이냐면 계약학과의 경우 〈산학협력법〉에 따라 운영 경비의 50퍼센트 이상을 산업체가 부담하도록 되어 있는데 그걸 다 현금으로 안 내도 되고 그중 30퍼센트는 갖고 있는 기자재나 설비, 즉 현물로 부담해도 인정해 준다는 거예요.

이걸 '대학 교육'이라고 할 수 있습니까. 여기에는 '고등 교육'의 어떤 이유와 목표도 들어 있지 않아요. 그냥 노골적으로 대학을 산업체의 인력 하청 기관으로 만드는 거예요. 기업에서 부담해야 할 인적 투자 비용, 기술 개발 비용을 이런 방식으로 개인과 대학에 전가하면서 대학을 '지원한다'고 말합니다. 철저히 자본의 필요와 요구에 따라 대학 교육을 맞춰 주는 계약인데, 교육부가 나서서 '계약학과 활성화 방안'을 내놓고 대학들에게 계약학과를 만들라고 주문하고 있습니다. 국가가 지금 누구를 위해 일하고 있습니까. 국가와 자본, 행정 관료들과 기업들이 짬짜미로 담합해서 대학이라는 공유지에 들어와 도둑질을 하고 있는 꼴입니다.

그러니 기가 막힌 교수도 생겨요. 혹시 '산중 교수'라고 들어 보셨나요? 산중 교수가 뭘까요? 산에 사는 교수일까요? (웃음) 산중 교수는 '산학 협력 중점 교수'예요. 연구 교수, 강의 교수와 함께 비정규직 직군으로 생겨난 교수직인데, 2014년 기준으로 전국에 2,000명 정도 된다고 합니다. 산학 협력이 중요해지면서 — 산학 협력이 대학에서 연구 용역을 따는 거니까 — 방금 말씀드린 계약학과를 비롯해서 대학의 연구 교육 용역 사업을 집중 관리하는 교수들도 필요해진 거예요. 이 '산중 교수'도 교육부에서 정책적으로 개발하고 지원해요. 4강 〈교수 없는 대학〉 편에서 교수의 임무가 강의, 연구, 사회봉사라고 했잖아요. 산중 교수는 이 세 가지 중에 어디에도 해당이 안 돼요. 산중 교수의 임무는 '행정'입니다. 대놓고 업자 교수들을 뽑는 거죠. 근데 연구, 강의는 안 하니까 월급은 정규 교수의 3분의 1만 준다고 해요. 얘기를 들어 보면 현장에도 나가야 하고 서류 작업도 많아서 업무는 세 배쯤 되는데 말이죠. 그래서 처우 문제가 굉장히 심각합니다. '링크 사업'이라고, 대학과 기업을 연결하는 산학협력선도대학LINC: Leaders in Industry-college Cooperation 지원 사업이 2012년부터 시작되었는데 이를 계기로 산중 교수들의 수가 급증했어요. 10년 이상의 산업체 경력자를 주로 뽑는데 연 급여 수준이 최저 2500만 원에서 5500만 원 정도 된답니다. 그런데 링크 사업의 평가 점수에 산중 교수 확보율이 들어가니까 대학들은 낮은 임금으로 많이 채용했다가 평가에서 낮은 등급이 나오면 다시 잘라 내는 일을 반복하고 있습니다.

### 주어진 선택지 거부하고 입법의 권리 행사해야

'대학은 우리의 것'이라고 말할 때 '우리'는 누구입니까. 이 대학을 실제로 만들어 가는 노동자, 학생, 직원, 교수 들이잖아요. 그 주인들이 넋 놓고 개입을 안 하고 있을 때, 주인이 없어진 대학에서 이 공공재를 자기의 사적 재원으로 전취하기 위해 호시탐탐 기회를 노리는 사람들이 있습니다. 나까지 나설 필요 없다고 발 빼고 있을 때 '그렇지, 이건 내 일이야' 하고 덤비는 사람들이 있단 말입니다. 그들도 우리처럼 지금 '대학은 우리의 것'이라고 외치고 있어요. 그런데 그들의 '우리'는 우리가 말하는 '우리'가 아닌 것이죠.

사실 자본도 혁명을 좋아해요. 혁명하고 싶어 해요. 산업 혁명, 기술 혁명, 교육 혁명…… 미래를 자본의 것으로 만들기 위해 아주 치열하게 혁명을 하고 있거든요. 그 혁명, 혁신이라는 것이 과연 누구를 위한, 어떤 미래를 위한 혁신이고 혁명인지를 반드시 비판적으로 기술해 봐야 합니다. 그래야 우리의 것인 대학을 그들에게 빼앗기지 않을 수 있어요.

　IMF 때가 생각납니다. 그때 기업들도 그랬어요. 금융 자본주의에 버틸 수 있는 체질을 만들자, 제조업이 아니라 지식 기반 경제로 경제 구조를 개혁하자, 비물질 자본주의의 시대다……. 그런데 지나고 보니 결국 넘어진 것은 노동 기반 경제였습니다. 노동자 서민들의 경제는 완전히 파탄이 났고 경제 구조는 자본 중심의 질서로 재편되었지요. 지금은 우리가 당연하게 생각하는 '기업 인수 합병M&A'도 그때 들어온 거예요. 그 전에는 종업원들의 밥줄이 달린 기업을 상품처럼 사고팔 수 있다는 생각을 할 수 없었고, 노동자들도 회사를 여기저기 옮겨 간다는 생각을 할 수 없었어요. 그런 사고방식에 완강히 저항하는 관념이 더 지배적이었죠. 회사를 운영하다 수익이 안 나면 팔아 치우고 투자금을 빼서 다른 회사를 만든다는 건 당시 한국 사회의 윤리로는 받아들일 수 없는 일이었어요. 저는 IMF가 한국에서 경제와 윤리의 마지막 연결고리를 끊어 버린 분기점이라고 생각해요. 그리고 쇄도하는 새로운 자본주의의 파도에 휩쓸려 결국 2014년 4월 16일 세월호 침몰까지 떠밀려 온 것이고요.

　윤리 경제, 살림 경제, 협동의 경제가 파탄 나고 이윤 추구, 적자생존, 각자도생의 비윤리적 약탈 경제가 폭풍처럼 몰아치며 사회의 전 영역을 강타하고 있는데, 이제 대학이 그 파도에 넘어가기 직전에 이르렀습니다. 그걸 가장 잘 보여 주는 것이 국회에 발의되어 있는 대학 구조 개혁 법안이죠. 이건 자세히 들여다봐야 하는

데 핵심은 대학을 영리형 기업으로 만들겠다는 겁니다. 고등 교육, 그리고 이후 평생 교육 분야를 새로운 확장성을 가진 고부가 가치 시장으로 보고, 그 시장을 만들기 위한 제도적 구조 조정 작업을 하고 있어요. IMF 당시 사람들이 기업을 사고팔 수 있는 상품이라고 생각하지 못한 것처럼, 지금 대학에 대해서도 우리는 '교육 기관'이고 공익적 목적의 '비영리 법인 재단'이라고 막연하게 생각하고 있습니다. 하지만 그렇게 넋 놓고 있는 동안 이 새롭게 창출되는 부에 누군가는 눈독을 들이고, 그것을 선점하기 위해 물밑에서 전쟁을 벌여요. 대학의 교육 문제, 청년 취업 같은 문제도 풀어 나가야 하지만 누가 대학의 주인인가, 사회에서 대학이 왜 필요한가에 대해 묻고 답하며 지식이 돈이 되고 대학이 기업이 되고 교육이 시장이 되는 이 상황을 거시적인 관점에서 생각해야 합니다.

사실 '대학의 주인이 없어진다'는 말은 곧 시장화된다는 말과 같은 거예요. 시장에선 정해진 주인이 없으니까요. 아무나 경쟁해서 차지할 수 있잖아요. 물론 자본과 생산 수단을 소유한 사람이 절대적으로 유리한 경쟁이죠. 개인들은 도저히 이길 수 없는. 그러면 어떻게 해야 할까요?

데이비드 그레이버라는 인류학자가 오늘날 대학처럼 지배자 없는 지배의 사회, 시스템을 '관료제 유토피아'라고 명명했어요. 한국 사회의 지배 질서도 규칙들이 지배하는 rule of rules 나라로 가고 있는 것 같아요. '규칙들의 지배'라는 말도 언뜻 듣기엔 좋은 말 같지요. 많은 사람들이 규칙이 지배하는 나라를 '법치 국가'라고 생각하고요. 유전무죄 무전유죄의 사회, 변칙 사회가 하도 오래되다 보니까 '법대로' 하고 '규칙대로' 통하는 사회가 '좋은 사회'라고 생각합니다. 하지만 법치주의의 기본 정신은 '법대로 해라'가 아니고 '모든 사람에게 동일한 법을 적용하라'예요. 귀족은 예로 다스리고 평민은 형으로 다스린다는 원칙에 반하여, 귀족이든 평민이든 교화는 예로써 하고 징벌은 형으로 해야 한다는 것이 한비의 법가사상 아닌가요. 그건 기계적으로 규칙을 준수하는 사회와는 아무 상관이 없어요. 그런데 '법으로써' 통치하는 것이 아니라 '법이' 통치하게 되면, 사람들이 규정, 규칙, 법규의 노예가 됩니다. 어떤 강력한 독재자의 모습은 보이지 않지만, 그 법규들을 관리하는 시스템이 실질적인 권력자가 되는 것이죠. 비인격화된 권력, 제도화되고 객관화된 권력, 그런데 이 권력의 성격이 어떤 독재적 지배자보다 더 강한 권력을 행사합니다. 그건 곧 '시장 권력'의 본질이기도 합니다. 마트에 한번 가 보세요. 사장님이 없어도, 감독자가 없어도, 모두가 시스템에 복종하고 있어요. 마트의 규칙을 어기는 사람은 아무도 없죠.

　주인을 내쫓은 대학, 주인이 사라진 대학에서 이 대학이란 공공자원을 끊임없이 사유화하고 독점하려는 사람들로부터 대학을 되찾으려면 우리가 먼저 스스로 주인이 되어야 합니다. 주인이 되는 것은 감시하고 비판하고 문의하고 두드리고 고치라 요구하는 것이에요. 주인은 그냥 주어진 것을 보고 선택하는 자가 아니라 자기가 만들어 내는 사람입니다. 선택의 권리는 주인의 권리가 아니고 손님의 권리예요. 주어진 규칙을 따르는 것이 아니라 우리가 지킬 규칙과 법을 만드는 입법의 권리가 주인의 권리예요. 이 대학도 마찬가지입니다. 공화국의 시민으로 살아가기 위해서는 반드시 그런 입법의 권리, 주권을 되찾아야 해요. 대학은 우리 데모스의 것, 구성원의 것, 노동하는 사람들의 것, 그 안에서 살아가고 있는 사람들의 것입니다. 나아가 그 대학이 만들어 낸 자원을 이용할 수 있는 것은 대학을 엄청난 세금으로 지원해 준 전체 시민들이란 점도 잊지 마세요. 오늘은 여기까지 하겠습니다.

8강

# 대학의 탈환

되찾아야 할 것들에 대하여

마지막 강의 날인데 눈이 오네요. 낭만적입니다. (웃음) 오늘 주제는 대학의 탈환이에요. 주인이 없는 대학을 호시탐탐 노리는 행정 권력과 자본으로부터 대학을 어떻게 다시 탈환할 것인가에 대해 길을 찾으려고 합니다. 우리의 대학 탈환 프로젝트는 우리가 잃어버린 시민으로서의 권리를 어떻게 탈환할 것인가에 대한 질문과 맞닿아 있습니다.
　탈환이라고 하니까 좀 무서운가요? 빼앗길 사람은 무서울 것이고 되찾을 사람은 흥분될 텐데 여러분은 어느 쪽이세요? (웃음) 탈환은 빼앗는다는 의미인데, 그래서 그 말을 부담스러워하는 사람도 많은 것 같아요. 네 것이면 내 것이 아니고 내 것이면 네 것이 아닌 소유의 배타적 독점권 개념에 익숙해서 그래요. 그래서 무엇을 '탈환한다'고 하면 되찾는다는 의미, 제대로 나누어진 상태로 되돌린다는 의미보다 어떤 사람한테 뺏어서 가져온다는 의미로 받아들이게 됩니다. 상대가 마이너스 1이면 내가 플러스 1, 또는 그 반대로 생각하는 거죠. 그래서 권력의 문제도 언제부터인가 그렇게 생각하잖아요. 너의 집권은 나의 실권, 나의 실권은 너의 집권. 저 사람의 권력을 뺏어서 나의 권력으로 만든다고요. 그런데 오늘 제가 이 자리에서 말씀드리고 싶은 것은, 꼭 그런 것만은 아니라는 거예요. 더 많은 사람들의 것이 되도록 권력의 지형을 어떻게 만들 것인가가 더 중요해요. 그런 의미에서 대학의 탈환이라는 것도 대학의 통치자, 주인을 갈아치우는 것이 아니라 대학의 내부 지배 구조, 권력의 지형을 어떻게 만들어 낼 것인가의 문제이며, 이 대학이라는 공공 자산을 사회와 어떻게 나누어 가질 것인가라는 관점에서 봐야 합니다.

### 정치적 힘은 어떻게 만들어지는가

어떻게 힘을 만들어 낼 수 있을까, 그리고 그 힘을 어떻게 나누어 가질 것인가, 어떻게 하면 더 많은 사람들이 그 힘을 제대로 쓸 수 있을까를 고민하는 것, 그것이 우리의 탈환 전략이 되어야 합니다.

공학적으로 생각하면 힘은 어디서 어디로 이동할 뿐 커지거나 줄어들지 않아요. 제가 일전에 정치적 진리와 수학적 진리의 차이에 대해 말씀드렸잖아요. 그것에 따라 셈법도 다르다고요. 힘에 대한 개념도 그래요. 그러니까 정치적 힘이라는 것은 벡터나 스칼라 같은 물리적 힘과는 좀 다른 개념으로 보아야 합니다.

정치의 세계에서는 힘이 이동만 하는 게 아니라 무한히 생기기도 해요. 그래서 한 사람이 들기 시작한 촛불이 100만이 되었을 때 그 힘은 그냥 100만의 합으로서의 100만 배가 아니라 질적으로 완전히 다른 어떤 힘이 되는 것이죠. 그 100만이 나누어질 때도 마찬가지예요. 100만분의 1로서의 촛불 한 자루, 시민 한 사람으로 나누어지거나 단위 단위로 쪼개지는 것이 아니라 100만으로, 또 100만으로 쪼개질 수 있는 것이 정치적 세계에서의 힘의 원리입니다. 꼭 100만까지 갈 필요도 없어요. 저는 항상 '세 명이면 시작한다'고 이야기해요. 무언가를 도모해 보신 분들은 알 거예요. 하나와 둘과 셋은 정말 엄청난 차이죠. 여러분도 항상 셋을 만들어서 시작하세요. (웃음) 집중된 힘이 분산되면 약화되는 것이 자연 세계의 엔트로피 법칙인데, 정치적 세계에서는 일단 힘이 어느 한 곳에 집중되면 그 힘이 분할해도, 아니 분할할수록 더욱 커지는 것이 가능해요. 그게 민주주의의 원리이기도 한데, 참 신기하죠? 그 비밀은 우리가 '정치 세력화'라고 부르는 것에 있어요. 그래서 정치 세력화는 하면 할수록 부문 단위별로 전체로서의 힘을 키워 내는 방식이 되는 거죠.

예를 들어 1 대 99의 사회에서 1의 지배가 가능한 이유는 뭔가요? 강력한 집중이거든요. 그 집중은 자본에서 나오죠. 마르크스는 자본가 계급의 지배력이 '생산 수단의 독점'에서 나온다고 말했지요. 정치적으로 설명하면 자본의 동맹이 노동자들의 동맹보다 훨씬 더 강고하기 때문이에요. 옛날에 귀족들이 소수이면서도 지배의 힘을 가질 수 있었던 이유는 토지와 무기를 독점했기 때문이고요. 현대의 자본주의 국가도 마찬가지로 자본과 폭력을 독점하고 있지요. 그럼 99의 힘, 민중의 힘, 노동자의 힘은 어디서 나올까요. 단결에서 나옵니다. 그래서 지배자는 반드시 피지배자들을 쪼개 놓습니다. 고대 아테네에서 지배 관계가 역전된 이유는 민중의 힘이 정치적으로 귀족들을 제압할 만큼 충분히 컸기 때문이에요. 하지만 그게 수가 많다고 되는 건 아니에요. 노예는 시민의 수보다 최소 네 배에서 열 배까지 많았지만 자유인을 지배할 수 없었어요. 노예는 지중해 전역에서 팔려 온 사람들로 철저히 '무연고 개인'이거든요. 같은 노예라 해도 말도 다르고 전통도 다르고 문화도 달라요. 게다가 뿔뿔이 흩어져 있는 신세죠. 고대 그리스에선 노예와 자유인이 겉으론 크게 다르지 않았다고 합니다. 아리스토텔레스는, 노예가 우리와 다른 옷을 입으면 그들의 신분과 존재가 드러나게 되고 자신들이 얼마나 많은지를 자각하게 될 테니 그냥 내버려 두라고 해요. 그건 위험한 일이라고 지적하면서요. 정확하게 본 거죠. 미국 사회에서 흑인들은 피부색으로 그 정체성이 분명히 드러나지요. 하지만 유럽에서 유태인이나 일본 사회에서 재일 조선인들은 그렇지 않아요. 얼마든지 숨을 수 있죠. 한국 사회 안에 존재하는 신분과 계급도 마찬가지입니다. 똑같이 생겨서 집단적 정체성이 드러나지 않아요. 차별이 가시적으로 표상되지 않는 거죠. 노예들은 더 나은 대우를 받는 것처럼 보이지만, 실은 서로를 알아보지도 못하는 개별화된 존재로 흩어져 있는 겁니다. 아리스토텔레스가 '같은 옷'을 입은 채로 두라고 한 것은 바로 그래서입니다. 복종시켜야 할 대상은 절대 그들끼리의 힘으로 모이지 않도록 흩어 놓아야 한다는 걸 알았던 거예요. 서로가 서로를 '닮은 사람들homoioi'로 인식하기 시작할 때 사회적 정체성과 계급 의식이 생깁니다. '아, 우리가 같은 처지에 있구나', '우리가 원하는 것이 같구나homoios' 그렇게요. 그리고 그게 '정치 세력화'의 시작이죠. 이 정치 세력화 된 힘이 없으면 100만이 모여도 아무것도 아닌 거예요. 바로 다음 날 다시 100만분의 1로 환원되어 아무힘 없는 개인으로 돌아가기도 합니다. 하지만 정치 세력화의 과정이 있으면 그렇지 않아요. 자본도 무기도 없는 민중이 이길 수 있는 힘은 '단결'입니다. 단결한 민중은 결코 패배하지 않습니다. 이렇게 서로 같다고 생각하는 사람들을 '하나로 묶는 것', 그게 정치 세력화입니다.

그런데 민중이 단결하는 방식은 귀족들이 단결하는 방식과 좀 달라요. 귀족들은 한 사람의 지도자, 또는 소수의 지배 집단을 중심으로 권력을 배분합니다. 권력과 자원의 배분은 중심으로부터 위계적인 방식으로 이루어지죠. 그 무리를 이끄는 우두머리가 '아르코스archos'입니다. '이끌다archein'에서 온 말인데, 그래서 '선장'이라는 뜻도 있고 '지도자', '권력자'라는 의미도 됩니다. 보통 정치 체제 뒤에 이 단어가 붙어요. 군주정, 일인정이라고 번역하는 '모나키monarchy, monarchia'는 한 사람mono이 이끄는 체제archia고, 소수정 혹은 과두정이라고 번역하는 '올리가키oloigarchy'는 소수oligos가 이끄는 체제archia입니다. '폴리가키poligarchy'는 다수의 지배이고요. 그런데 민주주의를 뜻하는 '데모크라시'의 '크라시'는 '크라토스kratos'라고, 그런 지배의 형태가 아니라 '힘'을 나타내는 단어예요. 이 힘은 세력으로서의 힘이고요. 지도자, 지배자, 아르코스 한 사람이 가진 특별하고 고유한 힘으로서의 '비아$^{bia}$'와 대비되는 힘입니다. 고대와 중세 시대 왕의 권력은 철저히 사유화된 힘에서 나옵니다. 사병을 유지할 수 있고 그 사병의 규모가 큰 사람, 다시 말해 사금고에 금은보화가 가득하고 개인 창고에 곡물이 가득 쌓여 있고 자기의 사유지가 넓은 사람이 왕이고 귀족이죠. 그 힘은 모두 사인$^{私人}$ 또는 사적 영역으로서의 가계$^{家繼, oikos}$에서 나옵니다. 반면 크라토스는 연합한 힘이고 공유한 힘이고 분점한 힘입니다. 그래서 귀족들의 연합체가 힘의 우위를 점하고 다른 세력을 압도하면서 지배하는 체제를 귀족정이라고 하고 이때는 그 정$^{政}$에 '아르키아$^{archia}$'가 아니라 '크라티아$^{kratia}$'를 써서 '아리스토크라티아$^{aristokratia}$' 라고 합니다. 민중의 힘이 우세한 정치 체제를 '데모크라티아'라고 하고요. 한 사람의 지배에 대해서는 '크라티아'란 단어를 붙일 수 없죠.

그런데 아테네에서 민중의 힘이 가장 강했던 클레이스테네스 개혁기에 민중이 권력을 강화하는 방식은 집중이 아니라 힘을 쪼개는 것이었어요. '도편추방제'라는 제도가 단적으로 증명하듯이 아테네 민주주의는 권력의 집중에 대해 병적으로 경계심을 갖고 있었습니다. 그래서 관직도 돌아가면서 해요. 전쟁을 지휘해야 하는 장군직만 선출직이고 나머지 공직은 전부 군대 가듯이 의무 복무제와 '공공 봉사'로 하는 겁니다. 그뿐만 아니라 중앙으로의 권력 집중도 차단하려고 하죠. 그래서 '데메$^{dēmē}$'라는 구역으로 나누어 지방 자치를 실현해요. 그리고 부족 대표단으로 구성되던 평의회를 해체해서 데메를 중심으로 다시 구성해요. 평의회boulē는 지금으로 치면 일종의 상원으로, 하원에 해당하는 민회ekklesia 위의 위원회로 군림하면서 여전히 그 평의회를 통해 지역 토호 귀족들이 영향력을 미치고 있었거든요. 그리고 독립된 자치 부락이었던 데모스의 전통에 따라 데메를 하나의 인위적인 자치구로 만듭니다. 거기서 작은 민주주의가 또 실현되는 거죠.

한 사람의 지도자가 이끄는 무리는 그 지도자만 없애면 금방 오합지졸이 되지만 지도자가 없는 대오는 쉽게 무너뜨릴 수 없어요. 아테네 민중들은 전쟁에 나가서 그런 일을 많이 봤거든요. 〈일리아드〉 같은 이야기를 봐도 대장이 지면 다 지지 않습니까. 그래서 민중은 권력을 잡고 나서도 지도자를 갖지 않습니다. 단결한 대오는 집중시키지 않고 분산시켜요. 그게 유명한 '보병식 전투'예요. 다 함께 열을 지어서 한 발씩 전진해 나가지요. 그런데 놀랍게도 이렇게 해서 이긴단 말입니다. 그것도 심지어 천하무적 페르시아 군대에 이겼어요. 단결한 민중은 지도자가 필요 없다는 것을 압니다. 아니, 누구나 지도자가 될 수 있다는 것을 압니다. 동료가 빠진 자리에 내가 서 주는 것, 아주 간단한 원리예요. 같은 요구를 걸고 단결해서 싸우면 이깁니다.

이렇게 정치 세력화 한 노동자와 민중이 자기의 데모스로 돌아오면 귀족들도 함부로 하지 못해요. 그 뒤에 100만의 세력이 있다는 것을 알기 때문이지요. 그래서 100만의 힘은 흩어져도 100만이라는 거예요. 한국 사회에서도 1987년 그런 모습이 나타났었죠.

'시민'이라는 존재가 실체화되어 나타났고, '민주 시민'이라는 형태로 초보적인 정치 세력화를 했습니다. 무엇보다 7, 8, 9월 노동자 대투쟁을 통해 노동자의 정치 세력화를 이루어 냈어요. 그래서 각 사업장에서 노조를 만들고, 그 기층 노조 조직이 결집해서 전국노동자협의회라는 커다란 정치 세력을 이룰 수 있었습니다. 그걸 기반으로 진보 정당이 탄생하기도 했고요. 학생회가 부활하고 대학 내에서 학생들의 자율권과 발언권이 커진 것도 그 때문이에요. 시민이라는 정치의식, 노동자라는 정치의식, 학생이라는 정치의식이 탄생한 것, 그것이 1987년의 성과입니다.

그런데 2016년과 2017년의 촛불은 정치 세력화 했느냐. 촛불은 '정치의식'이라고 할 수 있는가. 정치적 정체성이라는 자기의식의 맹아들이 출현했는가. 글쎄요. 저는 아니라고 봅니다. 광장의 촛불이 자기 동네, 자기 회사, 자기 공장, 자기 학교로 돌아왔을 때 그 100만의 힘으로 거기서 작은 박근혜들을 제압할 수 있었나요? 물러가게 했나요? 그러지 못했죠. 정치 세력화가 안 돼서 그래요. 유일하게 보인 건 페미니즘과 소수자들이 이 정치적 무대에 등장해서 발언과 활동을 통해 정치적 자기의식을 갖게 된 것, 그리고 조직화와 정치 세력화의 싹을 남긴 것, 그것뿐이에요. 노동자들도 학생들도 모두 '개인'으로 광장에 나갔어요. 그건 훌륭한 것이 아니라 '너 자신으로 있어라', '어디에도 휩쓸리지 마라', '소속되지 마라', '단체 운동은 구시대적인 거야'라는 지배자의 분할 통치 이데올로기에 철저히 넘어간 거예요.

우리는 이제부터라도 각각의 자리, 지역, 직능, 직군별로 정치 세력화를 해 나가야 해요. 대학에 있는 사람들은 대학 구성원으로서의 정치 세력화가 필요하고 농민들도 농민들의 권리와 요구를 가지고 이 나라의 주인으로서 정치 세력화를 해야 합니다. 노동자들은 노동자로서 정치 세력화를 해야 하죠. '정치 세력화'란 이렇게 힘을 나누고 모으고 결집시켜 내면서 정치적 주체가 되어 가는 과정이라고 말씀드리고 싶습니다. 대학의 탈환이나 나라의 탈환이라는 건 단순한 빼앗기가 아니라 공유의 새로운 원리를 만들어 내는 것, 새로운 주권자, 새로운 소유권의 이념을 창출해 내는 것입니다.

### 나는 내가 대표한다?

사실 촛불의 힘을 결집시켜 내려면 그냥 개인 개인들의 모임이 아니라 금방 얘기했듯이 우리가 소속된 집단으로부터 자기 공동체의 힘을 키우고 그 안에 있는 자기를 주체화하는 것이 필요하거든요. 그렇게 100만 촛불이 100만, 100만, 또 다른 100만으로 확산되고 종국에는 질적으로 다른 힘으로 전환돼야 하는데 그러지 못하고 다시 n분의 1로 해체되어 버릴까 봐 굉장히 두렵습니다.
지난 12월 일각에서 촛불의 힘을 바탕으로 '시민 의회'라는 것을 만들려고 했다가 좌초되었어요. 실험적인 도전이긴 해요. 시민의회라고 하는 게 의회 밖에 일종의 이중 권력 체계를 만드는 것이잖아요. 시민들이 입법과 발의자로서 새로운 나라를 건설하는 데 어떤 정책과 방향이 필요한가 다양한 의제들을 제출하고 그런 의제를 통해 시민 권력을 만들어 보자는 취지였거든요. 저는 그 취지에 공감하고 이런 활동이 필요하다고 생각했어요. 왜냐하면 협상 권력이 필요하거든요. 그럼 그 협상의 근거들을 담아낼 틀이 있어야 하는 거잖아요. 지금 있는 내각도 의회도 현재의 권력이 정상적으로 작동하지 않았기 때문에 이런 사단이 생긴 거니까요. 정부와 의회를 그냥 유권자의 한 사람, 한 사람으로서 압박한다고 해서 또는 요구한다고 해서 절대 무엇이 해결되지는 않습니다. 그러니까 힘으로써 기득권 권력들을 압박할 수 있는 어떤 틀이 반드시 있어야 해요. 이런 취지로 시민 의회라는 것을 만들었는데, 모인 사람들을 보니까 여전히 명망가가 많기는 하더라고요. 그게 걱정이 되기도 했지만, 모이는 방식이나 참여하는 기준에 대해 이후에 함께 수정해 나간다면 그것이 굉장히 중요한 시작점이 될 수 있을 거라 생각했어요. 그런데 시작하기도 전에 '그 시민 권력이 촛불에 모인 민심을 무슨 권리로 대변하느냐' 또는 '다른 정치적 이유가 있는 것 아니냐'는 의심과 문제 제기들로 와해됐어요. 그 사실을 〈조선일보〉, 〈동아일보〉 같은 보수 언론, 종편, 심지어 KBS에서도 보도하더라고요. '시민들은 이제 그런 대표를 원하지 않는다', '촛불 시민은 신세대, 스마트 시민이다', '촛불의 정신을 훼손시키지 말아라', 그런 논조의 보도를 보면서 '대표자 없음'이란 것이 대단히 잘못 이해되고 있다는 생각이 들었어요. 잘못하면 100만의 촛불이 100만의 모래알로 흩어지겠다는 위기감이 들더라고요. 저는 시민 의회의 대표단을 제비뽑기식 시민 추첨제로 하든 시민 의회 형식이 싫다면 다른 형식을 취하든, 기존의 정치 세력에 의존하지 않고 시민들이 주도해서 필요한 개혁안들을 발의할 수 있는 판을 반드시 만들었어야 한다고 봅니다. 그런데 제헌 의회를 구성할 수 있는 기회를 잃어버린 게 아닌가, 그리고 이 폭발적 크라토스를 너무 쉽게 제도 권력의 지도층 인사들에게 넘겨주고 만 것 아닌가, 아쉽고 억울하고 분하고 그렇습니다.

신문을 보니까 시민들 인터뷰 기사에 그런 말이 나오대요. "나는 내가 대표한다."* 이중 권력이고 협상 권력이고 제헌 의회고 시민 의회고 다 필요 없고 나는 내가 대표한다는 거예요. 지금까지 그랬다는 거죠. 국회의원들이 대통령 탄핵을 주저할 때 국회의원 후원 계좌에 18원 넣으면서 강제 견인했고, 그러니까 내가 요구 사항이 있으면 당신들을 경유하지 않고 직접 의회에 요청하겠다는 겁니다.

저는 '나는 내가 대표한다'라는 말을 보고 '내가 나의 사장님이다'라는 말이 떠올랐어요. 똑같은 원리에 입각한 구호, 주장이 아닌가 싶어요. 자기로부터 시작해서 자기로 돌아오는 순환 고리의 1인 착취 체제가 1인 기업가 정신이고 지금 대학이 창업 대학 같은 것을 통해서 만들어 내려고 하는 인간형이 바로 그러한 1인

* ""나는 내가 대표한다"…11월 혁명의 '스마트 시민'", 〈한겨레〉, 2016년 12월 13일.

기업가형 인간인데, 이제 1인 통치자까지 나오는 거예요. '나의 사장이 나고 내가 나를 고용한다'와 '나의 대표는 나고 내가 나를 대표한다'가 무엇이 다른가요. 1인 기업가 정신과 1인 통치자 정신은 통해 있어요.

하지만 여러 번 강조했듯이 개인으로서는 절대로 정치적 존재가 되지 못해요. 인간이 정치적 존재, 사회적 존재라는 건 항상 함께 모여서 같이 목소리를 내고 같이 살아갈 길을 찾으라는 요구거든요. 내가 나를 대표한다는 것은 사실 민주주의의 슬로건이 아니라 자유주의적 슬로건이에요. 민주주의적 구호가 되려면 차라리 '네가 나를 대표하고 내가 너를 대표한다'라고 해야죠. 이게 민주정의 핵심 원리였던 '이소노미아'의 원리이기도 하고요. 어떤 잘난 사람, 전문가, 뛰어난 사람, 타고난 사람이 아니라 나와 비슷한 보통의 사람들이 서로를 대표해 줄 수 있는 것이 민주주의 체제에 걸맞는 구호입니다.

사실 소유권으로서의 권리 이념이 시작되면서부터 이런 개념이 생기는 거예요. 내 몸은 나의 것이라고 하는 인권의 출발도 마찬가지예요. 자기 소유권으로부터 권리의 개념이 출발하면 언제나 자유주의적인, 배타적인 독점적 소유권으로 귀결될 수밖에 없거든요. 노동에 대한 권리도 마찬가지죠. 로크가 처음 소유권을 확립하는 논리를 전개하는 방식이, '내 몸은 내 것, 그러니까 내가 노동해서 얻은 것도 내 것'이라는 거예요. 그것을 통해서 계속 귀속시킵니다. 권리도 마찬가지인 거죠. 내 권리가 나로부터 나온다는 생각은 자유주의적인 권리 의식으로 귀결될 수밖에 없어요. 그런 인권 개념은 배타적 소유권에서 출발하는 자유주의 정치론에 기초한 개인 권리의 개념에 가까워요. 그 개인권으로서의 인권은 국가를 전제한 시민권과 반드시 결부됩니다. 즉 인권이 시민권으로부터 도출되지요.

그런데 인권을 '모든 인간이 인간으로서 마땅히 가져야 할 권리'로 보면, 그리고 '모든 인간'에 방점을 찍으면 관점이 달라져요. 그 인권은 자기의 사적 영토이자 사적 재산으로서의 몸에 대한 소유권적 권리를 주장하는 방식이 아니라 다른 방식으로 설명할 수 있어요. 소유권이 아니라 생명권과 거주권을 말해야죠. 여기에 함께 살 권리, 이 지상에서 함께 거할 권리를. 내가 인간으로서의 삶을 살아가지 못할 때 그런 인간 동료 곁에서 다른 어떤 인간도 '인간다운 삶'을 살 수 없다고 말해야죠. 그러니까 '나는 나의 것'이 아니라 '나는 모두의 것'이라고 말하는 것이 더 낫지 않을까요. 한 인간이 누려야 할 권리에 대해서 우리 모두가 책임이 있다고 말하는 것이니까요.

이런 입장 차이로 다이쇼 시대의 일본 지식인들은 인권 개념을 '인권人權'으로 번역할지 '민권民權'으로 번역할지 치열하게 논쟁했다고 합니다. 작은 차이처럼 보이지만 커다란 세계관의 차이가 놓여 있습니다. '시민권'과 '공민권'도 마찬가지예요. 한국에서는 '민권'과 '인권'이 특별히 구분 없이 함께 쓰였고, 특히 흑인 인권 운동에 대해서는 과거에 '민권 운동'이라고 더 많이 표현했는데, 그게 개인

차원의 권리와 흑인이라는 사회적 존재의 권리로 구분해 사용해서 그랬던 것 같습니다.

### 권리를 법전에 새기는 힘

원래 소유권 개념도 오늘날 우리가 생각하는 것처럼 '개인 소유권'의 의미가 절대적이었던 건 아닙니다. 그러면 권리는 도대체 어디서 나오고 누구의 것일까요. 그 답을 찾기 위해 다시 촛불 집회 이야기로 돌아가 볼게요.

박근혜 대통령이 탄핵되고 문재인 정부가 출범하면서 촛불 정국이 거의 마감됐어요. 다음 단계로 나아가야 하는데, 그러기 위해 필요한 일은 각각의 단위가 정치 세력화 해서 협상 권력을 세우고 〈마그나카르타〉를 작성하는 거예요. 대협약을 만드는 거죠. 기존의 지배 세력과 피지배층이 사회 대협약을 수립하는 장면은 아테네에서 솔론의 중재를 통한 대협약이 있고, 중세 영국에도 나옵니다. 12~13세기 영국에 존이라고 하는 걸레 같은 왕이 하나 있었어요. 밤에는 약 하고 낮에는 술 마시고 심심풀이로 전쟁하고 그러다가 돈 떨어지면 귀족들한테 삥 뜯는, 역사상 그런 개차반을 다시 찾아보기 힘들 정도로 지질한 왕이었거든요. 민생에도 정국에도 도통 관심이 없었죠. 민중이 그 왕을 부르는 별명이 미친 개였다고 합니다. 얼마 전까지 이 나라 통치자 자리에 앉아 있던 분과 비슷하죠. 귀족들은 이 존 왕을 그냥 내버려 둬요. 정치에 관심이 없으니까 귀족들의 권리를 침해하지는 않았거든요. 그러다 왕이 세금을 너무 많이 걷으니까 결국 욱합니다. 그것도 처음에는 귀족들이 욱한 게 아니에요. 왕이 세금을 내라고 하면 귀족들이 자기 금고를 여나요? 자기 영지에 살고 있는 민중들을 착취하죠. 그러니까 영국 각지에서 민중들이 들고 일어나요.

지금은 산이 A의 것이라고 하면 그 산은 B의 것은 아니잖아요. 예전엔 그렇지 않았어요. 그 산에 대한 다양한 형태의 권리가 있었어요. 이론적으로 모든 땅은 왕의 것이에요. 그런데 '왕은 군림하되 통치하지 않는다'가 이 시기의 통치 모델이거든요. 왕이 모든 땅에 대한 권리를 상징적으로는 갖고 있지만 진짜 자기 땅은 왕가 소유의 직영 관할지뿐이죠. 조선의 땅도 원리상 다 임금의 것이었지만 실제로는 왕이 양반 지주들의 땅을 마음대로 할 수 없었던 것과 마찬가지입니다. 왕이라도 왕실의 영토와 건물에 대해서만 소유권을 행사할 수 있죠. 그런데 모든 숲은 또 왕의 것이었답니다. 예를 들어 왕이 땅을 하사하면 그 안에 쓸모 있는 땅과 없는 땅, 농지와 농지가 아닌 곳이 다 들어 있는데, 만약 그 안에 산이 있다면 그 산의 주인은 왕이고 관리권은 영주가 갖고 있어요. 그리고 그와 달리 점유권이 있어요. 영주들은 산에 살지 않으니까요. 산림이 자연의 형태로만 있는 것이 아니잖아요. 거기에 사는 사람들이 계속 벌목도 하고 조림도 하면서 수백 년을 가꾸어야 산이 되지요. 산이 산이 되고 강이 강이 되고 땅이 땅이 되려면 인간들의 무수한 노동과 시간이 투입돼야 하는 거예요. 그것에 대한 권리를 인정해 주는 게 점유권이고 사용권이에요. 산에 대한 점유권은 그곳에 사는 사람이 가지고 있던 것이죠. 그래서 어떤 사람들은 거기서 수렵이나 채취할 수 있는 권리를 갖고 있었어요.

그런데 위에서부터 쪼이니까 밑으로 갈수록 그 권리들이 다 박탈당하는 거예요. 예전에는 그냥 지나다녔던 산인데 어느 날부터 통행료를 내래요. 전에는 땔감을 마음대로 가져올 수 있었는데 어느 날부터 땔감을 가져가는 대신 세금을 내래요. 귀족들이 부과하고 맨 꼭대기에는 최고의 수탈자 한 사람이 있는 거죠. 그러니까 백성들이 들고 일어납니다. 백성들은 맨손으로 일어나지 않아요. 낫을 들고 죽이겠다 했죠. 그러니까 귀족들도 못 살겠다면서 존 왕을 꿇어앉혀 놓고 〈마그나카르타〉를 쓰게 해요. 계약서를 쓰게 된 거죠.

〈마그나카르타〉의 핵심은 아무리 왕이라도 마음대로 세금을 올릴 수 없다는 내용이었어요. 귀족들과 협상해서 정해야 한다는 거였죠. 그리고 왕도 법을 따라야 한다는 내용이 있어요. 그래서 〈마그나카르타〉가 오늘날 인권 헌장이라든지 법치 정신의 뿌리로 알려져 있죠. 그런데 사실은 귀족들이 자기 속셈 차린 거예요. 왕이 너무 해먹으니까 왕과 귀족들이 권력을 분점하는 내용이 대부분입니다.

중요한 건 〈마그나카르타〉를 쓸 때 민중들이 가만있지 않았다는 겁니다. 별도로 〈삼림헌장〉이라는 걸 써요. 그리고 귀족들한테 이 〈삼림헌장〉을 관철시켜요. 왕과 〈마그나카르타〉를 쓸 때 이 〈삼림헌장〉에도 도장을 받아 오라고 한 거죠. 〈삼림헌장〉에는 지금까지 관습적으로 내려온 공유지에 대한 민중의 권리를 보장해야 한다는 내용이 담겨 있었어요. 〈마그나카르타〉에는 알려지지 않았지만 사실 지역에 적용되는 작은 헌장이 또한 포함돼 있었던 겁니다. 그렇게 빼앗긴 것을 다시 탈환하고 관습으로 존재하던 것을 명문화시켜서 법제화해 나갔어요. 귀족들이 해 준 게 아니고 당시 영국의 민중들이 한 겁니다.

  지금 우리가 해야 하는 것도 그런 것이죠. 법이 있지만 사실 법은 우리 편이 아니에요. 법이 없는 경우도 있어요. 그러면 법을 만들어야 하잖아요. 지금이 바로 새로운 법, 새로운 헌정 질서를 만들어야 하는 시기예요. 그냥 개개의 유권자들이 청원하는 방식으로는 불가능해요. 한 사람의 시민, 개인 유권자들로 해체하지 말고 계속해서 점성이 있는 덩어리들로 뭉쳐야 합니다. 그리고 그 뭉친 힘을 가지고 압박하고 협상을 해야 해요.

  대학도 마찬가지예요. 대학 안에서 규정을 바꾸고 관행과 관습에 대한 인정을 받는 것도 굉장히 중요하고, 지금까지 해 왔듯이 강사의 권리나 노동권에 대해서 상식에 준하는 사회적 합의를 만들어 내고 사회 구성원의 동의, 대학 구성원의 여론적 합의를 이끌어 내는 것도 되게 중요한데, 지금 우리가 해야 할 일은 학교 안에서의 협약을 하는 것이죠. 학교 안에서뿐 아니라 〈근로기준법〉과 〈고등교육법〉 같은 나라의 법을 새로 쓰는 일들을 해 나가야 하는 시점에 와 있습니다.

촛불이 점화되어 여기까지 오는 데 저와 여러분이 그래도 불 하나 붙이는 역할은 하지 않았나 생각해요. 이런 날이 올 줄 몰랐고 이게 운명처럼 우연처럼 온 것 같아 당황하고 있지만, 사실 역사에 우연은 없어요. 일제 강점기에도 그랬어요. 조선의 해방이 미국의 핵폭탄 덕분에 온 게 아니에요. 강대국들의 협약으로 온 것도 아닙니다. 물론 그런 사건들이 있었지만 이 땅을 해방시키기 위해서 싸운 민중이 없었다면 핵폭탄이 일본에 몇 개씩 떨어졌더라도 지금처럼 우리가 조선 땅을 되찾진 못했을 거예요. 많은 이들이 포기했을 때도 끝까지 포기하지 않고 싸운 민중들이 있어서 다시 이 땅을 되찾을 수 있었던 겁니다.

지금 이 국면도 100만, 200만의 촛불이 만들어 낸 것만은 아니에요. 그에 앞서서 100만이 나오지 않았을 때도, 희망이 보이지 않는 가운데도 포기하지 않고 나와서 싸우고 쓰러진 사람들이 있습니다. 끊어지지 않고 이어져 온 그들의 걸음과 투쟁이 있었기 때문에 지금 100만의 광장, 200만의 광장이 열렸고 여기까지 오게 된 것이죠. 이걸 무화시키지 않으려면 〈삼림헌장〉을 썼던 그 주체들처럼 우리가 가져야 할 권리가 무엇인지 찾아야 해요. 그리고 찾아서 다시 써야 합니다. 그래야 촛불이 촛불로 끝나지 않고 역사의 물길을 뒤바꿀 햇불이 될 수 있습니다.

에필로그
# 그래서 나는 사라지지 않을 생각이다

　그들이 우리의 시멘트담을 쳐부수었다. 먼지 구멍이 뚫리더니 담은 내려앉았다. 먼지가 올랐다. 어머니가 우리들 쪽으로 돌아앉았다. 우리는 말없이 식사를 계속했다. 아버지가 구운 쇠고기를 형과 나의 밥그릇에 넣어 주었다. 그들은 뿌연 시멘트 먼지 저쪽에 서서 우리를 지켜보았다.*

　'난장이'네 식구들이 밥을 먹는다. 남루하나 평생 제 손으로 일구어 온 집에서의 마지막 식사. 그런데 이 가난한 식구들이 밥을 다 먹을 시간만큼도 기다려 주지 않고 철거반은 담을 쿵쿵 부순다. 어머니가 도랑에서 돌을 줍고 아버지가 시멘트를 쳐서 지은 집이었다. 그들의 뼈와 살이었던 집. 1970년대 중반 서울의 한 철

---

\* 조세희, 《난장이가 쏘아올린 작은 공》, 이성과힘, 2000, 123쪽.

거촌으로 취재를 나간 젊은 기자에게 목격된 장면. 기자는 돌아오는 길에 수첩과 볼펜을 사서 자기가 본 것을 적기 시작한다. 이 장면은 작가 조세희의 소설 《난장이가 쏘아올린 작은 공》에서 재현되었다. 무너진 담벼락 옆에서 함께 밥을 먹는 장면은 나 역시 가장 잊을 수 없는 장면이다. 자본의 폭력성과 야만성 앞에서 마지막까지 인간성을 지켜내는 난장이 가족의 모습이 그 밥그릇에 담겨 있었기 때문이다. 그러나 난장이 가족들의 '집'을 부수고 밥상마저 빼앗은 사람들은 자신들이 이들로부터 빼앗은 것이 무엇인지를 끝내 알지 못했을 것이다. 그것은 밥상도 아니고 담벼락도 아닌, 그 이상의 무엇이었으니까.

40년 전 이야기로부터 우리의 시대는 얼마나 멀리 와 있는 것일까. 조금이라도 더 나아지기는 한 것일까. 달동네가 사라지고 철거촌이 사라지고 빈민촌이 사라지고 고급 아파트들로 빼곡하게 채워진 도시에서도 여전히 소중한 것을 빼앗기고 쫓겨나는 사람들의 이야기는 끝나지 않았다. 농토를 잃고 집을 잃고 가게를 잃고 직장을 잃는 사람들. '잃었다'고 표현했지만 실은 빼앗긴 것이다. 도대체 얼마나 많은 사람이 빼앗기고 쫓겨나고 밀려나는 것일까.

### 나는 무엇을 빼앗겼는가

2015년, 경희대 후마니타스칼리지에서 강사 대량 해고 사건이 있은 뒤로 1년 넘는 시간이 흘렀다. 그 사이 많은 일이 일어났다.

학교는 여론의 압박이 있을 때는 대화에 나서는 것처럼 굴다가 시간을 끌며 문제를 무화시켰고 여론이 수그러들면 채찍과 당근으로 압박을 가했다. 말을 듣는 이들에겐 강의 자리로 회유하고, 해고당한 동료들의 처지를 모른 척할 수 없다며 함께 부당한 명령에 항명했던 이들은 재차 해고로 보복했다. '우리의 밥그릇'을 함께 지키자며 교육자협의회를 만든 동료 교수들은 '자기의 밥그릇'을 지키느라 나서지 않고 회피했다. 약자의 힘은 단결에서 나오는데 학교는 그 유일한 힘을 용케도 파고들었다. 항상 중립적인 자세를 취하는 온건한 인사는 합리적인 방식으로 대화와 타협과 소통과 상생을 하자며 한 사람씩 빼 갔다. 평화주의자는 싸우는 게 싫다고 했지만 우리가 빼앗긴 평화는 보지 못했고, 싸우는 게 싫어서 안 싸울 수 있는 사람과 싸우지 않고서는 아무것도 얻을 수 없는 사람들 사이의 간극을 끝내 외면했다. 가망 없어 보이는 싸움에 함께했던 동료들은 불안해하며 이탈하기 시작했다. 다시 각자의 살길을 각자가 찾아 나서기 시작했을 때 우리는 졌다. 우리만이 아니었다. 싸우는 사람들은 모든 싸움에서 지고 있었다. 세상은 난장이들에겐 가혹하기만 했다.

 내가 빼앗긴 것은 과연 무엇일까? 내가 담당하던 강의들을 박탈당한 것은 맞지만 빼앗긴 것이 그냥 강의일 뿐인가? 아닌 것 같았다. 그래서 강의를 하고 싶으면 개인적으로 찾아와서 부탁을 하라는 말도, 가만히 있으면 다음 학기에 강의를 마련해 보겠다는 말도, 나는 수용할 수 없었다. 내가 빼앗긴 것은 뭔가 더 근본적인 것이다. 그래서 '말 들으면 밥은 주겠다'는 음성에 굴복할 수 없었다. 그것이 빼앗긴 것을 돌려주는 것이 아니라 나에게서 더 중요한 어떤 것을 자꾸만 더 박탈한다고 느꼈기 때문이다.

"후마니타스에 무슨 그런 큰 기여를 하셨어요?" "강의할 사람들은 얼마든지 많습니다. 그만큼 했으면 오래 한 거죠." 후마니타스에서 '인문학'을 가르친다는 사람도 그렇게 이야기했다. 이 학교에서 필요하다면 여기서 강의해 주면 되고 강의가 없어지면 다른 데 가서 알아보면 되는 거라고. 그의 머릿속에 각인되어 있는 갑과 을의 자유 계약과 그 계약의 평등성, 자기의 주체성에 대한 의심 없는 확신에 놀랐다. 해고를 당해 보면 그도 알게 될 것이다. 그것이 한 인간을 얼마나 비참한 상태로 만드는지. 어쩌면 그 사람은 그 비참함에 대한 두려움 때문에 '해고'당한 것이 아니라 계약 주체인 너(회사)와 내(노동자)가 자유롭게 계약을 해지한 것일 뿐이라고 애써 믿고 싶은 것인지도 모른다. 그것이 지식인들이 정신적으로 사는 방법이다. 지식인이기에 그런 식으로 정신 승리를 할 수 있다. 그래서 이 '자유로운 개인'은 자기가 빼앗긴 것이 무엇인지도, 되찾아야 할 것이 무엇인지도 모른다. 그것이 우리 모두의 것인 줄도 모른다.

하지만 다른 노동자들은 달랐다. 어느 날 학교에서 1인 시위를 하는데, 지나가던 청소 노동자분이 유심히 피켓을 보더니 물었다. 용역 업체 소속의 하청 근로자로 일하며 노조를 만들고 파업 투쟁도 해서 학교와의 협상을 이끌어 내고 권리에 대한 요구를 관철시킨 분들이다. "아니 교수님들도 이렇게 해고를 당하는구만요. 그런데 교수님들은 해고를 어떻게 한데요?" "네, 저희는 강의 배정을 안 해요." "어머나 세상에 강의를 안 줘 버리는구만. 그럼 해고가 되는 거네요. 우리는 업체하고 재계약을 안 하면 해고인 건데." 많이 배우고 많이 안다고 하는 교수들한테 그렇게 설명을 해 줘도 그게 해고인가 해촉인가, 미의뢰인가 계약 종료인가를 묻고 따지던 것과 달리 현장의 노동자들은 언제나 '해고는 해고'라고 두말이 필요 없이 알아들었다. 개념으로 따지는 것이 아니라 자신이 서 있는 자리에서 사태를 보기 때문이다. 물론 학교는 둘 다 그냥 '계약 종료'라고 할 뿐이다. 그건 법의 용어가 언제나 유리하게 적용되는 갑의 언어이다. 자기의 자리를 빼앗기고 쫓겨나는 이들에겐 그것을 무어라 부르든 본질은 해고일 뿐이다. 노동자들에겐 밥줄이 끊기는 것이 해고다. 하지만 또한 그 밥줄은 밥줄 이상이기도 했다. 인간에게서 노동의 의미란 것이 단지 돈을 벌어먹고 살기 위한 수단만이 아니기 때문이다. 누가 밥그릇을 빼앗으면 으르렁거릴 줄 알아야 하고 밥상을 발로 차면 물어야 한다는 것을 그들로부터 배웠다. 그리고 그렇게 할 줄 아는 사람이 정말 인간다운 인간이란 것도.

   난장이네 집에서 무너진 것이 담벼락만은 아니듯이, 우리가 박탈당한 것도 각자의 강의나 청소 구역 같은 것만은 아니었다. 그럼 무어란 말인가. 나는, 우리는 과연 무엇을 빼앗겼는가. 무엇을 되찾고자 하는가.

### 밥그릇 투쟁의 숭고함

"결국 자기 강의 자리 하나 얻으려고 그러는 거네"라는 말에 "고작 강의 하나 때문에 이러는 걸로 보이십니까?"라고 항변하곤 했지만 그런 항변으로도 어쩐지 시원해지지 않는 무거움이 늘 있었다. 고작 강의 하나, 그 표현이 걸렸다. 사적 이익을 위한 투쟁처럼 보일까 봐 나는 자신이 빼앗긴 것에 대해서는 거의 말을 하지 않았다. 심지어 처음에는 교과 개편 재검토와 강사 처우 개선이 제대로 이루어지면 내 강의는 포기할 수도 있다는 태도를 취하기도 했다. 그게 전체의 문제로 싸우는 것이라고 생각했다. 밥그릇 투쟁이란 소리가 듣기 싫어서 더 높은 공적 가치를 위해 싸우고 있다는 걸 보여 주고 싶었던 것이다.

하지만 자기 이야기는 하지 않고 신자유주의, 대학 교육과 제도의 문제, 시간 강사 제도의 부당함 등 객관적인 부분에 집중할수록 공허해졌다. 자기 자신이 직접 피해자임에도 객관적 화법을 구사하는 데서 여전히 자유롭지 못했다. 스스로를 객관화하고 대상화하는 유체 이탈 화법은 나의 고질병이기도 했다. '밥그릇 싸움'이란 프레임 자체가 문제인데 그것을 깨지 않고 '난 밥그릇 싸움을 하는 게 아니라 더 숭고한 목적을 위해 싸우는 거예요'라면서, 오히려 그런 프레임을 강화하는 데 일조하고 있었다.

과연 노동의 권리 투쟁을 생존권 투쟁으로만 볼 수 있을까? 아니 그전에, '생존권 투쟁'이라는 것을 정치, 사회적 구조를 바꾸려는 근본적 투쟁으로 보지 않고 오직 먹고살기 위한 것이라는 의미에서의 경제적 투쟁으로만 보는 이 관점은 정당한가?

생계 투쟁이나 밥그릇 싸움이라는 비하 섞인 말 속에는 생존권 투쟁을 정치, 사회적으로 정당화하지 않으려는 기득권 엘리트들의 시선이 들어 있다. 밥그릇 싸움은 저차원적인 것이고 민주주의 가치를 수호하는 투쟁은 고차원적인 것이란 말인가? 그렇지 않다. 밥그릇 싸움이야말로 가장 중요한 민주주의의 투쟁이다. 왜냐하면 밥 한 그릇에 담긴 것은 배불릴 양식만이 아니라 삶을 지킬 주권과 존엄이기 때문이다. 밥을 먹다 담이 무너지는 것을 본 영수는 이렇게 혼잣말을 한다.

우리의 밥상에 우리 선조들 대부터 묶어 흘려보낸 시간들이 올라앉았다. 그것을 잡아 칼날로 눌렀다면 피와 눈물, 그리고 힘없는 웃음소리와 밭은기침 소리가 그 마디마디에서 흘러 떨어졌을 것이다.*

밥상을 누군가가 발로 차서 엎어 버리는 일을 당해 보지 않은 사람은 모른다. 해고 노동자들의 복직 투쟁을 보면서, '임노동 철폐를 외치면서도 임노동을 하게 해 달라고 외치는 모순'에 대해 의문을 갖던 지식인들을 본 적이 있다. 나에게도 그렇게 말한 사람들이

* 앞의 책, 123쪽.

있다. "선생님은 대학은 망했다고도 하고 대학 교육 제도를 그렇게 비판하면서 굳이 대학에 돌아오려는 이유가 무엇인가요?" "선생님 같은 분은 대학이 아닌 다른 곳에서 자유로운 지식인으로 사는 편이 더 낫지 않나요? 이렇게 더러운 싸움에 휩쓸리지 말고요." 나를 도우려는 말인지 알 수 없는 그런 말의 끝에는, 언제나 자기 노동의 권리에 대한 투쟁을 생존권 투쟁으로만 한정 짓고 그것을 '비참한 싸움'으로 재단하는 편견이 자리 잡고 있었다. '고귀하게 싸우자'는 말은, 맨 앞에서 온갖 모욕을 뒤집어쓰고 싸우는 사람들을 '더럽게 싸우는' 이들로 만들었다. 어떤 이는 사태 해결을 촉구하기 위해 강사 대표들이 총장실을 방문한 것을 '더러운 권력 놀음'이라고 했다. 최고 권력자에게 읍소하러 간 것이 아니라 책임자에게 책임을 묻기 위해 당당하게 찾아간 것인데도 말이다. 내가 학교 안에서 피켓을 들자 또 다른 이는 사회의 구조적 악과 싸울 생각을 하지 않고 자기 문제에만 매몰돼 학교만 붙잡고 있다고 비난했다. 도대체 사회의 구조적 악과는 어떻게 싸워야 하는 것일까. 그 구조적 악이 나의 밥그릇을 차고 있는데 말이다. 이미 밥그릇이 넘치는 사람들이 날마다 밥그릇을 걷어차이고 있는 사람들을 향해 고귀한 싸움을 하라고 할 자격이 있는지 묻고 싶다. 내가 빼앗긴 것은 밥그릇이고 그걸 되찾기 위한 싸움은 부끄러운 것이 아님을 이제는 안다. 그걸 당당하게 요구할 때 노동자의 권리는 증진되고 모두의 밥그릇을 지킬 수 있다.

### '여기서' 싸워야 하는 이유

노동자들은 자기가 일하던 공장이나 회사에서 부당 해고를 당하면 다른 회사로 옮기거나 다른 직장을 구하지 않고 자기가 일하던 곳에서 복직을 요구하며 싸운다. 밀린 월급도 받아 내고, 떼일 뻔한 퇴직금도 악착같이 받아 낸다. 실업 급여도 반드시 신청한다. 그런데 대학의 강사들, 교수들은 그렇게 하지 않는다. 점잖으신 분들이라 그런지 '지저분한 싸움'보다는 '정신 승리'의 길을 택한다. 하지만 정말 정신이 강해서 정신적으로 승리하고 있는 것이 아니다. 실은 지식인 집단의 노동 권리 의식이 그 어떤 사회적 존재보다 취약하기 때문이다. 시간 강사들이 처한 열악한 노동 조건과 부당한 처우의 실상이 잘 알려지지 않은 이유이기도 하다.

경희대도 처음에는 해고자가 몇 명 나왔지만 점차 사라졌다. 강사 모임에 나오는 사람들은 대부분 강의를 계속하고 있는 사람들이었다. 그도 그럴 것이 강의도 없는 대학에, 잘 아는 이도 없는 곳에, 모욕을 당하고 다시는 발걸음도 하고 싶지 않은 곳에 올 이유가 없었다. 나오는 이들은 앞날의 불안이라는 당면한 절박함이라도 있었지만 잘린 사람들은 그럴 이유가 없었다. 여기서 싸울 시간에 다른 곳에 강의 자리를 알아보거나 다른 일을 구하는 편이 더 나았다.

'강사 외주화'의 영향도 있었다. 언젠가부터 많은 강의가 전업 강사들보다는 객원 교수, 외래 교수, 초빙 교수, 겸임 교수 등의 이름으로 외부에서 강의를 나오는 이들로 대체됐다. 국내 대학에서 대학원을 마치고, 학위를 받고, 전임 자리를 얻을 때까지 강사 생활을 해야 하는 전업 학자들의 자리가 점점 줄어들고 있다. 사실상 이 외부 강사들은 시간 강사와 동일한 처우와 조건에서 가르치지만 다른 직을 가지고 있으면서 대학에 출강만 하는 사람들이다. 그들의 직장은 따로 있으므로 대학은 이들에 대해 고용 보험의 가입 의무가 없다. 이들에게는 '○○대 겸임 교수'라는 타이틀이 장식이 된다. 자기의 사회적 지위에 더해지는 스펙의 하나가 되는 것이다. 그렇게 대학은 유민流民들의 도시가 되었다. 세입자로 사는 사람이 언제 떠날지 모르는 동네에 애착을 가질 수 없듯이, 이들 임시 거주자들도 학내 문제에 무관심하고 무책임할 수밖에 없다. 대학 당국으로서는 비판도 개입도 않고 방문자로 머물다 가는 이들이 편하고 반가울지 모른다. 지금 대학은 4년이면 졸업하고 나가는 소비자 학생들과, 2년이면 해고당하는 비정규직 직원들과, 학기마다 교체되는 일용직 알바 같은 교수들로 가득 차 있다.* 하지만 정치에 무관심한 시민이 가장 타락한 정부를 만들어 내듯이 대학 구성원들의 외면과 회피 속에 대학은 비밀의 왕국으로, 사유지로, 소수가 지배하는 나라로 변해 간다. 그렇기 때문에 '떠도는 사람'이 아니라 '뿌리내린 사람'으로서, '여기서' 빼앗긴 것을 요구하고

---

* 후마니타스칼리지는 2011년부터 2016년 1학기까지 507명의 강사와 근로 계약을 체결하였는데 이 중에서 1, 2학기 초단기 계약자들이 280명(55.2퍼센트)였다. 그야말로 그냥 단기 알바나 다름없는 초단기 임시직인 사람들이다. 학교는 이런 경우를 '간헐적 위촉'이라고 표현했다.

되찾아야 한다.

　노동자들이 얻고자 하는 것이 단순히 '월급 나오는 일자리'라면 싸울 시간에 다른 자리를 찾는 것이 훨씬 더 나을 것이다. 하지만 여기서 싸우는 것은 내가 '빼앗긴 것'을 되찾아야 하는 이유가 여기에 있기 때문이다. 많은 노동자들이 회사에서 잘려도 어디 가서 그만큼 벌어먹고 살지 못하겠느냐고 이야기한다. 대학 강사도 마찬가지다. 그만큼의 '벌이'야 다른 일을 해서도 얼마든 벌충할 수 있다. 하지만 그 '다른 일' 역시 별반 다르지 않은 불안정 노동인 한에서 어디를 간들 이런 처지를 면할 수 없는 것도 사실이다. 그리고 그 순간 깨닫게 되는 것이다. 이 백척간두의 벼랑 끝에서 옮겨 설 수 있는 자리가 바늘 끝만큼도 남아 있지 않다는 것을. 파헤쳐진 자리에서 다시 뿌리 내리기 위해 싸우는 것이, 할 수만 있다면 내 잔뿌리라도 남아 있는 익숙한 토양에서 살아남는 것이 생존의 가능성도 훨씬 높다.

　그러니 추방당한 이가 돌아가고 싶은 곳이 어디겠는가. 박탈당한 이가 되찾고 싶은 것이 무엇이겠는가. 결국 내가 온 삶을 걸고 되찾고자 하는 것은 내 삶터, 그리고 그곳에 대한 권리이다. 세입자의 권리가 아니라 주인의 권리다. 노예의 권리가 아니라 자유인의 권리다. 나라가 하나의 집이라면, 회사가 하나의 집이라면, 학교가 하나의 집이라면, 그 집을 만들고 굴러가게 하는 모든 이들이 주인으로 살아갈 수 있는 것이 민주주의다. 그러니 우리가 되찾아야 할 것은 '함께 살 집'이다. 직장의 동료들과 마을의 이웃들과 나라의 사람들과 나아가 자연의 뭇 생명들과 함께 살아갈 수 있는 집. 그 집을 만들어 왔고, 어떻게 지을 것인가를 고민하는 사람들이 집의 주인이 되어야 한다. 그렇지 않을 때, 이 집은 집이 아니라 인간이 부품으로 빨려 들어가 갈아져 나오는 맷돌 기계가 되고 돈이 되는 것은 무엇이든 '교육'이란 포장지에 넣어 파는 악덕 상점이 된다. 여기서 나만 빠져나오면 살 수 있을까? 여기에 없는 곳은 어디에도 없다. 그래서 나는 사라지지 않을 생각이다.

2016년 2학기부터 나는 수요일마다 경희대에서 1인 시위를 했다. 처음 혼자 청운관 건물 앞에 섰을 때, 다가와 아는 척해 주는 사람은 드물고 외면하고 가는 사람들이 훨씬 많았다. 특히 알면서도 못 본 척하고 지나치는 동료 교수들과 교직원들의 외면이 싸늘했다. '내가 보이지 않는 것일까?' 속으로 나는 생각했다. 유령이 된 것만 같았다. 하지만 투명한 존재는 한 주 한 주 지나면서 뼈와 살이 있는 인간으로 점점 실존화되는 것을 느꼈다. 다가오는 사람들이 늘어났고 외면하는 사람들이 적어졌다. 한 사람이 섰던 자리가 두 사람, 세 사람이 서는 자리가 되었다. 여기서 어떻게 싸워야 할지도 알게 되었다. 내가 늘 해 오던 일을 늘 해 왔던 곳에서 그냥 하면 된다는 것을. 처음에는 모 아니면 도, 하거나 말거나 둘 사이에서 고민이 많았다. 지금은 자기가 가장 잘하는 것으로, 할 수 있는 방식으로 해 나가면 된다고 생각한다. 고통의 십자가를 지는 것으로만 투쟁할 수 있는 것은 아니니까. 그러고 나니 수요일은 제일 많이 웃는 날이 되었다. 나중에 집회와 강의 때 찍은 사진을 보면 참가한 사람들이 하나같이 활짝 웃고 있다. 박탈당한 시간을 되찾고 있다. 지워 버린 흔적을 다시 새기고 있다. 이 공간 속에서, 내가 쌓아 온 시간을 계속 이어 나갈 것이다. 우리가 함께 드는 피켓 어딘가에는 그런 글귀가 있다. "우리는 모욕당하기 위해 여기서 가르치지 않았다." 우리가 싸운다는 것은 어쩌면 그런 모욕을 씻어 내는 행위인지도 모르겠다.

 내가 들었던 해고 강사 전용 피켓에는 아래 글귀가 쓰여 있다. 억압당하는 자의 이야기지만 적어도 이 피켓을 들고 있는 순간만큼은 나는 해방되는 것을 느낀다. 여전히 나는 이 대학의 철거민, 난민, 몫이 없는 자로 서 있지만, 또한 싸우는 사람으로 서 있기 때문이다. 싸우는 사람들은 적어도 그들이 싸우고 있는 한, 무너진 담 아래서 빼앗기고 짓밟혀 우는 사람들인 것만은 아니다. 새로 함께 살 집을 짓고 나누어 먹을 밥을 짓는 사람들이다. 그들은 언제나 새로운 시대를 상상한다. 나는 그것을 알아 버렸다. 그 또한 싸움의 이유겠다.

 나는 이 대학에서 추방당한 자
 철거민, 난민, 몫이 없는 자, 시민권 없는 자
 언제든 누구든 맘대로 자를 수 있는 자
 나는 비정규직, 해고당한, 대학 강사다

 비인간적 처우와 차별을 당하며

인간됨humanitas을 가르친다
불통의 권위주의 시스템 속에서
민주주의 시민교육을 가르친다
교과서에선 공존과 연대를
현실에선 침묵과 외면을 가르친다

후마니타스칼리지는 강사 부당 해고 철회하라
2016 교과 개편 재검토하여 후마답게 만들자
강사 차별 규정 철폐하고 교원으로 인정하라
대화와 소통으로 민주적 대학 운영을 위해 노력하라

## 교육공동체 벗

교육공동체 벗은 협동조합을 모델로 하는 작은 지식공동체입니다.
협동조합은 공통의 목적을 가진 사람들이 모여서 만든
권력과 자본으로부터 독립된 경제조직입니다.
교육공동체 벗의 모든 사업은 조합원들이 내는 출자금과 조합비로 운영됩니다.
수익을 목적으로 하지 않기에 이윤을 좇기보다
조합원들의 삶과 성장에 필요한 일들과
교육운동에 보탬이 될 수 있는 사업들을 먼저 생각합니다.
정론직필의 교육전문지, 시류에 휩쓸리지 않는 정직한 책들,
함께 배우고 나누며 성장하는 배움 공간 등
우리 교육 현실에 필요한 것들을 우리 힘으로 만들고 함께 나누고 있습니다.


### 조합원 참여 안내

출자금(1구좌 일반 : 2만 원, 터잡기 : 50만 원)을 낸 후 조합비(월 1.5만 원 이상)를 약정해 주시면 됩니다. 조합원으로 참여하시면 교육공동체 벗에서 내는 격월간 교육전문지 《오늘의 교육》과 조합 회지 〈벗마을 이야기〉를 받아 보실 수 있습니다. 출자금은 종잣돈으로 가입할 때 한 번만 내시면 됩니다. 조합을 탈퇴하거나 조합 해산 시 정관에 따라 반환합니다. 터잡기 조합원은 벗의 터전을 함께 다지는 데 의미와 보람을 두며 권리와 의무에서 일반 조합원과 차이는 없습니다. 아래 홈페이지나 카페에서 조합 가입 신청서를 내려받아 작성하신 후 메일이나 팩스로 보내 주세요.

홈페이지 communebut.com
카페 cafe.daum.net/communebut
이메일 communebut@hanmail.net
전화 02-332-0712, 070-8250-0712
팩스 0505-115-0712

# 교육공동체 벗을 만드는 사람들

※하파타 순

후쿠시마 미노리, 황호연, 황지영, 황정하, 황정일, 황정인, 황정원, 황정욱, 황이경, 황은복, 황윤호성, 황순임, 황봉희, 황미숙, 황기철, 황규선, 황귀남, 황고운, 홍유지, 홍용덕, 홍순성, 홍세화, 홍성은, 홍성구, 홍석근, 홍미옹, 현북실, 현미열, 허효인, 허은실, 허성균, 허보영, 허기영, 허광영, 합점순, 합영기, 한학범, 한지희, 한지혜, 한정혜, 한은숙, 한영선, 한소영, 한성찬, 한상업, 한봉순, 한민혁, 한만중, 한날, 한기현, 한경희, 하정호, 하인호, 하승우, 하승수, 하순배, 하광봉, 탁동철, 최희성, 최현숙, 최현미a, 최현미b, 최탁, 최창기, 최진규, 최주연, 최종민, 최정음, 최정아, 최은희, 최은정, 최은아, 최은순, 최은숙a, 최은숙b, 최은경, 최윤미, 최원혜, 최영식, 최영락, 최연희, 최연정, 최애영, 최애리, 최승훈, 최승복, 최슬빈, 최선영a, 최선영b, 최선경, 최봉선, 최보람, 최병우, 최미영, 최미선, 최미나, 최미경, 최문정, 최류미, 최대현, 최기호, 최광용, 최광락, 최경미, 최경련, 채효정, 채종민, 채옥엽, 차종숙, 차유미, 차용훈, 진현, 진주형, 진용웅, 진영효, 진영준, 진수영, 진낭, 지정순, 지윤경, 지수연, 주유아, 주순영, 주수원, 조희경, 조영식, 조향미, 조하늘, 조진희, 조지연, 조준혁, 조주원, 조정희, 조용현, 조윤성, 조원배, 조용진, 故조영희(명예조합원), 조영현, 조영숙, 조영실, 조영선, 조영란, 조여은, 조여경, 조수진, 조성희, 조성연, 조성실, 조성대, 조선주, 조석현, 조영성, 조상희, 조문경, 조두형, 조경애, 조경아, 조경삼, 제남모, 정혜영, 정희선, 정흥윤, 정혜령, 정현주a, 정현주b, 정현숙, 정혜례나, 정춘수, 정철성, 정진영a, 정진영b, 정진규, 정종민, 정재학, 정인영, 정이든, 정은희, 정은주, 정은균, 정유진a, 정유진b, 정유숙, 정유섭, 정원석, 정용주, 정예슬, 정영현, 정영수, 정애순, 정수연, 정부교, 정보라a, 정보라b, 정미옥, 정미라, 정명옥, 정명영, 정득년, 정남주, 정광호, 정광필, 정광일, 정란모, 정경진, 정경원, 전혜원b, 전정희, 전유미, 전보선, 전병기, 전민기, 전미영, 전환희, 장효영, 장흥필, 장현주, 장진우, 장종성, 장인하, 장인수, 장은하, 장은미, 장윤영, 장원영, 장시준, 장슬기, 장선영, 장선아, 장상욱, 장병훈, 장병학, 장도현, 장근영, 장군, 장경훈, 임혜정, 임향신, 임한철, 임지영, 임중혁, 임종길, 임정은, 임전수, 임수진, 임성준, 임성미, 임성무, 임선영, 임상진, 임명택, 임동현, 임덕연, 임금록, 이희옥, 이희연, 이효진, 이화현, 이호진, 이혜정, 이혜숙, 이혜린, 이형빈, 이연주, 이현종, 이현, 이혁규, 이향숙, 이한진, 이태영a, 이태영b, 이태구, 이층근, 이초록, 이창진, 이진혜, 이진주, 이진숙, 이지혜, 이지현, 이지향, 이지영, 이지연, 이중석, 이준구, 이주희, 이주탁, 이주영, 이종찬, 이종은, 이정희a, 이정희b, 이정희, 이정윤, 이재형, 이재익, 이재두, 이인사, 이융휘, 이은희, 이은진, 이은주a, 이은주b, 이은숙, 이은정, 이은경, 이윤경, 이윤엽, 이윤승, 이윤선, 이윤미, 이윤미b, 이유진, 이월녀, 이원주, 이원님, 이운서, 이우은, 이용환, 이용석a, 이용석b, 이용기, 이영화, 이영혜, 이영주, 이영아, 이연진, 이연주, 이연숙, 이연수, 이애영, 이승헌, 이승태, 이승연, 이승아, 이슬기, 이슬기b, 이순임, 이수정a, 이수정b, 이수미, 이송희, 이성용, 이성미, 이상용, 이성우, 이성구, 이설희, 이선표, 이선영, 이선애a, 이선애b, 이선미, 이상훈, 이상직, 이상미, 이상대, 이병준, 이병곤, 이범희, 이민재, 이민아, 이민숙, 이민수, 이미옥, 이미연, 이미숙a, 이미숙b, 이미라, 이미, 이문영, 이명훈, 이명형, 이매남, 이동철, 이동준, 이동갑, 이도훈, 이덕주, 이남숙, 이난영, 이나경, 이기규, 이근희, 이근철, 이균호, 이교열, 이판형, 이계남, 이경미, 이경호, 이경은, 이경연, 이경아, 이경의, 이진진, 이건민, 이갑순, 윤용은, 윤큰별, 윤지형, 윤종원, 윤우람, 윤영훈, 윤영백, 윤여강, 윤석, 윤상혁, 윤병일, 윤규식, 유효성, 유재율, 유은아, 유영길, 유성희, 유성상, 위양자, 원지영, 원종희, 원유희, 원성제, 우창숙, 우지영, 우완, 우승인, 우수경, 우성조, 오혜원, 오혜영, 오종근, 오정오, 오은정, 오은경, 오유진, 오승훈, 오수민, 오세연, 오세란, 오상윤, 오민숙, 오명환, 오동석, 오경숙, 엄정신, 여희전, 엄창호, 엄지선, 엄재홍, 엄영숙, 엄기호, 엄귀영, 양희선, 양해준, 양지선, 양은주, 양순숙, 양윤신, 양예정, 양세린, 양서령, 양서영, 양상진, 양동기, 안효빈, 故안혜영(명예조합원), 안효원, 안지현, 안지욱, 안지영, 안정선, 안정민, 안재성, 안용덕, 안순옥, 안순역, 안선영, 안경화, 심향일, 심은보, 심순희, 심수환, 심동우, 심정일, 신동식, 신혜선, 신혜경, 신수미, 신장호, 신창호, 신장희, 신창휘, 신은정, 신은숙, 신은경, 신유준, 신영숙, 신소희, 신미옥, 신귀애, 신란식, 송화원, 송호영, 송혜란, 송현주, 송진아, 송정은, 송인혜, 송용석, 송승훈, 송명숙, 송금희, 손호만, 손현아, 손진근, 손은경, 손소영, 손미숙, 소수영, 성현주, 성하석, 성유진, 성용해, 성열관, 성나래, 설은주, 설원민, 선미라, 석경순, 서혜진, 서혜원, 서정오, 서인선, 서은지, 서유수, 서우철, 서예원, 서수일, 서명숙, 서금자, 서경혼, 서강선, 상형규, 복현수, 복준수, 변현희, 백현희, 백인식, 백영호, 백승범, 백기열, 배희철, 배희숙, 배진희, 배주영, 배정현, 배정원, 베일준, 베이상현, 배영진, 베아영, 배성호, 배기표, 배경내, 방득일, 반영진, 박희영, 박희숙, 박혼조, 박혁순, 박형일, 박현희, 박현숙, 박현아, 박춘아, 박춘배, 박효호, 박진화, 박진숙, 박진교, 박지희, 박지용, 박지인, 박종하, 박정희, 박정아, 박정미, 박은하, 박은정, 박은아, 박은경a, 박은경b, 박윤희, 박용빈, 박옥우, 박옥균, 박영실, 박영미, 박영엽, 박신자, 박승철, 박숙희, 박수진a, 박수연, 박소현, 박세영, 박지찬, 박성찬, 박복선, 박미희, 박명숙, 박명수, 박동혁, 박도정, 박덕수, 박대성, 박노해, 박나실, 박고형준, 박계도, 박경화, 박경진, 박경주, 박경하, 박진형, 박진진, 민형기, 민애경, 민병성, 미루, 문희영, 故문흥빈(명예조합원), 문지훈, 문용석, 문영주, 문순용, 문수연, 문수영, 문수경, 문세이, 문성철, 문선호, 문미경, 문경희, 모은성, 모영화, 명수민, 마승희, 립보, 류평우, 류창모, 류진, 류재욱, 류재형, 류원정, 류우종, 류영애, 류명숙, 류경선, 도정철, 도방주, 데와 타카유키, 노영재, 노상정, 노미경a, 노미경b, 노경미, 남효숙, 남주형, 남정민, 남유경, 남원호, 남에린, 남미자, 남동현, 남궁역, 날맹, 나규환, 김희정, 김희숙, 김홍규, 김환희, 김효승, 김효진, 김흔희, 김형영, 김혜림, 김형경, 김현진, 김현주c, 김현주a, 김현정, 김현영, 김현실, 김현선, 김현경, 김현, 김현택, 김필임, 김태정, 김춘성, 김천영, 김찬영, 김진희, 김진숙a, 김진명, 김진, 김지훈, 김지연a, 김지연b, 김지미, 김지광, 김중미, 김준희, 김준연, 김주영, 김주립, 김주기, 김종원, 김종원, 김종숙, 김종성, 김종만, 김정희, 김정현, 김정주, 김정주a, 김정숙, 김정삼, 김정기, 김정규, 김재항, 김재희, 김장환, 김인순, 김이은, 김이상, 김이익영, 김은파, 김은주, 김은영a, 김은영b, 김은아, 김은숙, 김은숙, 김은남, 김은경, 김음주a, 김음주b, 김유경, 김유자, 김윤우, 김우영, 김용훈, 김용양, 김용섭, 김용만, 김용란, 김용기, 김요한, 김영a, 김영b, 김영진a, 김영진b, 김영진c, 김영주, 김영주b, 김영주c, 김영자, 김영아, 김영삼, 김연정, 김연일, 김연미, 김연애, 김애숙, 김애영, 김시내, 김순호, 김수현, 김수진a, 김수진b, 김수진c, 김수정a, 김수정b, 김수정c, 김수경, 김소희, 김소영, 김세효, 김성진, 김성숙, 김성애, 김성보, 김설아, 김선희, 김선우, 김선산, 김선미, 김선구, 김선정, 김석희, 김석규, 김상희, 김상영, 김상기, 김상미, 김봉석, 김보현, 김병훈, 김병기, 김방수, 김방년, 김민혁a, 김민주, 김민경, 김민란, 김민교a, 김민향a, 김민향b, 김민호, 김미선, 김무영, 김묘선, 김명희, 김명섭, 김록성, 김동현, 김동춘, 김동일, 김도형, 김도현, 김도연, 김도석, 김대현, 김대성, 김다희, 김다영, 김남철, 김남규, 김나혜, 김기옥, 김기근, 김기영, 김규태, 김규리, 김광명, 김광영, 김고종호, 김경훈, 김경수, 김경하, 김경수, 김경모, 김가영, 김가희, 기형훈, 기세라, 기선인, 금현진, 금현수, 금명은, 권희중, 권혜영, 권현영, 권태음, 권재우, 권자영, 국찬석, 구희숙, 구자혜, 구자숙, 구완희, 구수연, 구본희, 구미숙, 괘이는, 광흥, 곽혜영, 곽현주, 곽진경, 곽노현, 곽노근, 곽경미, 공현, 공은미, 공영아, 고춘식, 고진선, 고은정, 고은미, 고윤정, 고영주, 고명헌, 고병연, 고민경, 강현주, 강현정, 강현이, 강한아, 강태식, 강진영, 강준희, 강인성, 강이진, 강은정, 강영일, 강영구, 강얼, 강순원, 강수미, 강수돌, 강성라, 강석도, 강서형, 강병용, 강곤, 강경모

※ 2018년 9월 27일 기준 954명

* 이 책의 본문은 재생 용지를 사용해서 만들었습니다.
* 자원 재활용과 생태 보존을 위해 표지 코팅을 하지 않았습니다.